晚明江南民间艺术收藏研究

姚旸 著

天津出版传媒集团

天津古籍出版社

图书在版编目（ＣＩＰ）数据

晚明江南民间艺术收藏研究 / 姚旸著. -- 天津：天津古籍出版社，2017.5
ISBN 978-7-5528-0522-2

Ⅰ. ①晚… Ⅱ. ①姚… Ⅲ. ①民间艺术－收藏－华东地区－晚明 Ⅳ. ①G262

中国版本图书馆CIP数据核字(2017)第085062号

晚明江南民间艺术收藏研究

姚旸/著

出版人/张玮

天津古籍出版社出版

（天津市西康路35号　邮编300051）

http://www.tjabc.net

唐山新苑印务有限公司印刷

全国新华书店发行

开本 880×1230 毫米　1/32　印张 10.5　字数 217 千字

2017 年 5 月 第 1 版　2017 年 5 月 第 1 次印刷

ISBN 978-7-5528-0522-2　　定价：36.00元

本书出版得到"天津市宣传文化'五个一批'人才"培养资金资助

序

  以苏州为中心的江南是驰名海内外的文献之邦,文化艺术品市场向称发达,明代中后期更形成了日益红火的民间艺术品收藏市场。万历时,文坛领袖太仓人王世贞说:"画当重宋,而三十年来忽重元人,乃至倪元镇,以逮明沈周,价骤增十倍。窑器当重哥、汝,而十五年来忽重宣德,以至永乐、成化,价亦骤增十倍。大抵吴人滥觞,而徽人导之。"①同时期徽州休宁的古董鉴赏家詹景凤曾得意地说:"文太史初下世时,吴人不能知也。而予独酷好。……予好十余年后吴人乃好,又后三年而吾新安人好,又三年而越人好,价相垺悬黎矣。"②明末嘉兴人沈德符总结其时收藏行情说:"嘉靖末年,海内宴安,士大夫富厚者,以治园亭、教歌舞之隙,间及古玩。……比来则徽人为政,以临邛程卓之赀,高谈宣和博古,图书画谱,钟家兄弟之伪书,米海岳之假帖,渑水燕谈之唐琴,往往珍为异宝,吴门、新都诸市骨董者,如幻人之化黄龙,如板桥三娘子之变驴,又

---

  ① 王世贞:《觚不觚录》,《文渊阁四库全书》第1041册,第440页。
  ② 詹景凤:《詹东图玄览编》卷四,北平故宫博物院铅印本,1947年,第52页。

如宜君县夷民改换人肢体面目,其称贵公子、大富人者,日饮蒙汗药而甘之如饴矣。"沈德符还说:"玩好之物,以古为贵。惟本朝则不然,永乐之剔红,宣德之铜,成化之窑,其价遂与古敌。盖北宋以雕漆擅名,今已不可多得,而三代尊彝法物,又日少一日,五代迄宋所谓柴、汝、官、哥、定诸窑,尤脆薄易损,故以近出者当之。始于一二雅人,赏识摩挲,滥觞于江南好事缙绅,波靡于新安耳食,诸大估日千日百,动辄倾橐相酬,真赝不可复辨,以至沈、唐之画,上等荆、关,文、祝之书,进参苏、米。"①细细体味明后期江南文人的这些话,可以悟出,时人虽然间有异议,但大体上一致认为,明后期江南收藏古玩的风潮以及十分红火的藏品市场,是由苏州文人率先兴起和徽州商人推波助澜的,后来才逐步波及徽州等其他地区。

苏州文人兼具学养和资财,视收藏古玩为修身养性之物事,以拥有古玩为文化生活必不可少的内容,期待着"挹古今清华美妙之气于耳目之前,供我呼吸;罗天地琐杂碎细之物于几席之上,听我指挥;挟日用寒不可衣、饥不可食之器,尊逾拱璧,享轻千金,以寄我之慷慨不平"②。苏州当地人文震亨甚至形容当时各地收藏古玩习以成风,以至称为"姑苏人事"③。

书画古玩市场兴起后,有无古玩,尤其有无元人倪瓒的作品就成为衡量文化素养是否风雅的标志。崇祯十二年(1639),徽州歙县著名书画家吴其贞追忆道:"忆昔我徽之盛,莫如休、歙二县,而

---

① 沈德符:《万历野获编》卷二六《玩具》,中华书局,2004年,第654、653页。
② 沈春泽:《长物志》序,《生活与博物丛书·饮食起居编》,上海古籍出版社,1993年,第442—443页。
③ 文震亨:《长物志》卷七《器具·扇》,《文渊阁四库全书》第872册,第70页。

雅俗之分,在于古玩之有无,故不惜重值,争而收入。时四方货玩者闻风奔至,行商于外者搜寻而归,因此所得甚多。其风始于汪司马兄弟,行于溪南吴氏,丛睦坊汪氏继之,余乡商山吴氏、休邑朱氏、居安黄氏、榆村程氏所得,皆为海内名器。"①汪司马兄弟,即汪道昆、道贯、道会兄弟,其生活时代与太仓王世贞同时,可见苏州兴起的收藏之风迅速得到了徽州文人和商人的响应。

苏州等地文人充分发挥其特长,站在艺术品市场的制高点上,开辟工艺品收藏新领域,高自标帜,自高身价,以广开财路;徽州等地商人财大气粗,通过投资新兴的文化艺术品市场,追慕风雅,交结掌握话语权的苏州文人,既抬高社会地位和赢得市场形象,又牟取高倍的商业利润和无形资产,日益兴旺的艺术品收藏市场就在苏州文人和徽州商人的共同作用下兴起于苏州,波及江南,推播到全国,流衍影响于后世。

近年来,晚明时段研究大放异彩,有谓晚明变迁的,有谓晚明变局的,有谓社会转型的。无论怎么评价,其变化在江南表现得最为明显。明后期兴起的艺术品市场就是这种变化的一个方面。

学界对于明后期江南兴起的艺术品市场的研究,举凡藏品、收藏人、鉴赏人的情形,艺术品的创造、生产乃至作伪样态,艺术品的价格、价值、市场、流转景象,收藏者及经营者的商业竞争状况,文人收藏与社会生活的关系等方面,可谓成果丰硕,涉及广泛。然而从人文活动史、文化艺术史和社会生活史的角度而言,既有研究仍

---

① 吴其贞:《书画记》卷二"黄山谷《行草残缺诗》一卷"条,辽宁教育出版社,2000年,第62页。

显得不够系统深入，可以进行学术性开拓和挖掘的空间也复不少。

姚旸博士自进入南京大学，先后在法律系、历史系学习，由本科而硕士而博士，后来又在文学院从事博士后研究，在法学、社会经济史学领域打下了较为扎实的学养基础，近年更专注于江南民间艺术品收藏史的研究，推出了新著《晚明江南民间艺术收藏研究》一书，寒窗勤读将近二十年，修得正果，实在是值得庆贺的事。作为他的业师，优先通读之后，深深感到，此书在已经较为深入的江南社会经济史和地域人文史领域添砖加瓦，一定程度上推进了江南地域史和文化艺术史的研究，在江南历史研究向纵深发展和文化遗产日益受到重视的当下，无疑富有学术意义和一定的现实参考价值。

全书辟为七章，围绕经济与文化，以人为中心，对明后期的民间艺术品收藏市场作了系统而又深入的探讨。全书系统考察了晚明江南的文物收藏，由文化、经济、社会等多个角度出发，着力客观全面地揭示其发展的整体样貌，尽量透过现象表层而揭示其发展本因与特色，同时直面其发展的一般状态，还原其存在的本来面貌，从而厘清了围绕收藏而产生的各类社会因素间的互动关系，清晰地展陈了晚明江南艺术品收藏市场的基本面貌。

全书从文人生活方式切入，较为深入地探讨了收藏古物、鉴评艺品在明人着意刻画的"闲雅"生活中占有的重要地位，认为明后期江南文人阶层对收藏的热衷程度正与该人群经济实力的发展情况相一致，与其追求"闲雅"的生活方式有关系。作为经济发展的率先受益者，江南的官绅文士将愈来愈多财富用于生活质量的提高及情趣生活的营造，在改善基本生活条件的基础上，依照自己的

地位身份、知识情趣等进行了更高等级的生活规划,并最终塑造出一种典型的文人化精致生活模式。无论"治园亭""教歌舞",抑或从事收藏,都成为以"闲雅"为名的文人生活的组成部分。在此过程中,收藏也不可避免地与财富挂钩,成为收藏者以高尚名目炫耀富贵财力的载体。艺术藏品为藏家家居环境营造之佳物,藏物更往往成为藏家精神情怀的寄托,藏品能够借由本身艺术特性引发藏家感官审美与精神体悟上的跃升,完成物与人之间的共鸣。收藏在彰显藏家经济实力的同时,更能成为其显示欣赏品位以及社会身份的重要标志。晚明江南民间收藏的发展演变历程,足以反映其时其地社会整体经济环境与文化氛围,足以折射出商品市场运作模式以及消费心理变化轨迹,对于我们理解其时士、商等阶层人群间的交往,艺术创作风格的嬗变与演进,以及文化心态的演化都有着极强的参照佐证意义。总的说来,作为寄兴遣怀的媒介,藏物在一定程度上脱离了单纯的艺术领域,而与藏家的艺术体悟、人生际遇发生着更为密切的关系。这样的论述和看法,应该说是颇有见地的,也是符合历史实际的,反映出了其时江南文人生活气息的重要方面。

全书更对艺术品收藏与江南文人的居室、江南文人的收藏与旅游活动、收藏家之间的交际交流作了细致系统的考察;对苏州在收藏风气中推广中的引领作用及徽州商人阶层的参与,作了历史性的阐述分析;对收藏家与收藏品、江南人独特的收藏品位、收藏家的资金来源途径等作了多方面考察,认为田产、经营收入之外,润笔所得几乎成为江南文人从事收藏乃至维持生计的主要经济来源。

全书着重探讨了晚明江南艺术品收藏市场及其各种要素,主张明后期的江南艺术品收藏市场,出现了交易价格快速增长及流通速度明显提高等现象,藏物流通速度的加快还对购买者的经济能力、鉴赏水平提出了更高要求,并在商品化背景下导致藏品功能的异化,艺术品的经济价值与效能得到极大彰显,而这种变化的直接结果就是艺术品财富化程度的不断加深;认为市场化影响了艺术创作者的态度与价值取向,越来越多的文人创作者开始转型,为响应收藏需求而进行创作,那些明代文人书画的领军人物往往也是经营性创作的最重要参与者,为社会需求而进行创作,就从根本上改变了明后期江南文人艺术的发展趋向及创作心态。关于收藏家、古董商与收藏品的交易网络,书中除了像前人一样,对显性的或固定的市场作详细考察,更对藏家与商人、收藏家之间的交际交换的无形市场作了开拓性探讨,将这种市场称为"隐性网络",有令人眼目一亮的新意。书中还从江南的书画保护条件、技术手段与艺术的双向追求等角度,对艺术品流通过程中赝品泛滥的社会背景与原因作了较既有研究更为翔实的探讨。

可以说,全书在江南艺术品收藏市场的形成与江南文人生活的价值取向,市场化影响与艺术创作者的互动,艺术品收藏者、经营者及其收藏市场网络等方面,均获得了新的见解。

诚然,毋庸讳言,作者在书中考察到了明后期活跃在江南的一些徽州籍的代表性古董商人,却对江南吴中地区的艺术品收藏家如吴宽、陆完、王鏊王延喆父子、安国家族、王世贞兄弟、钱谦益等人的收藏及其流转活动,大多只作简略的考察,而深入翔实的探求,或许还有待于他日。相信姚旸博士以其厚实的积累,进一步开

拓进取,当能在明清艺术收藏研究方面获得更大的成就。

范金民

2017年4月3日

于金陵定淮门外寓所

目 录

绪论/1
　一、"民间收藏"辨析/2
　二、收藏视野中的"江南"/9
　三、关于收藏史的研究意义与学术回顾/15

第一章 宋元遗绪与明中期之前的江南收藏界/24
　一、宋元收藏文化概观/25
　二、明中期前的江南收藏/33

第二章 收藏与晚明社会生活/49
　一、收藏兴盛与"闲雅"生活之再造/49
　二、居与藏——藏家平居生活中的收藏体验/62
　三、游与藏——晚明文人旅行中的收藏活动/74
　四、收藏与藏家交际/88
　五、"苏人滥觞"——苏州在收藏风气推广中的引领作用/97
　六、"徽人导之"——商人阶层的参与/107

第三章 藏家与藏物/115
　一、雅奇共赏——晚明藏家的收藏兴味及影响/115
　二、橐囊深浅——晚明藏家资金来源分析/130

三、藏物之殇——晚明江南收藏面临的诸种风险/143

四、善存之道——江南民间收藏中的藏品保护/153

第四章 收藏高潮背景下的江南藏品市场/163

一、市场的反响/163

二、商品化背景下的藏品功能异化/172

三、市场化影响与艺术创作者的转变/188

第五章 赝品的创造、流播及影响/198

一、晚明江南收藏领域中的赝品/198

二、赝品制造的方法手段/205

三、赝品流播对藏品市场的影响/214

四、辨赝与防伪/219

第六章 藏家、古董商与藏品交易网络/231

一、晚明江南古董市场的地域空间分布特点/231

二、藏品交易中的"隐性网络"/241

三、古董商的角色意义/252

第七章 晚明江南收藏与古董商人——以徽州古董商为中心/264

一、歙县吴其贞家族/264

二、休宁王越石家族/281

三、李日华笔下的方樵逸与吴雅竹等/291

四、其他徽籍书画商/298

参考文献/306

绪　论

在中国,民间收藏有着悠久的发展历史。秦汉以降,其逐渐摆脱了早期财富积累的原始性质,而转变成为以艺术审美情趣为主导的特殊活动。在发轫期,士族文人成为该项活动最有力的倡导者。受民间收藏影响,宫廷亦不断对艺术品赋予更大的关注程度及搜藏力度。宫廷收藏与民间收藏平行发展的局面也就此形成。经历了唐、宋以来的变革,民间私人收藏出现了蓬勃发展之势,并在明代后期臻于顶点。在此背景下,作为当时经济、文化最为繁荣的地区,"江南"也毫无悬念地成为收藏的中心。在其广袤的地域内,收藏成为一种长期存在,并对地域文化产生重要影响的活动形式。在多个领域交织形成的区间内,民间收藏折射出艺术风格、人际交往、商业贸易以及社会风气等多方面的嬗变过程。在开始本书论述前,笔者将分别对收藏活动的"民间性"及与之有关的江南空间范围进行厘定,并对相关学术研究成果作一回顾,从而明确有关概念,夯实认知观念的基础。

一、"民间收藏"辨析

一般研究认为,"收藏"意识兴起与财产的私有发展相伴随。先秦时期,"藏"的行为含义已比较明确,对象范围也已较为具体固定。其主要为两类:一是"礼器"。在礼制生活框架内,制造、使用并收藏礼器在当时上层社会蔚然成风。这些器具多被用于祭祀等仪式而被藏于庙堂,或被作为纪念特殊事件的表征而藏于私家,如晋文公曾于城濮之役后受周襄王褒奖,获赠彤弓,"以为子孙藏"。① 一是"财物"。所谓"藏"多指对某种财物的占有,如春秋时鲁国正卿季文子卒,史称其"无衣帛之妾,无食粟之马,无藏金玉,无重器备"。② 当时,对财物的占有成为"藏"最基本、最主要的意义内涵,以至在先秦乃至其后相当长一段时间内,公、私存储财物的处所也时常被称作"藏",如汉代有所谓"中藏",至晋代则有"左藏""右藏"等。

就总体而言,无论是礼器抑或财货,其皆与后世所称"收藏"的对象有相当距离。然而,上述二者或具备"传之子孙"的承续性,或强调了对某种物品的私人占有,这又部分地贴近收藏的行为内涵。因此,先秦时期的"藏"具有了"占有""传承"的意味,这一时期应可被视作为中国收藏观念、行为的萌芽期。

秦汉时期,文化艺术进入了一个大发展阶段。与之相应,围绕

---

① 《左传·僖公八年春》,中华书局,2012年。
② 《国语·鲁语上》,中华书局,2013年。

特定种类艺术品而进行的收藏活动也逐渐出现。据史载,西汉景帝时,梁孝王藏有一件罍樽,"直千金"。梁王常告诫后人,善保该物,不可以之与人。虽然我们无法确知梁孝王的收藏原因,但可以推想,对富可敌国的一代诸侯王而言,该物的经济价值绝不是使其心动更一再叮嘱后世善加保藏的主要原因。对于该物器形、纹饰的钟爱,对其艺术成就的激赏,极有可能是促成藏主对其倍加珍视的根本原因。应该说,脱去聚敛财货的目的,而以艺术欣赏为主要内容的收藏活动在此已有其发轫的痕迹。

汉末魏晋之际,社会虽长期处于动荡,但多种类艺术创作却蓬勃发展并取得相当高成就。在此背景下,社会知识阶层广泛参与到艺术的创作与欣赏过程中,并自觉成为杰出艺术品的赏玩与保存者。例如,东汉张芝草书冠绝一时,汉阳梁宣、姜诩等爱其作品,以至"口诵其文,手楷其篇,无息倦焉"。时人多加追慕仿效,以此二人所书作为珍藏对象,"后学之徒竞慕二贤,守令作篇,人撰一卷,以为秘玩"。① 除书法、绘画外,铜、玉、漆器等的制作也皆达上乘水平。其成果或成为宫廷、士人家庭日常生活用器,或成为其携配玩赏的对象。其如英国学者迈克尔·苏立文在考察汉代玉器艺术特色时指出,"在这个时期,玉器已经失去了礼制意义,变成士大夫们赏玩的器物。对他们而言,玉器中的古意和色泽、质地的美感是深层次的智力和感官愉悦的源泉。从此之后,他们可以赏玩配饰、带钩、印章和其他陈列于桌上的珍玩"。②

---

① 张彦远:《法书要录》卷一《后汉赵壹非草书》,浙江人民美术出版社,2012年。
② [英]迈克尔·苏立文:《中国艺术史》,上海人民出版社,2014年,第102页。

可见，在艺术收藏最初兴起的时代，士大夫阶层无疑是率先从事并积极促动其发展的群体力量。这一点与西方多数地区的情况迥别。在古罗马，对古物的热情发端自社会上层，"起初是作为贵族的业余爱好开始的"，其在民间的推广则很大程度依赖宫廷官方的影响。① 即便是在近代博物事业发端的前夜，在英、法等国收藏界中，宫廷仍旧在其中占据着"摇摇晃晃的领袖地位"。无论贵族或绅士，他们在大力投入收藏的同时，往往习惯以王室的兴致取向为依归。② 然而，在中国早期艺术收藏发展中，我们极少能发现此种自上而下的影响轨迹。反倒是文人名士对艺术创作的执着、对艺术品的青睐极大地影响了宫廷。永嘉丧乱之际，一众名士纷纷南渡，随之而往的不仅有中原洛上的文化风致，亦有其珍视保藏的艺术珍品。例如，王导喜爱钟繇书法，仓皇过江时，衣带中犹藏《尚书宣示》一帖。③ 又如，王廙工草隶飞白，后得索靖书"七月二十六日"一纸，宝玩备至。丧乱中，王氏将该帖四叠缀于衣中过江。至唐代，该物犹存而叠痕宛然，遂成为收藏界中一段佳话。④ 再如，东晋庾翼曾在与王羲之的书信中谈到，他曾收藏有东汉张芝创制的章草十数幅，"过江颠狈，遂乃亡失"。后得羲之手札，高出前作，"焕若神明，顿还旧观"，从而使其收藏重又焕发光彩。⑤ 自东晋以

---

① ［美］弗朗西斯·亨利·泰勒：《艺术收藏的历史》，北京大学出版社，2013年，第14—17页。
② ［美］弗朗西斯·亨利·泰勒：《艺术收藏的历史》，北京大学出版社，2013年，第318页。
③ 张怀瓘：《书断》卷下，浙江人民美术出版社，2012年。
④ 刘餗：《隋唐嘉话》卷下，上海古籍出版社，2000年。
⑤ 房玄龄等：《晋书》卷八〇《王羲之传》，中华书局，2012年。

还,南朝名士间艺术创作与收藏的风气十分浓厚。受此影响,帝室宫廷也开始关注并大力从事艺术品的搜求与收藏。根据唐人张彦远的记述,收藏艺术品的风气在南朝宫廷中十分盛行。宋孝武帝、齐高帝、梁武帝等皆大力从事,并利用国家财力加以扶持,所聚书画等藏物往往近千卷,几乎有扫尽江南之势。①

隋唐以至北宋,公室与私家收藏皆有所发展,然在多数时间内,宫廷始终占据着艺术收藏的主导地位。继承了南朝以来崇尚文艺的风气,并以绝对的权威作为辅助,隋唐以至北宋的宫廷成为艺术品集聚的宝库。例如,唐代贞观、开元时期,遭世承平,宫廷收藏蔚为大观,"贞观、开元之代,自古盛时,天子神圣而多才,士人精博而好艺,购求至宝,归之如云。故内府图书谓之大备"。② 北宋初,宋廷诏求天下墨迹图画,后以崇文院中堂置秘阁,命专人点检图书图画,总藏近万件。③ 至北宋末徽宗时期,宫廷收藏达到巅峰,历代书画作品绝大部分皆归于秘府,"殆至末年,上方所藏率举千计,实熙朝之盛事也。"④在此期间,私家收藏也有一定程度的发展。贞观中,裴孝源著《公私画史》,著录所见"秘府及佛寺并私家所蓄"各类书画作品近三百卷。其中绝大部分为隋秘府所藏,然亦有小部分为"隋朝以来私家搜访所得"。⑤ 可见,私家艺术收藏之风在当

---

① 张彦远:《法书要录》卷四《唐张怀瓘二王等书录》,浙江人民美术出版社,2012年。

② 张彦远:《历代名画记》卷二《论鉴识收藏购求阅玩》,浙江人民美术出版社,2011年。

③ 郭若虚:《图画见闻志》卷一《叙国朝求访》,人民美术出版社,1963年。

④ 蔡绦:《铁围山丛谈》卷四,中华书局,1983年。

⑤ 裴孝源:《贞观公私画史》,《文渊阁四库全书》第812册。

时已有所"抬头"。唐中期后,由于宫廷的提倡,艺术收藏在官绅贵族中蔚然成风。据唐人李肇的记述,贞元后长安贵族间奢游之风甚盛,习尚收藏书法图画并以此相夸饰。① 张彦远著《法书要论》曾记述其家三代人前后相继从事收藏的情况。同时,张氏在所著《历代名画记》中列举了如裴度、韩愈、李德裕等专事收藏的名家。应该说,在张彦远的时代,官僚阶层从事收藏已是较为普遍的现象。虽然其尚无法与宫廷收藏相提并论,但就规模而言,已与之前的时代迥别。

　　唐中晚期,收藏界中的此种变化无疑具有划时代的意义。其结束了此前近三个世纪以来宫廷收藏占据绝对优势的局面。在艺术品收藏领域中,以皇室宫廷为主体的公室收藏与以士夫官绅为主体的私家收藏的界别日益明朗,并具有了各自独立的发展轨迹。在此后七个多世纪中,收藏界基本维持了这种发展模式。那么,在这种二元对立的发展格局中,该如何理解所谓的"民间收藏"呢?笔者认为至少在于两点:

　　一方面,绝对意义的民间收藏并不存在。在当代,民间收藏无疑是民众广泛参与的群体活动。参与者几乎分布于社会各个阶层,其相互之间并没有明显的地位、身份等区分界限。然而,同类情况在古代中国绝不可能出现。收藏活动对于从事者的经济能力、文化水平以及审美情趣等有着较高要求,而这恰恰是古代社会中绝大多数普通民众难以企及的。无论皇室宫廷抑或官绅士夫,他们垄断着社会绝大部分财富与文化教育机会,也只有这样的特

---

① 李肇:《唐国史补》卷下,上海古籍出版社,2000年。

殊人群才能有余力从事收藏。因此,在中国古代收藏二元对立的格局中,"民间收藏"难以真正实现"民间化",更无法成为社会公众的普遍性活动,而只能是区别于宫廷收藏的一个相对概念。

另一方面,民间收藏并不等同于私人收藏。就广义而言,在公益收藏机构出现前,任何主体从事的收藏其性质皆为"私人收藏"。只不过,我们在明确宫廷收藏帝王私有意味的同时,亦重视其作为国家行为的一面,从而与一般性的个人收藏加以区分。但即便如此,私人收藏也有着与民间收藏极不相同的内涵。在主体方面,私人收藏的涵盖面极广,上至帝王卿相,下至贩夫走卒,无不囊括其中。其中较为突出的一类现象是,一些收藏者与皇室有着千丝万缕的联系,他们或为勋贵戚畹,或为名卿重臣,其藏品的取得往往因于宫廷的赏赐,或凭借地位权势搜罗而致。如此,其行为虽仍属私人收藏,但明显无法与民间收藏画等号。明代中期,苏州著名画家、收藏家沈周曾记述了其所闻中官、武臣以藏品斗富的事情:

> 山阴司马公董字通伯,成化末为御史。董学南畿时,为余言:近在南京,见太监钱能与太监王赐侄锦衣指挥琳,二家各出书画,每五日令执事者异二柜至公堂展玩,毕,复循环而来。中有王右军二十七字,王维雪景一大卷,长三四丈,唐人韩滉题扇,惠崇斗牛,韩幹马五卷,黄筌醉锦卷,皆天下极物。小李、大李金碧各一卷,董、范等不以为异。苏汉臣、周昉对镜仕女,韩滉班姬题扇,李璟高宗瑞应图,壶道文会,黄筌聚禽图,阎立本锁谏卷,如牛腰书,如顾宏谏松卷,偃松轴,苏、黄、米、蔡各为卷者,不可胜数。挂轴若山水名翰,但多晋、唐、宋物,元氏不暇论矣,皆神之物。前后题品钤记且多。钱并收云南

沐府家物，次第得之，价迨七千余两，其记之亦所有四万余两。王家多内帑物。①

钱能、黄赐（即引文中所称"王赐"）皆为明代中期显赫一时的宦官。黄赐之侄黄琳亦因其叔之势，受封锦衣卫指挥。显然，两家有着深厚的宫廷背景。根据资料显示，钱能、黄赐的收藏品多数来自皇帝的赏赐。黄琳虽更多以官员藏家面貌出现，并与众多江南地方文士有密切交往，但其很大程度继承了其叔父的收藏，因而被认为是内府和贵族艺术收藏的代表。② 应该说，钱、黄的事例具有较强的典型意义。他们在藏品取得途径、占有状态以及收藏目的等多个方面均与后文所述的"民间藏家"有着极大不同。其不仅在身份上不可称为"民"，即便是收藏活动本身，亦很难被归入民间收藏的范畴。就本质而言，此类私人收藏更应被划入宫廷收藏的范围，成为其孳生的特殊形态。

相较之下，民间收藏的主体范围更加具象。作为与宫廷收藏相对立的概念，其无疑表征着一定程度的社会参与广泛性。同时，民间收藏活动的主体虽难免存在身份、阶层等的差异，但基本从事着一般性社会生活，通过正常渠道获得藏品，并依靠自身的兴趣爱好、审美标准从事相关的鉴赏活动。总的说来，主体身份的状况并不会对收藏活动构成直接影响。对民间收藏而言，其主要遵循着

---

① 沈周：《沈周集·石田翁客座新闻》卷五《中官武臣斗富》，上海古籍出版社，2013年，第912页。

② Steven D. Owyoung：《黄赐和黄琳家族收藏的源流》，载[美]李铸晋编，石莉译《中国画家和赞助人——中国绘画中的社会及经济因素》，天津人民美术出版社，2013年，第97页。

艺术审美的标准,以及市场交易的法则,体现着"纯自然"的环境氛围。北宋以来,文人化收藏活动蓬勃发展,一些新的收藏领域、对象得到开拓与丰富。例如,欧阳修对古金石遗文的收集就开一代风气之先。据其自陈,金石古文收藏本不为人所重,"自予集录古人,时人稍稍知为可贵"。① 这一时期,由于宫廷及文人代表的提倡与引导,收藏渐变成为文人生活的重要内容。受此种风气影响,不仅高级官员,越来越多中、下层士夫文人也纷纷参与其中。这在无形中扩大了从事收藏的社会基础。同时,自南宋以来的五个世纪左右时间里,宫廷没有再出现大规模集中搜罗并垄断藏品的举措。虽然皇室仍旧是艺术品最集中的所在,但在收藏界中,宫廷的主导影响趋向减弱。与此同时,文人收藏的影响大为扩展,其围绕艺术收藏而形成的鉴赏品味及相关系统活动不断发展并日臻成熟。在此阶段,收藏活动开启了向广泛民众实施渗透的序幕,并最终为明代民间收藏的发展奠定了基础。

二、收藏视野中的"江南"

关于"江南",以往与之相关的研究大抵都要对其作出界限性的解释。然正如最近研究指出,其自诞生以来即非严格的地理或政区概念,实为一"文化心理上的概念",故难免因研究所需而出现

---

① 欧阳修:《集古录跋尾》卷二《后汉樊常侍碑》,人民美术出版社,2010年,第47页。

范围盈缩的情况。① 20世纪末,周振鹤、李伯重等先生先后著文阐述"江南"的地域范畴。此后,其结论为众多研究者所服膺,成为定论性的标尺。据其所论,明清时期"江南"的地域范围为今苏南浙北一带地区,即苏、松、常、镇、宁、杭、嘉、湖八府及太仓州。因太仓系雍正时由苏州析出,故明代"江南"也就是前述的八府之地。② 此种理论,重在强调其区域内部自然地理及经济发展的统一性与联系性,乃至以太湖水系作为其中重要"控点",借此说明八府作为同一"板块"而具有的相互间紧密联系。其周边区域,如扬、徽、甬、绍等地,或因有江河山川阻隔,或因文化风俗相异,而被排除在"江南"的范畴以外。诚然,此种理论有其科学逻辑性,也基本符合了明清时人对江南的认知。然而,正如立论者所称,其是基于区域经济史研究而进行的界分,强调的是区域经济板块的完整性。因此,该理论无可避免地由经济研究的视域出发,偏重以社会经济活动的发展面貌作为评判的圭臬。因而,此种划分标准在应对经济史问题时或许具有较强合理性,但在解决其他领域问题时仍有可能稍存缺陷。

具体就本书论题而言,"八府"确乎为明代收藏活动最为活跃的地区。经济、文化的快速发展以及社会财富大量积累,使该地区获得了收藏业发展最有利的先天条件。同时,明中期以来,受经济发展的刺激,社会风气最先在这一地区发生变化,消费主义浪潮相

---

① 高逸凡、范金民:《区域历史研究中的太湖流域:"江南"还是"浙西"》,《安徽史学》2014年第4期,第59页。
② 李伯重:《简论"江南地区"的界定》,《中国社会经济史研究》1991年第1期,第101页。

应兴起。八府也因之成为收藏等奢侈性消费最集中的地区。更为重要的是,明代八府之地始终为人文渊薮,聚集了大批文人士夫。据范金民先生研究,明代八府共产生进士 3864 人,占全国比例 15.54%,其科甲之盛可见一斑。① 此数字尚未计入那些最终未能进士及第,而以各种面貌、状态散居八府的中下层文人。毫无疑问,明代八府之地拥有其时最为庞大的文人群体。正如我们所知,文人士夫阶层是从事收藏的中坚力量,是该项活动最有力的倡导者与践行者。因此,八府在人文与经济两个方面都为民间收藏的发展准备了充足条件,并因而当之无愧地成为该项活动开展的最核心区域。

然而,"八府"是否就足以涵盖明代民间收藏视野中的"江南"范畴呢?笔者以为不尽然。收藏本身内涵十分丰富,表现形式也纷然不一。其既可能是经济活动,更是一种文化行为。因此,关于其考察的角度也必然是灵活多样的。更关键的是,经济活动往往有着浓厚的"地域化"色彩,受到地区政治、经济环境以及自然条件、社会风俗等的制约。然而,对于以文化活动面貌出现的收藏而言,其凸显的是参与者个体的鉴赏品位与购藏能力。就这一点而言,收藏活动整体表象有着较强的趋同性。换言之,在诸如北京、淮安等其他地域收藏家身上,我们大抵皆能找到与江南相同或相似的情况。就微观来看,民间收藏充斥着大量个体活动,而带有极强的偶发性。在其中,我们很难发现因某种地域环境而造就的紧

---

① 范金民:《明清江南进士数量、地域分布及其特色分析》,《南京大学学报》(哲学·人文·社会科学)1997 年第 2 期。

密联系性。因此,对于收藏视野中江南地域的把握实为较棘手的问题。

对此,我们应联系江南地域收藏历史的发展状况,并结合明代具体情况而加以廓清。笔者认为,明代民间收藏视野中"江南"的地域范围,应包含两个层次,即以前述"八府"为基础的核心区域,以及由徽州西部歙县、休宁地区和杭州湾南岸绍、甬地区,以及扬州地区所组成的"次生"区域。其原因在于:

首先,徽、扬、甬、绍等地与八府毗邻,其间虽或有山川、江河阻隔,然地域间经济、文化的沟通交流久已密切,即社会风俗等亦往往相互熏染。尤其自宋元以来,四处地方同为人文繁盛之区。明代,四地所聚集之士夫亦复不少,且与核心区域的文人群体来往密切,彼此间声气相通,在生活习惯、文化追求方面有着很强的相似性。

其次,就历史发展来看,绍、甬等地发展形成的收藏风气对明代江南收藏构成了直接影响。南宋以至元代,杭州长期为江南地区的文化中心,而与其相近之嘉兴、湖州、绍兴、庆元等为其"腹里",而成为其时文士最为集中的地区。也正因如此,环杭州湾地区成为民间收藏快速发展的重要地带。如后文所论,直至明初,这些地区的民间收藏仍处于相对活跃的状态。其地发展起来的文人收藏活动成为后来江南普遍兴起的民间收藏的仿习样本。该地域出现的著名藏家,如柯九思、倪瓒等,其事迹为明代江南一众藏家所频繁提及。因此,在收藏文化的传续渊源方面,杭州湾南部地区与核心地域有着密切关联。同时,这些地区在明代虽未如核心区域民间收藏那样取得耀眼成就,但其间社会重视收藏的习惯仍有

所保持,涌现出屠隆、丰坊等著名收藏家。直至明末,著名书画商人吴其贞还曾多次游历绍兴等地,并购得珍贵艺品。据其所记,明末绍兴有朱子祐,其家数世以来皆好收藏,各房所藏玉、铜、瓷等器以及书画无不精绝。吴其贞称,朱氏家族在当时藏界有"江南第一家"之称号。① 可见,即便在古董商人眼中,绍兴等地亦未出江南收藏之界别,与八府同属收藏文化的整体板块。

再次,就明代民间收藏发展的状况而论,徽、扬二地亦应归入明代江南收藏文化版图。以往,这两地由于地理方面的阻隔,多被排除在"江南"范围之外,成为独立的区域研究对象。然而,在晚明民间收藏的发展中,这两地确乎具有举足轻重的地位与影响。

就徽州而言,明代中期后,愈来愈多的徽州商人加入藏家行列,大力从事艺术品的搜购与收藏。正如沈德符所说,江南收藏"滥觞于江南好事缙绅,波靡于新安耳食"。② 徽州尤其是休宁、歙县两地商人,因地缘接近,易受到核心区域文化风习的影响。同时,八府之地又是他们长期频繁活动的区域,因此,徽商在收藏习惯等方面直接受到核心区域尤其是苏州藏家的熏陶影响,而徽地藏品也绝大多数来自苏州等地藏品交易市场,其如吴其贞所论"忆昔我徽之盛,莫如休、歙二县,而雅俗之分在于古玩之有无,故不惜重值争而收入"。③ 由此,在苏人与徽人成为藏界两大实力群体的同时,苏州与徽州也成为江南地区鼎峙的两大收藏中心。除藏品

---

① 吴其贞:《书画记》卷五"赵松雪古木竹石图绢画一幅",人民美术出版社,2006年。
② 沈德符:《万历野获编》卷二十六《玩具》,中华书局,1959年,第653页。
③ 吴其贞:《书画记》卷二"黄山谷行草残缺诗一卷",人民美术出版社,2006年。

外,徽州与核心地区间的藏家交流也极为频繁密切。可以说,徽州与核心各地区间,实现了物与人两方面频繁的沟通互动及紧密的交往联系。因此,明代江南收藏文化的地域疆界,如将徽州摒弃在外,明显是不合适的。

再就扬州情况而论,明中期之前,该地民间收藏事业发展尚不显著。根据明中期一些藏家的记述,在藏家与藏品的分布程度上,扬州尚不及迤北的淮安。然至明末,受毗邻核心区域的影响,加之大批商贾官员的集聚,该地收藏之风骤炽。据晚明嘉兴著名收藏家李日华的记述,当时扬州有大批商人从事收藏,并掌握了不少珍品。① 明清易代之际,由于受战乱等影响,传统核心地区的民间收藏事业受到较重打击,并呈现衰颓态势。为数众多的珍贵藏品离开核心地区,被辗转输往北京等地。例如,吴其贞就曾记述,北京古董商王际之曾一次性在苏州收购嘉兴高、李、姚、曹四家所藏书画九十八幅。这些在江南名族间收藏百年的珍贵艺术品一时间皆随际之北去。② 由此可见其时苏州等地民间收藏衰颓之甚。相比之下,扬州则在短暂衰败后因各地商贾的再次集中而较快恢复了繁荣局面。民间收藏亦因之焕然。据吴其贞的记述,他于清初游历扬州时,曾与当地商人藏家江孟明、陈以谓、吴振鲁等交往,并为他们往来奔波购选书画等物。其中,陈以谓系闽人,其所收藏多为明末著名古董商王越石之物。吴振鲁所有则原为徽州榆村程氏、丛睦坊汪氏的收藏。此外,如王越石之侄王晋公等一批鉴赏家、古

---

① 李日华:《味水轩日记》卷二,上海远东出版社,1996年。
② 吴其贞:《书画记》卷四"张樗寮楷书杜诗一首",人民美术出版社,2006年。

董商人此时亦集中于扬州。可以说,在以苏州为中心的收藏核心区域衰落之时,扬州成为延续江南收藏传统,汇聚江南艺术品的新重镇,并由此开启了清代江南收藏的新格局。故而,在晚明江南民间收藏发展中,扬州实际有着承上启下的作用。因此,我们不应拘泥于其地理位置的因素,而无视其在文化传续中的地位作用。作为晚明至清初民间收藏的重要衔接点,扬州理应进入江南收藏文化的整体地域框架之内。

综上所述,相较于传统认知,收藏文化视野中的"江南"应是一更宽泛的地域概念。此种做法并非简单的"拉郎配",而是在遵循收藏文化发展脉络,以及尊重其发展特点基础上做出的选择。对于晚明江南区域的民间收藏而言,徽、扬、绍、甬等并不单纯是文化语境中的简单"附和者",而是对此种文化的发展走向给予了较大影响,更实实在在参与了文化板块的整体塑造。换言之,如果我们将此类地区剔除,那么所谓"江南"民间收藏的样貌是不全面的,对其内部发展的联系性与特殊性的考察也将失之偏颇。笔者并非将"江南"的概念范围作为"任意摆布的大钱",因研究方向的不同,江南地域间存在的各类逻辑关系也自然不尽相同。因此,在强调地域内部一致性的同时,我们亦应兼顾研究对象的特殊发展状况,从而在厘定大范围框架的前提下,对研究地域范围作出适当具有"弹性"的合理调整。

三、关于收藏史的研究意义与学术回顾

近些年来,有关晚明江南民间艺术创作、赞助以及艺术品交易

等方面的研究屡见不鲜。然而,针对民间收藏的系统性研究成果却并不多见。此种现象的出现,看似与收藏鉴赏专业技能所设置的"门槛"有关,但其实不然。不同于一般艺术品的甄别与赏析,收藏史乃是以社会现象为目标的研究,其对资料的运用与研究架构的设置,仍不脱一般历史研究的范式。之所以出现系统研究较少的情况,笔者认为主要因为两方面的因素:

首先,收藏史涉及面广泛,内容纷繁,兼跨多种领域,因而虽在多方面研究中屡屡得到涉及,但却多如管中窥豹,不得全貌。正如前文所论,收藏可以是一种文化活动,一种经济行为,一种艺术体味,甚或为一种社会心理的反映,其难以被简单纳入一种研究领域,而是多门类的"复合体"。也正因如此,在有关晚明江南的社会生活、商业发展、消费文化以及艺术赞助等多方面的研究中,我们都能不同程度地发现有关收藏活动的论述,但大部分皆属一带而过。例如,在有关晚明消费文化的探讨中,研究者们往往习惯性地将收藏与园林、服食、器用等并举,作为社会风俗变化的例证。然而,对收藏在其间具有的特殊性,或其在社会变化中发挥的具体作用,却罕有人顾及。可以说,在服从不同研究主题需要的同时,收藏活动始终没有得到全面展示与深入探究。在多种研究组成的学术"盛宴"中,关于收藏的内容常常成为其他方向的"配餐",而从不能成为一道"主菜"。

其次,在当下研究氛围中,不少学者热衷于跨界"嫁接"。其往往舍弃以往正面传统研究路径而专意引入新的研究范式,力图利用新视角、新标准对历史现象重作审视并给予解释。具有较强"兼跨"性的收藏史,无疑为此种研究提供了足够广阔的施展空间。正

如部分研究者以"图像学"取代对书画艺术特点、造诣的归纳研究一样,更多研究视域被用以考察"收藏"这一复杂的文化现象。其中,经济史论以及相关分析方法无疑最为显著。愈来愈多的研究者关注艺术品的商品性能及其在交易市场中的表现,将晚明的收藏活动作为一种经济现象加以讨论几乎成为潮流所向。此种做法对剖析收藏活动发展的内质固然不无益处,但很容易因此淡化对其他多方面的关注,从而出现"一叶障目不见泰山"的情况。这也在无形中弱化了对收藏进行系统性研究的可能。

明中期后,江南社会发生着深刻的变化,商品经济的发展有力"搅动"着社会传统秩序。在财货日渐充盈的同时,社会各阶层亦开始重新打量并构划自身的生活。在此时期,新的财富观、消费观以及生活观渐入人心。以往,这种变化被笼统界定为江南奢侈风气的兴起或消费主义的盛行。然则,此种观念仍是以简单的经济学眼光衡量复杂的社会现象。即以收藏而论,其在晚明江南社会间风靡一时。参与者不仅人数众多,且涉及士、商等多个社会阶层。在收藏热潮的促动下,江南地区出现了大批热衷搜求、购藏艺术品的专业或非专业人士。同时,成熟的藏品交易市场亦因之发展起来,并不断拓展其外延。在社会中,出现了如古董商人、艺术匠人等专为收藏业提供服务的特色人群。更重要的是,为数众多的文人士夫广泛参与其中,分任收藏、交易、创作、制赝等多种角色。不仅如此,与同时期奢侈消费其他类别相比,收藏活动具有较高灵活性与可操作性。一方面,其不必如经营园林等须具备相当富厚财力,藏品规模完全视乎藏家自身的经济能力。藏品宏富、名重江南的大收藏家固不乏其人,而藏品保有量不多的中小型藏家为数更众。另一方面，与饮食、服饰、车马等不同，收藏活动浸润于"雅文化"之中，是文人化休闲生活的重要组成部分。因此，收藏在彰显藏家经济实力的同时，更能成为其显示欣赏品位以及社会身份的重要标志。故而，晚明江南民间收藏绝非仅由小部分人从事的专业性活动，而是有着复杂社会文化背景，并有广泛人群参与的社会性活动。

在此情境下，我们关于晚明民间收藏活动的研究，就不能仅将其作为其他类专项研究一个分支而加以笼统对待，同时，也不能仅将其作为简单的文化现象或"闲娱小道"而等闲视之。在宏观方面，晚明江南民间收藏的发展演变历程，足以反映其时其地社会整体经济环境与文化氛围，足以折射出商品市场运作模式以及消费心理的变化轨迹。就具象微观而言，其对于我们理解其时士、商等阶层人群间的交往，艺术创作风格的嬗变与演进，以及文化心态的演化等都有着极强的参照佐证意义。有鉴于此，我们须由文化、经济、社会等多个角度出发，着力客观全面地揭示其发展的整体样貌。同时，在研究方法方面，我们应坚持多种研究范式相结合，既采取一定理论架构为引导，深入现象表层而揭示其发展本因与规律，同时，亦应直面其发展的一般状态，还原其存在的本来面貌，从而厘清围绕收藏而产生的各类社会因素间的互动关系。惟其如此，我们对晚明江南民间收藏的理解才能称得上系统而深刻。

在明确研究的意义之后，我们无疑还须关注与之有关的研究成果。如前所述，关于晚明江南的艺术创造与收藏情况，既有研究已颇具规模。尤其近年来，随着收藏热的不断升温，回顾探讨古代艺术收藏成为一种研究时尚，晚明江南的艺术收藏更是成为其中

焦点。其主要原因在于该时期收藏活动极其活跃,其在漫长的收藏历史中如同耀眼的明星,炫目的光彩使人无法忽视。此外,关于这一时期收藏活动的记载资料较为充裕,研究者们可以较轻松地借助各类著录、文集、笔记完成信息的搜集。在此情状下,明后期的江南收藏成为跨越历史、艺术、经济、社会等诸多学科领域的热门论题。总体而言,根据研究侧重对象的不同,此类研究大率可分为以下方向:

方向一:关于江南收藏市场的研究。此类研究的核心在于,将收藏从传统的文化艺术类研究中解放出来,发掘其中的经济因素,揭示其藏品交易、交换过程中的商业化特征。其代表作如沈振辉《明代藏品市场略论》(《文博》1998年第6期)、《明代民间收藏品市场和藏品买卖》(《学术月刊》1999年第4期)、杨莉萍《明代苏州地区书画交易方式探析》(《徐州师范大学学报》社会科学版第37卷第6期,2011年11月)、万木春《由〈味水轩日记〉看万历末年嘉兴地区的古董商》(《新美术》2007年第6期)等。此方面的研究多见于20世纪90年代后,应是受到盛行的社会经济史、商业发展史研究的启发,从而改变原先仅重视艺术评论或文化研讨的"扁平"化研究模式,尝试将收藏纳入社会经济的大环境下,对其间市场结构、藏家与市场的关系以及古董商人的地位作用等进行更加全面的考察,从而勾画出丰满而立体的晚明收藏现象。

方向二:收藏者个体或群体研究。在收藏史研究中,对藏家的关注始终居于主流。一些新的研究表明,此种研究已不再局限于对藏家生平及其收藏的叙事化描述,而是在两个方面拓展着深度与广度。

一方面，针对藏家个体的研究更为具象，在关注对象生平的同时，亦将其交游、情趣、家庭等因素融入进来，从而对其收藏活动进行全维度考察。其中，最突出的无过于有关项元汴的研究。作为晚明江南最负盛名的收藏家之一，项元汴与其天籁阁几乎成为一个时代收藏事业的缩影。因于这种典型意义，研究者对其倾注了相当笔墨。例如，封治国在所著《与古同游——项元汴书画鉴藏研究》（中国美术学院出版社，2013 年）中对项元汴进行了"透析"式考察。该书首先缕析了项氏家庭成员及家族内的收藏关系，进而揭示了其交游联络的对象以及从事收藏的经济来源，最终将其置于更为广阔的背景下，分析其与前辈收藏家以及与同时代收藏家之间的微妙联系。在此类研究中，我们不仅可以发现收藏者自身的经历，更可以明确历史传承与社会环境在其成为著名藏家过程中所起的关键作用。

另一方面，针对藏家群体的研究亦更为多见。此类研究通常是按藏家所在地域进行划分。据笔者所见，目前此类研究的对象地域多集中于苏州、杭州、徽州三地。此三处在晚明皆为江南藏品交易、收藏最为集中的地区。苏州、杭州长久以来即为江南的经济文化重地，是"老牌"的中心城市。尤其是苏州，终明一代始终居于引领风尚的地位，其不仅在艺术创作中占有重要的地位，"苏样"或曰"苏州标准"更是深刻影响着明代江南收藏走向，成为市场发展的决定性因素。此方面的研究，如沈振辉《明代苏州地区收藏家述略》（《苏州大学学报》1991 年第 1 期）、吕友《明末清初杭州书画鉴藏家群体管窥》（《收藏家》2011 年第 5 期）等，均关注苏、杭商品经济发展及由此产生的社会风气转变带给收藏事业的影响，及其与

地域性藏家群体的产生渊源、文化特质及收藏特点间的深层关系。研究的核心在于揭示地域文化、特色收藏环境对地方收藏事业发展的促动。

在此类中,最引人瞩目的无疑是有关徽州藏家及其事业的研究。与苏、杭等地不同,徽州的民间收藏起步较晚。然而,徽州收藏事业发展却又最为迅猛,在明亡前的近一个世纪时间里,其地涌现出了一大批喜收藏且懂收藏的藏家,同时亦出现了一批活跃于江南各地的古董商人。与江南其他地区情况不同,徽州收藏事业的勃兴并不依靠收藏文化的长期脉络沿承,而是与徽商的崛起有着极大关系,并因后者财富的骤然积聚而在短时期内造就。因此,徽州的收藏与徽商的活动密不可分,与徽商的文化追求亦密不可分。既有研究中具有代表性者,如范金民《斌斌风雅——明后期徽州商人的书画收藏》(《中国社会经济史研究》2013年第1期)、王世华《徽商收藏的文化意义》(《安徽师范大学学报》人文社会科学版第39卷第5期,2011年9月)等,均对徽商在晚明收藏事业中的地位、作用进行了深入分析,并且揭示了徽商借由收藏与文人精英进行交往,从而谋求社会认同的过程。

方向三:关于艺术赞助或社交性创作的研究。在此方向上,国外学者的研究占据先河,如高居翰(James Cahill)《画家生涯:传统中国画家的生活与工作》(生活·读书·新知三联书店,2012年1月)、柯律格(Craig Clunas)《雅债——文徵明的社交性艺术》(生活·读书·新知三联书店,2012年4月)等。在其影响下,国内学者亦不乏踵步之作,如张长虹著有《品鉴与经营——明末清初徽商艺术赞助研究》(北京大学出版社,2010年)。从研究重心来看,此类著作侧重于对艺术作品创作经历的分析。其研究对象往往是从事艺术创作或赞助此项活动的主体，而非单纯藏家。也就是说，此类研究的着重点在于艺术创作的过程而非其后的收藏过程。将其纳入收藏史研究范畴的原因在于，艺术品创作与收藏之间存在着必然的因果联系，尤其在明后期的江南藏界，此种联系表现得尤为紧密。其时，对元人及"当代"作品的征逐购藏成为收藏主流，其声势身价甚至超越了宋代或更早时期的珍品。在这种态势下，创作者的作品完成后可能很快就会成为藏家的珍贵藏物。同时，为了丰富收藏，相当多的藏家也往往借助亲缘关系、社交纽带或通过金钱购买等形式，从创作者处获取作品，甚至直接为创作命题。为收藏市场而进行创作，越来越成为其时艺术创作领域的趋向，收藏的需求好尚也愈加深刻地影响着创作的方向。有鉴于此，关于艺术赞助或社交创作的研究，将帮助我们厘清创作者的创作动机缘由，以及他们与赞助人、收藏家之间的联系内容，从而有利于我们了解一件艺术品成为收藏品的全过程，并通过创作者心态、动机的把握，反观收藏市场对创作领域的影响。

应该说，以上三个方向的既有研究成果为明代收藏史创立了较为清晰的研究参考思路，并分别在理论架构的系统化方面发挥着重要的导向作用。然而，无法回避的是，虽然关于晚明江南收藏的研究层出不穷，但基本仍皆停留于某一方向的讨论，迄今尚无对该时期收藏活动及相关市场运行情况进行的综合系统考察。归根结底，如前所述，收藏是一种复杂的活动，其是文化性、经济性以及社会性的混合体。正如美国学者弗朗西斯·亨利·泰勒所论，"收藏只不过是有形的例证，说明了经济史的平常过程，显示了历史品

味的大势所趋。它们构成了成功人士和成功时代生活故事的记录。"① 如我们现在所知,明代江南收藏是一套成熟而完整的体系,它大致包括了艺术品的创作、收藏家或鉴评家的审美情趣、流通渠道与交换手段以及为保护藏品而付诸的努力等。因此,任何力求全面探讨晚明江南收藏的努力都不应在某一方向上发生偏废,而应以宏观的视野并辅以细致考证来复原完整的收藏体系架构,而这也是本书致力达到的目标。

此外,关于江南收藏的脉络延续性问题也将在本书中得到一定程度的解决。以往,研究者将多数注意力投之于晚明这一特定时期,而对之前收藏文化的发展情况则少有涉及。笔者认为,此种状况的成因主要在于此前尤其是明代前期收藏资料相对匮乏。即便如此,我们也不能将晚明与之前的情况进行人为割裂。虽然晚明收藏的发展有其独特的时代环境背景,但我们也应看到,其不是"飞来奇峰",并未脱开宋元时期发展起来的私人收藏体系。因此,祖述这一体系形成的过程及特点,对我们理解晚明江南收藏显然有极大帮助。不仅如此,明代前期江南的收藏事业虽较其后略显黯淡,但其前后发展具有明显的一贯性,没有前期发展的酝酿铺垫,也就不会有后来者蓬勃发展的气象,亦不会有后期对前期收藏方向的调整与反对。因此,关于明代前期江南收藏情况的评析同样对本研究有着关键性意义。

---

① [美]弗朗西斯·亨利·泰勒:《艺术收藏的历史》,北京大学出版社,2013年,第5—6页。

第一章
宋元遗绪与明中期之前的江南收藏界

一如众多研究已经揭示的,晚明江南的收藏事业超越了之前的任何时代,其由众多藏家、藏品构筑的文化景致亦常为后世收藏者所怀想。然而,不能回避的是,这种辉煌景象的出现并非一蹴而就。研究者或许可以从中探寻出若干成就此种状况的原因,诸如商品经济的发展、城市文化的勃兴乃至消费方式的转变等。但是,作为核心因素之一的收藏传统却不应被忽视。晚明著名的文人收藏家陈继儒在回顾松江文士的书画创作时曾提到"一时幽人豪客舍文章书画外无事矣,明二百年松人此道若续若绝"。① 与艺术品的创造一样,收藏也有着时代沿承"若续若绝"的连贯性,往往是一种文化积习的表现,是文化惯性使然。在这个层面上,它较少受到外界因素的影响。正如以下研究试图展示的,明代江南社会的收藏体系在之前的一两百年间就已经发展成熟,仅仅是因晚明特殊的社会环境而得到催化。如果,我们追溯这种收藏脉络的源头,则需要回溯到更久远的时代,并且将超乎江南的地域范畴。

---

① 陈继儒:《陈眉公集》卷七《董玄宰来仲楼随笔序》,明万历四十三年史兆斗刻本。

第一章 宋元遗绪与明中期之前的江南收藏界

一、宋元收藏文化概观

正如我们在许多关于明代问题的探讨中所见到的,论题的阐述大多由祖述宋元的情况开始。这并不是程式化的研究范式使然,而是明代在制度建设、文化发展等方面对宋、元有着太多的承袭性。就艺术品收藏而言,情况更是如此。宋元时期,尤其是北宋末至明朝建立的近三百年时间里,艺术收藏领域发生的变化对明代产生了深远影响。

在各类影响中,最为关键的无疑是收藏中心的地域变化。宋元之际,政治文化重心的变化直接导致了收藏中心的转移,江南逐渐取代中原地区成为艺术品收藏的核心区域。众所周知,中国历史上第一个收藏高潮出现于北宋时期。米芾在其所著《书史》《画史》中,详细记录了北宋末年的纸质艺术品收藏情况。虽然米氏本人有着在江南供职、定居的经历,但其著作中对此地区的收藏也仅是偶有涉及,他笔下的绝大部分藏品仍属于身居汴京的藏家。由此可以窥见汴京在其时收藏领域中的地域核心地位。徽宗时期,北宋的收藏事业臻于鼎盛,由于皇帝的喜好,各类艺术品被网罗充入御府。"宣和御府"遂跨越王朝宫廷的范畴而成为艺术珍品的收藏标志。其所在的时代也因之成为中国艺术藏品高度集中的重要时期之一。北宋灭亡后,宣和御府及开封的民间藏物部分被后继的金、元等政权所继承,并成为这些宫廷收藏的重要部分。另有相当多随宋政权的迁徙而流向江南地区,出现了"及宋南渡,中原文献并随而南"①的局面。对这一过程所产生的影响,明代人尤有深刻认识。成书于晚明的世情小说《醉醒石》中有一回目与古玩交易有关。其中,故事主角如此介绍其时江南的收藏情况:

> 这书玩,宋朝有个徽宗,极喜的。他遍天下搜访极多,后来南渡,这些玩物都流落江南。所以如今江南大家都有,只除往那厢收买,有奇异的。②

应该说,此次规模浩大的文物迁移给江南藏界注入丰富而新鲜的资源,并为日后江南收藏的蓬勃发展奠定了重要基础。

宋室南迁后,南宋帝王多好文艺,他们创作的书画作品很多成为后世藏家追捧的对象。同时,诸帝皆重收藏,其收集历代珍玩往往不遗余力。其中尤以高宗最为突出,其绍兴秘府所藏几同宣和。在宫廷的号召与影响下,收藏很快便在江南地区成为文化风尚。从勋贵公卿到普通官员文士多将收藏作为文化生活的重要部分,文物收藏的盛况遂得以在江南地区复苏。

需要注意的是,自北宋以来,收藏活动始终呈现着贵族化的倾向,即皇室及贵族子弟在其中发挥着主导作用。根据米芾的记述,北宋晚期多数藏品皆属"贵侯"人家所有。即如米氏本人收藏号称宏富,但就收藏数量来看远远无法与皇室或亲贵相比侔。南宋的收藏仍延续这样的态势。除宫廷外,重要的勋戚朝臣往往成为文物的大藏家。例如,南宋宗室赵兰坡,其收藏之富超过御府,所拥

---

① 王鏊等:《姑苏志》卷一三《风俗》,《天一阁藏明代方志选刊续编》第11册,上海书店,1990年。
② 东鲁古狂生:《醉醒石》第八回《假虎威古玩流殃 奋鹰击书生仗义》,载《古本小说集成》第一辑,上海古籍出版社,1991年,第290页。

第一章　宋元遗绪与明中期之前的江南收藏界

有的历代书画不下千本,其中珍品名卷逾三百;① 又如南宋末权相贾似道亦颇事收藏,"家藏名迹多至千卷"。② 这些藏家皆可被视作皇室收藏的衍生品。他们不仅与皇室有着千丝万缕的联系,其获得藏品的能力、手段更与其地位、权势相关联,甚至其藏品亦往往直接来自内府。例如,贾似道所有多系宫中旧藏,"其宣和、绍兴秘府故物,往往乞请得之"。③ 相比之下,晚明江南民间收藏活动虽极其活跃,但也几乎没有出现过类似赵、贾这样藏品过千卷的藏家。惟万历间嘉兴大收藏家项元汴,其藏物之富雄视一代,差可与之比肩。④

应该说,宋代的贵族式收藏虽造就了数个收藏文化的奇异景观,成就了数个荟萃大成的藏家,但这种艺术品高度集中于少数人之手的状况无疑对收藏活动的发展构成妨害,阻断了藏品为社会分享的机会。更重要的是,新的收藏群体无由生成发展,没有大量藏品以供社会流通,收藏市场也难以得到有效的发展。

此种收藏格局在宋元易代后遭到了颠覆。宋亡元兴,政治的变动再次影响了江南收藏领域。伴随朝代的更迭,旧日王公贵戚的藏物或被劫掠北去,或散落于江南及其他各地。随着政治影响力的消失,以往收藏领域内贵族化态势亦消除殆尽,以文人士夫为主体的私人收藏代之而起。有元一代,江南地区士人阶层的政治

---

① 张丑:《清河书画舫·莺字号第一》,上海古籍出版社,2011年,第8页。
② 张丑:《清河书画舫·红字号第五》,上海古籍出版社,2011年,第238页。
③ 张丑:《清河书画舫·红字号第五》,上海古籍出版社,2011年,第238页。
④ 根据翁同文基于项氏藏书"千文编号"的研究,天籁阁藏物应在两千件左右。参见翁同文《项元汴千文编号书画目考》,载《东吴大学中国艺术史集刊》第9卷,第176—177页。

影响力虽无法与之前之后的时代相比,但其在文化领域内的造诣及对文化遗产的保护、使用却达到新的高度。一些生活较富足,且有余闲的文士将大把精力投入到对先代遗物的整理中去,那些散落的艺术品又得到有序收集、保管。例如,元初著名江南文士、收藏家赵孟𫖯曾服官元大都,其利用余闲广事搜集,颇有所得。赵氏于成宗元贞元年返回江南时,一次便带回韩干、黄荃、董源、宋徽宗等所作书画珍品十二幅,另外还有古雕玉盘、白玉方顶簪、方铜炉、灵璧石香山等古物珍玩十二件。① 除江南本土文士外,一些在江南任职、游历且热衷收藏的北方官绅士人亦参加其中,在接受江南收藏风气熏染的同时,他们更以自身活动推动这一地域收藏活动的开展。其中佼佼者如鲜于枢、高彦敬等,其既富收藏,且精于创作。在他们的努力下,元代江南文物收藏臻于鼎盛。元人柳贯记其时盛况称:

> 方车书大同,弓旌四出,蔽遮江淮,无复限制,风流文献,盖交相景慕,惟恐不得一目睹也。故游仕于南而最爱钱唐山水者,予见识其五人焉,曰:李仲芳、高彦敬、梁贡父、鲜于伯几、郭祐之。仲芳、彦敬兴至,时作竹石林峦,伯机行、草书入能品,贡父、祐之与三君俱嗜吟,喜鉴定法书、名画、古器物。②

在元代,与私家收藏发展同步的,是江南地区的藏品市场,其呈现着日益活跃的态势。总的来说,主要体现在两方面:

一方面是古董铺、肆等古董交易场所的大量出现。应该说,交

---

① 周密:《云烟过眼录》卷三,《文渊阁四库全书》第871册,第71页。
② 柳贯:《柳侍制文集》卷一八《跋鲜于伯机与仇彦中小帖》,载陈高华编《元代画家史料汇编》,杭州出版社,2004年,第13页。

第一章 宋元遗绪与明中期之前的江南收藏界

易市场的发端绝非在元代,至少唐宋时期史料中就已有相关记载。

另一方面则是古董商人活动的日趋活跃。由于此前贵族阶层对藏品的垄断态势被打破,大量藏物得以流入社会,从事收藏者日众,收藏需求较之前代有明显增加。此种状况在催生了大量古董商人的同时,也赋予了他们更加广阔的活动空间。《云烟过眼录》载,南宋亡后,谢太后被迫迁居大都,后因生活所迫,将宋理宗内府所藏一玉花尊出卖给古董商人,仅得中统钞二十定。近三十年后,钱塘文士叶森由古董商人处购得此物,时价已涨至一百一十五定。① 在元代,与叶森一样,矢志追求、收集前代精美艺术品的江南士人不在少数。在此种背景下,古董商人得以大行其道,广泛搜购,并频繁与士人交际往还,以积极的态度参与他们的文化生活构造。周密所著《志雅堂杂钞》中,较详细地记录了至元二十七年(1290)至元贞元年(1295)间个人收藏经历,其间不乏与古董商人的交往记录。例如:

> 至元二十七年八月二十六日,□自鼎元张称孙家物,杭之常卖驵沈大整者和庵得之,以为奇货,既而董瓒者所谓顽石董酬以重价,以大铜器数件共准二十五定得之。②

又如:

> (至元二十九年)正月收灯夜,张齐卿偕尤曾五官人□西牙人来者来,携至画凡廿八轴,内有仲元《四老围棋》,高宗御题绝妙。顾恺之《水阁对弈》……③

---

① 周密:《云烟过眼录》卷三,《文渊阁四库全书》第871册,第65页。
② 周密:《志雅堂杂钞》卷上,《粤雅堂丛书》本。
③ 周密:《志雅堂杂钞》卷上,《粤雅堂丛书》本。

在前引各材料中，沈大鳖、"尤曾五官人"等应均为从事古董贸易的商人。"常卖驵"或"牙人"则是宋元时期对古董商人的通称。关于他们的记载表明，在相当程度上，私人藏家为不断充实收藏，越来越离不开古董商人的居间作用，并因之与此类人群发生着越来越密切的联系。这些古董商人也通过藏家间的相互荐引，来扩大自己的主顾范围。

除记录古董商人活动外，《志雅堂杂钞》中还保留了较多文人藏家间交往的记录。笔者将至元三十年（1293）的周氏收藏活动编录于下，以见其时收藏状况：

至元三十年二月二日　访徐子方，观王王洗水墨《烟江叠嶂图》，后有苏轼与王唱和诗。

二月十二日　至张受益斋，观李成山水一、《桃源图》三幅、黄荃《独钓图》、艾宣《孔雀》二、易元吉《猕猴择虱》等。

三月二十八日　至困学斋，观郝邦青所留四卷、张长史《秋深帖》、孙过庭《草书千字文》、李伯时《阳关图》。

四月二十八日　访庄素蓼塘，观周昉《挥扇图》，张萱《鼓琴士女图》，董元《溪山图》、着色《山居图》，吴道子《过海天王图》，李思训《巫山神女图》，陆晃《捕鱼图》、郭熙《巨阁晴峦宫殿图》、黄荃《紫葵花》

八月十四日　访庄素蓼塘，庄氏代乔仲山求售《智永真草千文》绝佳，欲钞七定

第一章　宋元遗绪与明中期之前的江南收藏界

十一月十一夜　赵小山孟林以四川绢一幅来,为高宗大字书,欲售两定

十一月十三日　善之携彦敬所收赵昌画折枝卷子来

十一月十九日　访鲜于伯几,张受益在座。观李成《晴峦叠嶂》横卷、王端《琴棋人物》、汤子昇铸镜图、范宽雪景、黄荃《饲猫、留犊》双幅,皆司德用寄售另有金代水总管所造篦刀一把,上有渗金镌"水造"二字,一刀所直钞十定

二十六日　访蓼塘,庄氏出孙梦卿"松石问禅"一卷,老游表背,得之提卖篮中者,其价甚廉,问庄以二定得之,游恐不止此也。

可见,周氏的收藏生活是十分丰富的,与艺术品赏鉴相关的活动几乎贯穿整年。与之往还的也都是当时活动于江南的重要藏家,其中被提及最多的庄素(蓼塘)系松江人,在元初为江南著名藏书家及古物收藏家。这些文人学士将收藏与鉴赏作为彼此交际的重要内容,从而使元代的私人收藏不再具有独立的单体活动意味,而融入广泛的文人社会交往活动中。此外,我们在上述记载中还可以发现,这些私人藏家并不仅购入藏品,还时常直接从事藏品交易,并从中获利。周氏曾自记,其于宋廷某大珰之手获得董元《山居图》一幅,后以钞四定价格售予许氏,而许氏复将该画售予庄素,价钱则翻倍变为八定。① 这些文人藏家不仅直接从事藏品交易,有时还为交易两方牵线搭桥,发挥中介作用。例如,前引文中提到,

---

① 周密:《志雅堂杂钞》卷上,《粤雅堂丛书》本。

周密在鲜于枢处见到多幅前代名画，这些并非鲜于本人所有，而属司德用寄售之物。另如，周氏于该年八月间过访庄素，后者代另一著名藏家乔仲山向前者荐售《智永真草千字文》一部，并明白要价七定。由此可见，元代的文人藏家不仅精于鉴藏，对买卖之道亦颇熟稔。在一些交易中，藏家并不需待古董商人来发挥作用，他们的社会交游网络有时也成为藏品的流通网络，在藏家间直接实现物物转换，而此种状况在之后的明代藏物交易中表现得更为突出。

综合前文，我们可以看出，宋元时代江南地区收藏业的发展至少在两方面为明代准备了条件。一是藏品条件。宋元是藏品收集与创造同时发展的时期。虽然其间收藏格局有所变化，但不论艺术品集中于少数贵族藏家之手，抑或散布于广泛的社会藏家群体之间，就藏品总量来说，江南地区始终保持持续增长的态势。这种增长一方面源自对艺术品的搜集与保护，另一方面也在于这一时期江南文艺创作的繁盛，各类艺术创作领域的优秀人才不断涌现，很多杰出的艺术创制一经问世很快便成为艺术市场中人们钟情的收藏品。这些先后时代累积的艺术品为明代江南民间收藏的蓬勃发展提供了丰厚土壤，正如我们所了解的，明代多数时间内江南收藏的审美架构皆是以宋元时期的艺术作品为基准的。二是收藏体系条件。宋元时期尤其元代，民间私人收藏发展极为迅速，其不仅在贵族化垄断式收藏结束后有效重塑收藏整体格局，同时，亦构筑了收藏作为社会化活动的完整体系。专业藏家们将收藏作为生活的重要部分，在社会交往间不断填充与收藏有关的内容，并最终形成了一套由购物、藏物到鉴物、评物的完整流程。在明代，这套体系得到完全的继承。应该说，我们在明代江南收藏环节中能够发

第一章 宋元遗绪与明中期之前的江南收藏界

现的要素,元代就已基本具备。不仅如此,收藏业在城市的发展也颇具规模,从一般性的藏品买卖到极端性的赝品制造,再到艺术品原料的生产各方面均已较为完备。明代江南的藏品市场正是按照元代的规模、格局发展而来,商人的活动亦遵循了几乎相同的轨迹。

二、明中期前的江南收藏

元末,江南的民间收藏发展到一个高峰时期,涌现出倪瓒、顾瑛、曹知白等一些富有资财、广蓄博收的著名藏家。他们的政治地位虽不甚高,但具有广泛的社会影响力,尤其在收藏领域,其藏品及收藏事迹不仅为当时人亦为其后的明代人所仰望追慕。

然而,随着元末战乱的兴起,此种繁华转瞬即成烟云泡影。元明易代之际,江南多数地域成为战场,兵燹所及,收藏事业遭到极大破坏。倪瓒、顾瑛等所藏珍物散失殆尽,一般藏家则更难保其所有。《霏雪录》所载一则事例,正可说明动荡的社会环境对收藏的破坏性影响:

> 吴兴富家某氏酷爱松雪书画,重购而蓄之,积至三四箧。至正末,盗贼骚动。某氏嘱其子曰:吾家资贿颇丰,尔不能全,必弃之,慎勿弃此箧中物也。其子谨志之。后因避乱,浮家往来。一日,开箧视之,皆松雪遗迹,乃大悔,欲尽弃之。时掌事人在侧,曰:郎君苟不欲,愿乞鄙人。遂与之。寄近僧寺,后为

寺僧日东生所有……洪武间,因回禄皆为灰烬,惜哉!①

元末的战乱使相当多前代艺术品归于消灭,即便幸而存世者亦往往深藏主人之手,而极难示人。洪武初,姚广孝在论及存世的书法作品时称"胜国之季,兵燹之余,前辈翰墨存者无几,间或获一见,如遇雎彝觇敦不由不使人忻艳也"②。又如同时期戴良所论"二十年来,祸乱相仍,在在兵起,士大夫家所藏旧物羽化殆尽"。③ 此种情况无疑对明初江南民间收藏事业的恢复构成了最直接的障碍。

入明后,江南社会在较长时期内处于调整、恢复阶段,民间经济相对脆弱,财力亦不充盈,这些都影响了收藏事业的规模化发展。在此阶段,艺术品的交易重归冷寂,其商品化特点也相当程度黯淡下去。具体而言,明初的社会氛围以及作为收藏主力的文人群体的经济状况成为造成这一现象的主要原因。

一方面,元末以来,由于社会动荡,拥有大量藏品往往成为身家负累,因此一些藏家选择主动分散藏物乃至摒弃收藏活动,例如倪瓒就曾将其著名的清秘阁藏品散于族人亲眷。同时,明初法网严密,一些原本富有收藏的富室巨族往往获罪,藏品亦因之星散。常州李庸的遭遇无疑是最鲜明的例证:

李无易名庸,一字无逸,碛澳巨姓,颇尚文学。国初,坐累徙云南,发龙江……乡间往往见无易家旧物,孙叔英家有洪武

---

① 镏绩:《霏雪录》卷上,《文渊阁四库全书》第 866 册,第 671 页。
② 吴升:《大观录》卷十七"王叔明听雨楼图卷",《中国书画全书》第 8 册。
③ 戴良:《九灵山房文集》卷十四《跋孙伯睿所藏绛帖》,《丛书集成初编》,中华书局,1985 年。

第一章 宋元遗绪与明中期之前的江南收藏界

初行乡饮礼诗卷,余爜序,赵丹林龙角凤尾金错刀竹二幅,赵松雪小蓬莱三字刻區,字本顾玉山家物,顾一孙赘李,字因在焉。字初为村氓得之,以其背断草蓁豕云。野水舅家《中吴纪闻》残帙,即余得之而失去者,先孺人嫁青铜大鼻镜,皆李氏家物也。①

在此社会环境下,藏物同于藏富,而藏富则无异于贾祸,"明兴,芟夷豪门,诛戮狂士。于是俗以富为不祥,以贵为不幸。"②可以想见,即便具备收藏实力者,也自然不愿敛财肇祸,引火上身。不仅如此,明初从事文化事业本身即带有一定"风险"。读书学文被时人视作"畏途",更遑论收藏艺品,品味文艺,讲古论今。可见,明初江南社会的整体氛围并不利于民间收藏的发展。

另一方面,江南士绅的经济实力也成为阻碍收藏发展的重要因素。众所周知,艺术收藏须有相当经济条件为基础,需要一定的财力为支撑。然而,在明代前期,多数官员士绅生活较为俭素,手中亦往往少有余资。对于艺术品,其即便衷心向往,也往往限于财力而难以企及。例如,解缙就曾在家信中吐露其收入的分配状况:

> 每月关米七石,其余每石拆钞共七十贯,又常留下三石粜四石得钞百余贯,而马料豆每石五十贯,稻草亦甚贵,时时虽有赏赐,随得随用,又作些人情,表置些书画,皆是虚花用了。③

解缙为明初重臣,且酷爱书画,但据上述引文,其每月所得薪俸颇为有限,生活各项开支项目较多,能留以"表置书画"的部分无

---

① 叶盛:《水东日记》卷三《李无易家旧物》,中华书局,1980年。
② 曹一麟等修,徐师曾等纂:《嘉靖吴江县志》,卷十三《典礼志三·风俗》。
③ 解缙:《解学士文集》卷十《书简·家书》,《文渊阁四库全书》第1467册。

疑极为有限。财力的拮据，资金的支绌成为明代前期文人士夫投身艺术收藏的一个显著障碍。缺少充裕的资金作为依托，明前期的江南收藏活动必然只能在低限度内徘徊，无法形成如晚明的蓬勃气象。

　　但需要指出的是，明初江南民间收藏事业的此种停顿局面仅是相对的。毫无疑问，社会动荡难免带来一些藏品的销毁或佚失，同时因经济遭受破坏，收藏业亦有一段时期的冷寂消沉。但就总体而言，江南地区的收藏事业并未就此衰歇。更重要的是，经过宋元时期的培养"孕育"，江南民间的收藏意识得到承续，而并不因社会环境的变化而改易。明朝建立之初，明廷继承了前代内府所藏大批珍品。同时，开国诸臣如宋濂、刘基等，皆出身江南，继承元代江南士人重收藏鉴赏的雅趣，仍大力从事并支持艺术鉴赏及收藏活动。例如，宋濂即曾多次记述他在皇家内府鉴阅藏画的经历。同时，其本人也曾因为他人撰作墓志铭而收取对方所赠王羲之作品为润笔。① 不仅如此，民间的藏品交易在明初亦不绝如缕。例如，方孝孺即曾提到，赵孟𫖯所书《千字文》曾于洪武初"鬻金陵市中"，并得到当时著名书家宋璲的鉴定而终被刑部主事叶仲夷购藏。② 在江南，一些受战乱影响较小的地区，其原有收藏氛围尚未遭遇巨创，故入明后其地民间收藏之风尚有存续。例如，临海钱氏藏有唐韩幹所作《五马图》，后因战乱，马失其二，而题识犹存。乱后，钱氏族人重新对其进行装裱，并请当世名家题识，使该物重新

---

① 宋濂：《宋学士全集》卷十二《题王羲之真迹后》，清同治退补斋刻本。
② 方孝孺：《方孝孺集》卷十八《题赵子昂千文字帖》，浙江古籍出版社，2013年。

第一章 宋元遗绪与明中期之前的江南收藏界

焕发光彩。① 又如,临川饶氏家多法书,据称其藏有不同摹本《兰亭序》数十部,后更以重价购得石刻"定武本",如获至宝。② 再如,戴良于明初曾居四明夏叔宜家,为其鉴选藏品。据戴氏文集所录,夏氏兄弟藏有米芾《烟雨图》、文同《盘古图》、赵孟頫临《兰亭序》等多件珍品。据戴良所说,夏氏兄弟藏物多为其同乡元代著名文士袁桷所藏。同时,在其周围尚有孙氏兄弟(伯敬、伯睿)等一些民间藏家,其手中藏物如钱选临《西域图》等亦极为可观。③ 另一方面,永、宣之际,随着政治文化环境的改善,社会风气渐趋宽松,一些士人重拾此道,复经营收藏。例如,永乐中苏州人周璿,长于书画,因荐供职内廷,其居家重视收藏历代书画作品,"其所收贮古今法书名画最多,皆手所装潢,盈厨积笥,值佳客至,辄出而玩之,如阅武库之藏,使人目眩意铄,应接不暇,君乃快焉";④再如,永乐时期另一宫廷书画家滕用亨,以七十高龄服侍内廷,专司鉴定书画。《姑苏志》记其事迹称:"用享尤善鉴古器物书画,尝侍上阅画卷,众目为赵千里,用享顿首言笔意类王晋卿,及终卷果有驸马都尉王诜名"。⑤ 记述中虽未言及滕氏所藏,但可以推想,如非所藏所见极多,他是绝不可能有如此精鉴本领的。永、宣时期,一些出身江南的名臣显宦也注重收藏,其无论出仕或居乡,皆留心艺术品的搜罗

---

① 方孝孺:《方孝孺集》卷十八《题韩幹马图》,浙江古籍出版社,2013年。
② 高启:《高青丘凫藻集》卷四《跋兰亭》,上海古籍出版社,1985年,第928页。
③ 戴良:《九灵山房文集》卷十四《题米元晖烟雨图》,《丛书集成初编》,中华书局,1985年。
④ 徐有贞:《武功集》卷四《故中书舍人周君行状》,《四库明人文集丛刊》,上海古籍出版社,1991年。
⑤ 王鏊等:《姑苏志》卷一三《风俗》,《天一阁藏明代方志选刊续编》第13册,上海书店,1990年。

与保藏。如永乐间名臣胡俨喜好收藏书画,其家即藏有南唐周文矩所作名画《重屏会棋图》。① 又如,"三杨"之一的杨士奇,其家"多蓄古墨迹",而其中以唐欧阳询《梦奠帖》最为知名。②

除江浙地区外,徽州的情况也颇值得关注。宋元时期,徽州名贤辈出,其所遗留的手札诏敕等故物多为其家族所珍藏。元明之际,徽州因僻处万山之间而较少受到战乱影响,故这些藏物多数得以妥善保藏。社会重归安定后,这些收藏者为昭显祖德,往往以这些藏物征求名公鉴赏题跋。由是可证其地不待后期徽商之兴起,在明初即已有从事收藏的传统。例如,洪武时期名臣宋濂曾经过徽州歙县一带,当地人纷纷拿出祖遗求其品题,其中朱某将南宋孝宗付史丞相内批一卷付宋氏题识。③ 更有甚者,罗某将宋高宗答其祖罗公彦手诏一通装潢成卷,驱驰数百里,至浙中浦阳江畔宋氏家中求其数语题跋。④

在明初的收藏领域,尤其是书画收藏领域,还有一个现象值得关注,即明初的藏家多喜爱收藏"当代"作品。笔者认为,这大抵是受到宋元收藏惯习的影响,抑或与明初藏品市场萧索以至更早时期的艺术品较为罕见有关。明代前期重臣王直在其《抑庵文集》中记载了多位民间藏家的情况,可为此一风尚的缩影。例如,其称淮安杨熙节兄弟收藏时称:

---

① 英和等辑:《钦定石渠宝笈三编·南唐周文矩重屏会棋图》,《续修四库全书》子部第 1075 册,第 639 页。
② 英和等辑:《钦定石渠宝笈三编·唐欧阳询梦奠帖》,《续修四库全书》子部第 1075 册,第 639 页。
③ 宋濂:《宋学士全集》卷一三《题孝宗付史丞相内批》,清同治退补斋本。
④ 宋濂:《宋学士全集》卷一三《题宋高宗赐答罗尚书手诏》,清同治退补斋本。

第一章 宋元遗绪与明中期之前的江南收藏界

  淮安杨熙节兄弟有潇洒之趣而最好画。京师善画之士多作图遗之,以足其所好。熙节取其杂碎者编之册,而请予记。画凡十又七幅,山水十一、花木六。其中峰峦之秀,烟云之变,川陆之萦迴,深林茂树之暎带,穿槛华屋浮屠老子之宫参差而隐见,逸人畸客之闲放,渔舟估舶之去来,禽鸟之翔集,幽丛绝艳,防蜂戏蝶之相寻,皆各极其趣,诚可谓妙矣。①

其记弋阳李氏收藏时称:

  弋阳李文奎为保昌县学教谕,能以所学教诸生,而恬澹自足,凡世俗之所尚者皆无意于其间,而独好图画,一时善画者皆有以足其所好。文奎取其杂碎者装类成卷,名之曰群英墨妙,持来北京,因予友郭公承求予序。②

其记泰和龙氏所藏称:

  杂画一卷,予姻戚龙叔粲甫所藏也。叔粲与子士郁皆贵显于时,然世俗之所好者皆弗好,而独爱画,与之厚者多以画遗之,叔粲取其杂碎者萃为一卷……予视之画十有二幅:山水一,梅二,松梧兰竹四,蒲萄春草菊各一,鹡鸰一,最后松鼠终焉。③

  可见,当时一些藏家有着收集时人书画作品的喜好倾向。虽然,对于他们与那些书画创作者间如何交往,引文中并未明确交

---

① 王直:《抑庵文后集》卷三《杨氏杂画记》,《四库明人文集丛刊》,上海古籍出版社,1991年。
② 王直:《抑庵文后集》卷一三《李氏群英墨妙序》,《四库明人文集丛刊》,上海古籍出版社,1991年。
③ 王直:《抑庵文后集》卷二三《龙氏杂画卷序》,《四库明人文集丛刊》,上海古籍出版社,1991年。

代，但至少我们可以明确，两者间必然保持着较为密切的接触。关于明初藏家偏好当代作品这一倾向，我们也可由出土资料获得最直接的证明。1982年4月，江苏省淮安县东郊明代王镇墓葬中出土书画作品25幅。据墓志显示，王镇出身于商人家庭，生活于永乐至弘治时期。其人雅爱书画，"古今图画墨迹最为心所钟爱，终日披览玩赏不替，不啻好色之娱目、美味之悦口。尤善识其真伪，收藏之顷不计价值"。① 从其死后以书画殉葬的情况看，王镇的确是痴迷书画的藏家。今人对其殉葬书画进行整理后发现，25件作品中除去仿元人作品的两件和佚名的三件外，其余皆为明前期大小名家的作品，共涉及画家17人，其中不乏夏昶、谢环、李在等当时名家巨笔。且这25幅画作被装裱为两卷，首卷8幅，二卷17幅，每卷中各画多互不关联，彼此独立。② 王镇墓书画出土情况正可与前引王直所记内容相印证。在收藏品的来源方面，热衷于时人的作品，应是一种收藏的风气。以王镇为代表的这些民间藏家，极可能与画家本人保持联系，并通过赞助创作的方式，直接从作者那里获得艺术品。此外，王镇墓书画的裱装形式亦与前引文中所提到的"取其杂碎者编之册"的形式相吻合，这也应被看作其时书画收藏的一种习惯。

总体说来，洪武至宣德时期为明代江南收藏的恢复期。这一时期，江南地区没有出现拥有宏大藏量、负有大鉴赏名气的收藏"明星"，藏家手中的艺术品数量无法与晚明著名藏家相比，收藏事

---

① 《明处士王公伯安墓志》，载江苏省淮安县博物馆、中国古代书画鉴定组编《淮安明墓出土书画》，文物出版社，1988年，第4页。

② 顾工：《淮安王镇墓出土书画简论》，载《中国书画》2010年第3期，第56页。

第一章 宋元遗绪与明中期之前的江南收藏界

业的整体发展相对迟缓。明嘉靖中,嘉定著名藏家张应文在所著《清秘藏》一书中开列自晋代至当时历代收藏名家。其中,明代民间私人藏家共计28位,首为徐有贞,末为项元汴、陆会一。① 这些藏家的活动时期,上起正统、景泰,下至嘉靖,于洪武、永乐乃至宣德时期则未有涉及。虽然张氏所知所见未必全面,但这的确从一个侧面说明,明代早期江南的收藏远不及后期活跃,收藏家地位也不如那些后来者显赫。然而,如前文所显示,这一时期从事收藏者并不乏其人,其影响虽较小,但收藏活动却如细流涓涓,未尝中断。

宣德后,江南社会经济形势逐渐好转,收藏事业也呈现出回暖势头。一些累世专注收藏的世家开始出现,他们手中的藏物不论在类别还是数量方面较之明初均有了一定提升。例如,长洲人王锜在回忆正统间其家收藏盛况时就称:

> 余家旧有万卷堂……乃玉洞所掌。又有聚古轩,专藏古铜鼎彝、钟、卤,古玉环、玦、斗、方响、浮磬之类,皆有款志。古琴数张,惟一天秋三世、雷霜天玉磬、夜鹤唳寒松为最。文房诸具,悉皆奇绝。他如刻丝、垒漆、官窑瓿器,毕聚其中,乃长兄坦斋所掌。二公最能赏鉴,目力甚高,绝无赝假。②

又如景泰、成化时期苏州著名收藏家陈鉴,"居无声色之好,止好藏书并古书画、器物而已"。其所收书画尤其宏富,并善于临摹,以至所摹古人之迹几可乱真。③

活跃于成化、弘治时期的苏州著名藏家吴宽在忆及其时江南

---

① 张应文:《清秘藏》卷下,《文渊阁四库全书》第872册,第19页。
② 王锜:《寓圃杂记》卷六《余家书画》,中华书局,1997年,第45页。
③ 吴宽:《匏翁家藏集》卷六二《祭酒陈公墓志铭》,上海涵芬楼藏明正德刊本。

收藏界情况时称:

  近岁号能鉴赏书画者,吾苏有刘佥宪廷美,华亭有徐正郎尚宾,二公既皆以博雅见称于人而又力足以致奇玩,故人家断缣残墨率皆归之,其得之既多,而益不足为之废寝食,汲汲走东西购求不已。岁久,大江之南称收蓄之富者,莫敢争雄焉。二公既没,士大夫爱其雅才清韵,无复见斯人也,相与叹惋。然二三年来,吴人所得书画固有出于他姓者,而为二公尝所得者亦不少也。①

  由前述可见,正统以后,尤其是成、弘时期,江南收藏之风渐盛。一方面,藏家的收藏规模较之前代有所扩大,出现了诸如刘珏(廷美)、徐尚宾这样名动江南、物盛一时的著名藏家;另一方面,有关藏家记载的增多也从侧面表明,这一时期江南的收藏事业得到了较之以往更多的关注。在江南社会,尤其是文士官绅阶层,收集古董渐成为一种风尚所向。也正因如此,才会出现如吴宽所说,刘、徐等人没后,江南其他藏家继起,续有其藏物的局面。

  成、弘时期江南藏界的此种转变,不仅是明初以来近百年收藏事业不断发展的必然结果,更与当时社会环境、收藏条件的变化密切相关。一方面,明初法禁严密质朴俭素的社会氛围发生改变,各类约束日益宽松,由此引发的士人对文化艺术的追求也渐趋活跃,其如《吴江县志》所称"迨天顺初,人始尚文乐仕,而俭素之习因而渐移,迩年弥甚"。② 另一方面,成、弘时期,江南地区的商品经济不

---

① 吴宽:《匏翁家藏集》卷四八《跋元诸家墨迹》,上海涵芬楼藏明正德刊本。
② 曹一麟等修,徐师曾等纂:《嘉靖吴江县志》卷十三《典礼志三·风俗》。

第一章 宋元遗绪与明中期之前的江南收藏界

断发展,城市生活较之明初有了极大程度的改善。王锜所记录的苏州城市变化正是这一趋势的缩影:

> 吴中素号繁华,自张氏之据,天兵所临,虽不被屠戮,人民迁徙实三都、戍远方者相继,至营籍亦隶教坊,邑里萧然,生计鲜薄,过者增感。正统、天顺间,余尝入城,咸谓稍复其旧,然犹未盛也。迨成化间,余恒三四年一入,则见其迥若异境,以至于今,愈益繁盛,间檐辐辏,万瓦甃鳞,城隅濠股,亭馆布列,略无隙地。舆马从盖,壶觞罍盒,交驰于通衢。水巷中,光彩耀目,游山之舫,载妓之舟,鱼贯于绿波朱阁之间,丝竹讴舞与市声相杂。凡上供锦绮、文具、花果、珍羞奇异之物,岁有所增,若刻丝累漆之属,自浙宋以来,其艺久废,今皆精妙,人性益巧而物产益多。至于人材辈出,尤为冠绝。作者专尚古文,书必篆隶,骎骎两汉之域,下逮唐、宋未之或先。此固气运使然,实由朝廷休养生息之恩也。人生见此,亦可幸哉。①

经济的发展,物质生活的改善改变了社会生活的模式。面对此种变化,人们不再满足于明初那种简单质朴的村野生活,转而追求更为精致、富有滋味的生活体验。显然,在追求更高层次情趣享受的过程中,各阶层的意愿不尽相同。对于一向标榜"与古为友"的文士而言,收藏自然成为其改善生活质量、提高文化修养的重要方面。

在收藏业渐兴的同时,藏家的欣赏偏好与购藏取向也在悄然发生着变化。如在书画领域,明初以来"院体画"及其遗绪曾在藏

---

① 王锜:《寓圃杂记》卷五《吴中近年之盛》,中华书局,1984年,第42页。

界风靡一时,然至成弘后,其风渐衰歇,南宋及元代具有明显文人情趣特征的作品则代之兴起。例如,主要活动于成、弘两朝的嘉兴著名书画家、收藏家姚绶在提及自己收藏所好时称:

> 五七年前,吴兴人持赵子固画兰一卷来,其中杂以竹石草棘,清绝而生意勃然,诗翰亦脱尘,阅几夜分,竟至忘寝。以所直较昂,乃弗之售,为其人携去。迄今往来于怀,常恨余家无子固墨迹。①

赵孟坚为南宋著名画家,其所创多兰、梅、竹、石、水仙之属,画风秀雅,颇具清趣,深受其后世义人的广泛推崇。姚绶本人亦为明前期江南艺术领域中举足轻重的人物,收藏重视南宋以及元代的文人化作品,创作亦深受感染,多由文人意兴出发,他本人也因而成为"吴门画派"奠基者之一。虽然,限于财力等原因,姚绶至晚年亦未能获得孟坚真迹,但就其收藏意向来说,足以表证此时的江南藏家尤其是文人收藏家的审美趣味较之明初有了明显调整,这也就为明中期后江南书画收藏的整体风尚做了铺垫。

综上所述,明代中期前江南收藏的发展大致经历了两个阶段,即洪武至宣德的恢复期、正统至弘治的发展期。在百余年的发展历程中,宋元时期遗留的收藏传统被重拾并得以发扬。苏州人都穆曾著《寓意编》,记述其在弘治、正德之际江南(主要是苏州地区)所见书画藏品的情况。其中,共著录大大小小藏家近五十名。其中,拥有藏品数量最多者为史鉴(31幅)、沈周(20幅)、都穆(9

---

① 汪砢玉:《汪氏珊瑚网古今名画题跋》卷三〇"赵彝斋水仙兰石图"条,《文渊阁四库全书》第818册,第580页。

第一章 宋元遗绪与明中期之前的江南收藏界

幅)、吴宽(8 幅),余者皆为收藏一二幅或三四幅的小藏家(关于《寓意编》著录藏家情况详见后附资料)①。都穆生活的时代正是江南收藏新旧格局交替的转折时期。一方面,江南地区的藏物在某种程度上维持着明初以来的散沙式分布格局,为数众多的小藏家仍为主要群体;另一方面,由于藏品市场的逐渐活跃,愈多藏品得以进入流通领域,并向资财雄厚的藏家汇聚,由是出现了藏物向少部分人集中的态势。随着江南地域商品经济的发展,收藏的商品化趋势也不断加深,并最终在一定社会环境刺激下,发展成为明后期的井喷现象。

附:《寓意编》所载江南书画收藏情况

	藏家	藏品
1	御史朱天昭	《睢阳五老图》
2	常熟刘以则	李昭道《落照图》、释梦休《风竹图》
3	沈周	胡繁《番骑图》,郭熙《雪霁江行图》、《谢康乐半身像》,宋代诸贤遗墨共一卷,宋人摹周昉《宫中图》,黄庭坚书老杜律诗二首,宋元诸贤手帖一卷,苏轼《前后赤壁赋》李公麟作图,李公麟《女孝经四章》,林逋《与僧二帖》,蔡襄《自书绝句诗》,米芾《自书词》一卷,宋代五公手札一卷,蔡苏黄米真迹一卷,黄庭坚书《马伏波庙诗》一卷,赵孟頫临《伏生授书图》,宋元诸公诗册
4	嘉兴王廷槐	张旭《春帖》、宋陈亚之自书诗
5	洞庭某家	赵孟頫《秋江待渡图》
6	南京某家	陈居中《苏李泣别图》、《番马图》、李迪《猿》

① 都穆:《寓意编》,《学海类编》第102册。

续表

	藏家	藏品
7	昆山黄应龙	吴传朋《游丝书》、《宋高宗赐岳武穆手诏》、金显宗《雨竹》
8	城西张氏	钟繇《荐焦季直表》、薛绍彭四帖
9	雍熙寺僧	宋迪《潇湘八景》、宋徽宗《猫》、《东坡笠屐图》
10	宜兴尹氏	褚摹《禊帖》
11	朱性父	米芾《临黄庭经》(后归沈周)、《虞丞相手帖》(后归黄应龙)、《虞集楷书金刚经》一卷
12	宁波谢某	《文丞相书》、其远祖敬斋先生论苏章事并丞相跋子约千余
13	吴江史明古	《唐赵模集晋字千文》、褚遂良《文皇哀册文》、欧阳询《梦奠帖》、陆晃《昭君图》、巨然山水、蔡襄八帖、《韩熙载夜宴图》、宋贤语帖一卷、李公麟《九歌》一卷、宋人《文姬归汉图》、《朱文公与十六郎帖》、《宋孝宗赐虞丞相手诏》、赵千里《福禄寿三星图》、《千里春江待渡图》、郭熙《祝寿一望松图》、赵孟坚《梅竹诗》三首、陈居中《五马图》、元张师道画《木兰花慢词》一卷、钱选《垂丝海棠》及《班姬题扇图》、赵孟頫《临大令帖》并自书诗一卷、赵孟頫书《归去来词》一卷、鲜于枢自书诗文一卷、赵孟頫《人马图》及《秋江烟霭图》、温日观《葡萄》、黄公望《溪山图》、《吴镇拟范宽雪峰萧寺图》、周伯温《四体千文卷》、《薛尚功摹钟鼎款识真迹》二十卷
14	江阴薛尧卿	《东坡谢陈后山惠巾诗一首》
15	濂溪坊周氏	《文潞公半身像》、《周元公半身像》、《文文山半身像》、《倪云林小像》
16	南京梁中书	《陆宣公书陆士衡文赋》
17	刘廷美	巨然《赤壁》、《雪屋会琴》二图、高克明《山水》一卷(后皆归沈氏)、宋贤手迹一册

第一章 宋元遗绪与明中期之前的江南收藏界

续表

	藏家	藏品
18	韩蒙庵	郑思肖《墨兰》
19	马抑之	颜真卿《争坐位帖》、黄庭坚《汉阴真君诗》一卷
20	宜兴寺僧	杨无咎自书《咏梅》《柳梢青》词十首,其门人徐禹功画梅、赵子固跋
21	虞廷璧	李昭道《踏锦图》、范宽《临落照图》、文与可《墨竹》三幅、米元晖《湖山烟雨图》(后归袁戒卿)、《王庭筠书绝句诗》一卷
22	裱褙孙生家	《三官像》三轴、元初人临《阎立本水月观音像》(因索价太高,经年不售)
23	吴江张氏	米芾《朱乐圃墓表》一卷(非真)
24	宜兴徐阁老	苏轼《乞居常州奏状》
25	张起韶	王叔明摹王维《剑阁图》
26	李少卿	文与可《竹》,上有东坡诗一律
27	吴宽	林藻《深慰帖》、胡环《蕃族图》、周昉《诗意图》许道宁《溪山风雨图》、宋人《聚禽图》、宋人《德星图》、钱选《秋岩行旅图》、赵子俊《萧翼赚兰亭图》
28	无锡邹氏	许道宁《秋山晴霁图》
29	杨仪部	李后主《重屏图》(杨致仕回,将图赠京师人)
30	顾崇善	怀素草书《千字文》
31	江阴葛维善	赵伯驹《明皇幸蜀图》、易元吉《猿》
32	苏州王氏	杨凝式书《神仙起居法》
33	王医士	米芾《苕溪春晓图》、燕穆之《楚江秋晓图》
34	范氏义庄	《范文正公书伯夷颂》

续表

	藏家	藏品
35	松江曹泾杨氏	韩幹《神骏图》、王齐翰《勘书图》、蔡苏黄米真迹一卷、宋徽宗《翎毛写书图》、陆游自书诗一卷、夏圭《千岩竞秀图》、钱选《竹溪六逸图》、赵孟頫《袁安卧雪图》
36	苏州汤氏	董源《风雨出蛰龙图》、李嵩《龙宫海藏图》
37	陈孟贤	黄公望《天池石壁图》,王叔明《岱宗密雪图》(后以二十千钱归嘉兴姚御史,被火)、陈唯允《仙山图》、《溪山秋霁图》
38	姚氏	《欧阳公寄苏子美诗》
39	辽东萧文明	宋名贤二十一帖
40	都穆	吴道子《鱼蓝观音像》、王维《辋川图》、范宽《袁安卧雪图》、唐人《画牛图》、《滕玉宵白廷玉诗》、李升《杨通老移居图》、李公麟《君臣故实八事》虞伯生跋、马兴祖《胡人击毬图》又《胡人雪猎图》、马远《折枝榴花栀子》、李唐《春江不老图》、王珏《芦雁》、宋人《福星图》。

第二章
收藏与晚明社会生活

经济的发展,社会氛围的变化,皆对明中期后江南的士大夫阶层构成了影响,使其在价值观念、物质追求等方面不断加以调整,并创造出迥别于明初的生活模式。概括而言,此种生活新风的核心要素在于"富""闲""雅"三字,而此种生活形态之缔造与流播又与民间收藏的发展有着千丝万缕的联系。

一、收藏兴盛与"闲雅"生活之再造

明中期后,江南官绅士夫阶层的整体经济条件有了较大改观,其在富裕生活的创造方面有了长足进展。明代初期那种重廉耻、务俭朴的生活作风渐归荡然,重利爱财的观念随之甚嚣尘上。在此背景下,利用身份的优势谋求利益、积聚资财渐成为官绅士人的常态。何良俊曾忠实记录下了此种变化的过程:

> 宪、孝两朝以前,士大夫尚未积聚,如周北野(佩),其父舆为翰林编修。北野官至郎中,两世通显,而其家到底只是寒士。曹定庵(时中),其兄九峰(时和)举进士有文章,定庵官至宪副,弟时信亦京朝官,与李文正结社赋诗,门阀甚高,其业不

过中人十家之产……至正德间,诸公竞营产谋利,一时如宋大参(恺)、苏御史(恩)、蒋主事(凯)、陶员外(骥)、吴主事(哲),皆积至十余万,自以为子孙数百年之业矣。①

财富的积累,商品的充盈,使得人们对高水准物质生活的渴求程度与日俱增。然而,对于逐渐富裕起来的江南士人而言,应该如何打造个人生活则成为另一个重要问题。事实上,明后期官僚士夫阶层对物质财富的追求几近痴迷,其行径不仅极大程度"污染"了社会风气,更与其本应尊崇奉行的儒家立身宗旨相违背。吴履震所述晚明松江士人之行为可为此方面的代表:

> 吾松士大夫一登第后,则于平日同堂之友,及里中谈文论道之士,谢绝惟恐不速。而日奔走于门墙者,皆言利之徒也。或云某处田庄岁可取利若干,或云某人借银可生息若干,某人为某事求一履庇亦可坐致若干,则欣欣喜见于面,待之惟恐不谨。②

广蓄钱财,坐拥良田,这些都成为显扬发迹后的士人们广泛追求的目标。然而,这种做法在遭到诟病的同时,其本身亦与享受高质量的生活情趣相违背。正如何良俊所说:

> 纵生在都会,未必有名山水,或有山水之乐,又未必得缙绅方幅齿遇,维与市人伍早起执筹箸屑屑竞铢两之利,至暮不

---

① 何良俊:《四友斋丛说》卷三四《正俗一》,中华书局,1959年,第312页。
② 吴履震:《五茸志逸》卷一,上海市松江区地方史志编纂委员会办公室,1998年。

第二章 收藏与晚明社会生活

得休。嗟哉！若此者，则是以富与寿为桎梏也，人亦何乐于是耶？①

显然，在一些士人精英看来，仅有了物质的充盈并不意味着获得高质量的生活，忙于营求财富反而会成为生活的"桎梏"。那么，究竟如何才能算是真正的优质生活呢？无疑，在任何时代，富裕起来的人们无论是出于享受或炫耀的目的，总会先将衣食、居宅等基本生活条件的提高作为首要目标。例如，李延昰在述及松江人家的饮食变化时称：

> 余小时见人家请客，只是果五色、肴五品而已，惟大宾或新亲过门则添虾蟹蛤蚬三四物，岁中不一二次也。今寻常燕会动辄必用十肴，或觅珍品相胜。虽囊橐殷盛，如此暴殄，宁不畏天地谴责？②

在居宅的营造方面，松江地区的变化也颇为显著，其如《松江府志》中所称：

> 今缙绅必城居故宦宅第，转展相售，居必巧营，曲房栏楯台砌点缀花石，几榻书画竟事华侈。③

事实上，这种在衣食、居宅等方面不断高涨的奢靡之风，并非仅限于松江，而是弥漫于晚明整个江南社会。然则，锦衣玉食、高宅华屋就足以代表生活质量的提高吗？在精英士人看来，其更多

---

① 何良俊：《何翰林集》卷十二《林宾桂五十寿序》，《四库存目丛书》集部第142册。
② 李延昰：《南吴旧话录》卷上，《瓜蒂庵藏明清掌故丛刊》，上海古籍出版社，1985年。
③ 方岳贡修，陈继儒纂：(崇祯)《松江府志》卷七《风俗》，《日本藏中国罕见地方志丛刊》，书目文献出版社，1991年。

则是为表征主人的财力而设,仅是社会整体对财富盲目使用的一种病态表现。如何良俊在论及苏州造园之风时即称:

> 嗟夫!叔世之人好名喜夸,故凡家累千金,垣屋稍治,必欲营治一园。若士大夫之家其力稍赢,尤以此相胜。大略三吴城中园苑棋置,侵市肆民居大半,然不过近聚土壤远延木石,聊以矜眩于一时耳。主人曰唯问田舍丘金积镪,其所重在彼不在此。故未闻其款一佳客,作一胜会,扃镭不数启,已为狐兔所保矣,可胜叹哉?!①

除居宅、服食等外,江南的富裕阶层还将大量精力投入教梨园、选歌舞乃至逸游渔色等多种享受性活动中。与之相应,晚明江南多种消费文化获得长足发展。其如李日华所说:

> 吴号山水窟,灵奇秀异,幽讨不尽。独其阛阓据水陆都会,百货赟集,隐机曲械,往往藏疾其中。士大夫喜为豪裘马,雕饰逾度,居恒征歌选色,栩栩相煽。②

可见,在李日华看来,江南士大夫此种纵欲浮嚣"栩栩相煽"的生活状况是社会"藏疾"的表现。一些士人精英认为,士大夫应该抛下世间的俗务,放下名利之心,复归于具有文化特性的高品位生活中。据其设想,此种理想化生活的核心在于"闲"和"雅"。所谓"闲",并非意味着无所作为,而是要人从名利场中抽身,不去从事钻营之事,过自然简淡的生活。"雅"则是要求人立足于较高文化层次,秉持高尚的情操,基于精神的享受而弱化纯物质生活。关于

---

① 何良俊:《何翰林集》卷十二《西园雅会集序》,《四库存目丛书》集部第142册。
② 李日华:《恬致堂集》卷二五《沈津里先生传》,上海古籍出版社,2012年。

第二章 收藏与晚明社会生活

"闲雅"生活,一些士人给出了理想化的样本。例如,李日华就曾言及其所向往的生活样式:

> 但得终身啖白饭、羹鱼、法酒、精茗,家有藏书万卷,石刻千种,长年不出户,亦不引一俗汉来见,如此七八十年,即极乐国人也。①

又如莫廷韩所言:

> 晚凉箕踞,临池自酌,闲设笔墨,抚古帖一二行,援琴而鼓之,神游羲皇矣。②

再如冯梦祯曾言居常应做诸事:

> 随意散帙,焚香,瀹茗,品泉,鸣琴,挥麈,习静,临摹法书,观图画,弄笔墨,看池中鱼戏,或听鸟声,观卉木,识奇字,玩文石……祀先拙园了故乡诸缘省坟墓,随宜收买奇书或法书名画。③

可见,在江南知识精英的认识中,"闲雅"必是能代表其审美情趣与身份特征的生活状态。也正因如此,诸如品茗、焚香、鸣琴、观书以及收藏古帖书画等被认作为高雅情趣的代表,而被纳入"闲雅"生活的范畴中,成为其中不可或缺的要素。事实上,这种对理想生活场景的构划并不起自明代。宋代以来形成发展起的文人生活成为晚明士夫设计"闲雅"生活的"母本"。例如,南宋赵希鹄在其所著《洞天清录》中就曾提到:

---

① 李日华:《竹懒画媵·题画册》,《四库存目丛书》子部第72册。
② 吴履震:《五茸志逸》卷一,上海市松江区地方史志编纂委员会办公室,1998年。
③ 梁清远:《雕玉杂录》卷一,《续修四库全书》子部第1135册。

明窗净几罗列,布置篆香居中,佳客玉立相映。时取古人妙迹,以观鸟篆蜗书,奇峰远水。摩挲钟鼎,亲见商周。端砚涌岩泉,焦桐鸣玉佩。不知人世所谓受用清福,孰有逾此者乎?

宋代是文人化生活发展并臻于成熟的时期,其所创造的格调情趣、样式内容等为后世所继承并不断加以改进发挥。至元代,文人生活的典雅化倾向愈益明显,以体现清雅、高洁为宗旨的文人生活样式类型基本被确定下来。其中,最为明代文人尤其是收藏家所津津乐道的,是倪瓒及其收藏生活的"图景"。在明代,藏家是否拥有倪瓒书画被认作判别"雅""俗"的重要标准。事实上,明代文人藏家对倪瓒生活模式的关注丝毫不亚于云林作品本身。例如,在明初人所撰的倪瓒墓表中,他的收藏生活是这样被描述的:

所居有阁,名清閟,幽迥绝尘。中有书数千卷,悉手所校定,经史诸子、释老岐黄、记胜之书,尽日成诵,古鼎彝名琴,陈列左右,松桂兰竹香菊之属,敷纡缭绕,而其外则乔木修篁,蔚然深秀,故自号云林。每雨止风收,杖屦自随,逍遥容与,咏歌以娱,望之者识其为世外人。①

身居书斋,远离尘世,松竹环绕,古器罗列,讲论书史,多么经典的文人生活场景。虽然,倪瓒等居家豪富,极尽享受,但在文字记述中,却是一幅毫无人间烟火气的世外情景。无论出自有意或无意,明代的文人藏家的确在一遍遍复制着这样的生活意境。譬

---

① 周南老:《元处士云林先生墓志铭》,陈高华编《元代画家史料》,杭州出版社,2004年,第457页。

第二章 收藏与晚明社会生活

如,明末高濂在其著名的《燕闲清赏笺》中就提到标准的收藏生活样式:

> 阁尤胜,客非佳流,不得入。堂前植碧梧四,令人揩拭其皮。每梧坠叶,辄令童子以针缀杖头,亟挑去之,不使点污,如亭亭绿玉。苔藓盈庭,不容人践,绿褥可爱。左右列以松桂兰竹之属,敷纡缭绕。外则高木修篁,郁然深秀。周列奇石,东设古玉器,西设古鼎尊彝、法书名画。每雨止风收,杖履自随,逍遥容与,咏歌以娱。①

又如,在吴宽为史鉴撰作的墓表中,这样描述藏家的生活:

> 家居甚胜水竹幽茂亭馆相通,如入顾辟疆之园。客至,陈三代秦汉器物及唐宋以来书画名品相与鉴赏,好着古衣冠,曳履挥麈,望之者以为列仙之儒也。②

再如,《松江府志》中如此描述藏家孙克弘的高雅生活:

> 孙克弘字允执,华亭人,以父文简公荫授应天府治中……坐免归,遂自此绝无营进意,遂于东郊外就故居葺为精舍,辇奇石置庭除中。有听雨轩、敦复堂、东皋雪堂、赤霞阁列鼎彝金石名画法书其中,亲知朋旧至辄留连张具,令童子按院本新声间舞狻猊及角抵之戏。四方诸骚人墨士辐辏而集汉阳。无问识与不识,一一为假馆授餐,暇则就明窗净几间抄异书,临古画。有语以俗事,掩耳不愿闻。③

---

① 高濂:《遵生八笺·居室建置》,巴蜀书社,1992年,第305页。
② 史鉴:《西村集》卷首《墓表》,《文渊阁四库全书》第1259册,第36页。
③ 方岳贡修,陈继儒纂:(崇祯)《松江府志》卷四十二《文学》,《日本藏中国罕见地方志丛刊》,书目文献出版社,1991年。

"不闻俗事""望似神仙",这些都是在明代文士笔下常能见到的表述,代表着其对"闲雅"生活至高境界的称许。这其间或有所夸张,或夹杂着明代文人在脑海中幻化出的美好愿景,但其间所包含的如庭园、精舍、古器、图书等要素是基本固定的。从中,我们至少可以发见两方面的问题:

首先,收藏古物,鉴评艺品在明人着意刻画的"闲雅"生活中占有重要地位。众所周知,走近艺术品并真正懂得欣赏,这需要相当程度的文化底蕴与艺术功力。宋以降,文人士夫动称"与古为友",除其间包含的文化追求外,该提法实则是文人阶层强调自身的文化优势,进而强化其在文化领域内的身份特征与优越感。由此可见,艺品的收藏鉴赏与文人士夫对自身品位、身份的塑造极为契合。因此,在文人标榜的"理想化"生活中,收藏活动就成为固定的基本要素。

其次,在晚明江南士大夫憧憬的理想生活中,收藏固然是重要的因素,但其绝非全部。万历中,嘉兴人沈德符提到"嘉靖末年,海内晏安,士大夫富贵者,以治园亭、教歌舞之隙,间及古玩"。① 这段经典的论述至少透露了两方面信息:

一方面,享受高品质的生活,其基本条件是财富的充实。收藏更是如此,没有坚实的财力做后盾,藏家很难在收藏世界中有所作为。对收藏者来说,财富状况显然与收藏规模成正比。尤其在明后期,收藏之风炽盛,藏品价格被一再推高,购买藏品所需动辄数十金、百金乃至千金。即便是处于社会上层的官绅大夫,倘无一定

---

① 沈德符:《万历野获编》卷二十六《玩具》,中华书局,1959年,第653页。

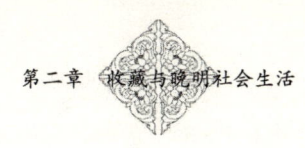

经济实力,从事收藏也只是妄谈。因此,根据沈氏的说法,从事享受性生活的皆是"士大夫富贵者"。正如我们所知,明后期著名的文人收藏家如华夏、项元汴、王世贞、王世懋、韩世能等无不是资产丰饶者。因此,明后期江南文人阶层对收藏的热衷程度正与该人群经济实力的发展情况相一致。另一方面,收藏对于晚明士大夫而言仅是其高质量生活的一部分。如沈氏所说,江南官绅是在"治园亭""教歌舞"之隙间及古玩。也就是说,在满足感官的愉悦后,收藏此类较为深沉且更为高端的文化享受才渐成为官绅士夫们关注的对象。对此种情况,我们不难理解,多数人都是在满足口腹之欲的基本需要后,专注追求耳目感官的愉悦感受,再进一步才会考虑更高层次的文化享受。事实上,多数江南文人士绅并非不食人间烟火,各种层次的物质享受对他们来说都很重要。明代中期苏州著名收藏家史鉴在与友人的通信中写道:

> 日者获闻诲益,倾倒不吝,所得殊多。至饮燕之勤,馈饩之厚,不敢渎谢也。使至,拜领诸佳作,兴趣悠远,音调淳古,唐以下无此作也。一画尤为奇绝,昔人有李廷珪墨夸谓富可敌国,仆之获此,不出其上乎?至海鱼尤为望外,谨与一二知己享之。使旋裁谢,余容面罄。①

通过该信可知,除听闻教诲外,史鉴还时常接受友人的宴请与馈赠。所谓"饮燕之勤""馈饩之厚"表明双方有着密切的物质来往。在信中,史氏对最近一次获得的赠物表示了感激,而此次获赠的物品除友人所作的诗翰、画作外,还有海鱼鲜味。在字里行间,

---

① 史鉴:《西村集》卷五《答张靖之》,《文渊阁四库全书》第1259册,第36页。

我们不难感受到,史氏对友人作品的赞赏多属客套溢美之词,却对珍馐的到来显露出真实的意外喜悦之情。可见,在某些情景中,杰出的艺术创作与快人朵颐的美馔对江南士人是同等重要的生活享受品。

借由以上两方面的论述,我们可以理解,作为地区经济发展的率先受益者,江南的官绅文士将愈来愈多财富用于生活质量的提高及情趣生活的营造。在改善基本生活条件的基础上,他们依照自己的地位身份、知识情趣等进行了更高等级的生活规划,并最终塑造出一种典型的文人化精致生活模式。陈眉公曾开列多种文人生活不可或缺的物质要素,如香、酒、茶、琴、棋、美人、书史等总计19种,而与收藏相关之"金石鼎彝"仅居其一。① 除此而外,对多数富有资力的文士而言,"闲雅"生活还须包括丰富的物质享受,园亭、精馔、歌舞、美姬、出游等皆应被囊括在内。唯此种生活,既充满着各类感官享受,且能够彰显主人财力及独特的文化身份。笔者注意到,自明中期以来,一些文人化"理想"生活的积极鼓吹者,同时也是"享受性"生活的积极践行者。例如,松江著名文人藏家莫廷韩曾多次表示愿过闲云野鹤的寡淡生活,"余生平无所深好,每见竹树临流,小窗掩映,便欲卜居其下"。② 然则,在他人记述中,其生活又是另一番景象。范濂在其所著《云间据目抄》中称:

> 细木家伙,如书棹禅椅之类,余少年曾不一见,民间止用银杏金漆方棹。自莫廷韩与顾、宋两公子用细木数件,亦从吴

---

① 陈继儒:《小窗幽记》卷七《韵》,上海古籍出版社,2000年。
② 吴履震:《五茸志逸》卷一,上海市松江区地方史志编纂委员会办公室,1998年。

门购之。隆、万以来,虽奴隶快甲之家,皆用细器,而徽之小木匠,争列肆于郡治中,即嫁装杂器,俱属之矣……①

可见,莫氏在崇尚文人闲雅生活的同时,亦未摆脱对高档生活条件的追求。其对精致用品的讲求,甚至发挥着引领社会生活风尚的作用。又如明中期著名文人藏家何良俊,其筑清森阁以广收藏,"清森阁在东海上,中有藏书四万卷,名画百签,古今名人墨帖数十本,三代鼎彝二十余种,何子宴昔处也"。② 可以说,其铸造了令当时乃至后世文人歆慕的生活样板。然则,据吴履震所记,何氏颇好梨园声乐,其家"梨园甚精,曲皆手自校定"。③ 由前例可见,明中期后的江南文士在追求高品位"闲雅"生活的同时,并未放弃物质层面的各种享受。他们并未将意趣与享乐对立起来,而是巧妙地进行了捏合。不论"治园亭""教歌舞",抑或从事收藏,都成为以"闲雅"为名的文人生活的组成部分。在此过程中,收藏也无可避免地与财富挂钩,成为收藏者以高尚名目炫耀富贵财力的载体。例如,张应文在所著《清秘藏》中即记述了"吴中四大姓"斗宝的经过:

> 隆庆四年之三月,吴中四大姓作清玩会。余往观焉。一出文王方鼎、颜真卿《裴将军诗》;一出秦蟠螭小玺、顾恺之《女史箴》、祖母绿一枚、《淳化阁帖》;一出王逸少《此事帖》、龙角簪一枝、官窑葱管脚鼎;一出郭忠恕《明皇避暑官殿图》、白玉

---

① 范濂:《云间据目抄》卷二,《笔记小说大观》第13册,广陵书社,1983年。
② 何良俊:《何翰林集》卷二,《四库存目丛书》集部第142册。
③ 吴履震:《五茸志逸》卷一,上海市松江区地方史志编纂委员会办公室,1998年。

古琴、李廷珪墨二饼。自幸曰:不意一日见此奇特。①

同时,即便在一些以收藏为中心的生活营造过程中,收藏行为本身也往往不是单一的重心所在。如在前引孙克弘的例子中,我们不只能了解其家藏品的宏富,同时更能从描述中感受到其生活环境之精美,生活志趣之清雅,从而得到对藏家高水准生活的整体印象。更有甚者,一些江南藏家将收藏作为展示财力及生活质量的载体,而围绕着藏品,通过一系列的物质铺垫,达到"极品"生活的营造目的。无锡著名藏家华叔阳的收藏生活就是最显著的例子:

> 华起龙,鸿山学士季子,好书画古玩,书法善一时,又为王凤洲快婿,耳目熏染,其癖益甚。二十二年成进士,尽买故大珰袁祥家三代鼎彝书画,严分宜家所蓄亦尽收之。于是好古之名达四方。秣陵朱庭皋谒之,以腰槎大小二定楪古玉如意、玉鸠香杖为贽,起龙倒屣迎,啜茗贻燕堂,置香古鸭鼎中。庭皋曰:此香西洋员曰名金换烧,却一环金矣。馆列三巨架,一架古石刻,一架国朝名人书,王雅宜、彭龙池、袁吴门、徐天全、吴匏庵、沈氏兄弟、祝枝山、文氏父子为多;一架国朝名人画,倪云林、陈惟寅兄弟、顾阿瑛、王孟端、沈石田、唐伯虎、仇十洲为多。庭皋览一二,拂袖起曰:不望上驷,得一二宋迹可矣。起龙乃启复壁中倭箱,取杜祁公、范宽、萧照、钱舜举、赵千里兄弟、黄大痴、王叔明、吴仲圭、张可观、苏子美、王齐翰辈二十轴示之,亦不称赏。引入秘馆,饮茗餐果。果碟茗瓯俱哥、定、

---

① 张应文:《清秘藏》,《美术丛书》初集第八辑,浙江人民美术出版社,2013年。

龙泉蜜犀、水晶宣窑,果为马乳葡萄、辽榛、倭松、罗浮人面子。继之小饮,大都食器精于食品。五客各一酒器,一瓢一箄一觯一莲瓣巨罗,咸宝玉也。庭皋默然不怡,起龙知其意,命舁一麋鹿竹长匣启之,得李龙眠美人、苏长公书醉翁记、王诜《春雪山谷十咏》、李北海《上林赋》、文与可《竹》、赵松雪《蔡女归朝》又书楞严经十小卷、周昉《琴阮山石》、赵魏公书陶诗二十三首、米南宫父子诗画卷。卷舒之间,颜色稍和,稍稍叹赏而别。唐人妙墨终不出一纸也。起龙筒乌银三大杯为答,庭皋置之而去。①

明代中期,华氏为最负盛名的收藏家之一,其藏品之富冠绝江南。然而,在上述引文中,我们最直观感受到的并非其藏品的珍贵,而是其家生活的豪奢。经过华氏的安排,简单的鉴藏活动变得复杂而夸张,其间不仅品茗燃香,且以当时最稀见的饮食、最名贵的食器飨客,以至于在读者看来,这些附属性的物质条件几乎足以取代藏品,而具有喧宾夺主之势。虽然华氏所为是江南藏家中的极端特例,但结合前述各例我们更可发现,晚明的文人藏家在营造所谓"闲雅"生活的同时,根据其经济实力,或多或少地给收藏活动叠加上了其他物质内容,而这无疑使原本简单纯粹的收藏活动发生了变异。更为重要的是,此举本身以物质条件为基础,而非建构于原本文人性的志趣、追求之上。这实则淡化了收藏活动中的文人专属性,使其日益成为"有财即可为"的泛文化性活动。江南文

---

① 黄卬:《锡金识小录》卷六《华礼部叔阳》,《无锡文库》(第二辑),凤凰出版社,2012年。

人藏家本拟通过对"闲雅"生活的打造,在物质享受与身份标识两方面达到统一,但实则事与愿违,其模糊了身份、技能等造成的界限,使其他社会角色得以参与其中,并最终与文人藏家一道成就了晚明江南收藏事业波澜壮阔的景象。

二、居与藏——藏家平居生活中的收藏体验

据前文所论,收藏在闲雅生活的塑造中具有符号化的意义。正如一些研究者指出的,晚明江南士人经营奢侈而精雅的生活,除享受目的外,其亦以此作为身份的标识,希望借此与一般民众尤其商人阶层相区别。诚然,在收藏风气兴起之初,文人阶层大力从事并为之鼓噪,其间未必无此方面考虑。然而,随着收藏领域商品化程度的加深,以及"闲雅"生活中物质意味的不断加重,这种努力的初衷势必难以得到实现。在商品化浪潮的席卷中,越来越多的各色人等参与到收藏领域中。他们怀揣各种目的,对收藏活动的认识也不尽相同。因此,面对晚明江南藏界,欲以收藏活动作为身份的标识无疑不具可操作性。在此情况下,我们更应关注收藏活动及藏物如何"介入"藏家生活,并在其中发挥影响,以及其对不同身份藏家所具有的意义。

在藏家的日常活动中,家居生活无疑与收藏最为密切。无论"好事"抑或"鉴赏",其收藏活动多以居家为中心展开。其最外化的表现,应属将家居纳入藏品创作的主题内容,从而使两者在形式上达到融合。明中期后,越来越多的江南士人喜爱营造宅邸园亭。这种建造须符合"雅"的审美标准,因而一些人即以现成图画为蓝

第二章 收藏与晚明社会生活

本,或延请当世名家作画以为建筑依据。同时,园邸建成后,不少人还会邀集名士友人游观,并请其中善文辞丹青者,题诗绘画以描摹所见,记录其事。其所作艺术品,自然也就成为收藏对象。例如,嘉靖中无锡著名藏家华夏筑有真赏斋,其曾请好友文徵明为他作《真赏斋图》,借以展示藏家林下生活的雅趣。又如,万历重臣申时行致仕后曾构建园亭,名"适适圃"。园初成,好友项某到访,叹赏不已,遂请画家黄炳中将园景绘制成册,以为珍藏。① 不仅如此,一些藏家还往往以珍贵藏物为居室命名,此类举动无疑使藏物与居室相互关联,增强了藏家在收藏与居住两方面的乐趣。其如江阴藏家李诩即曾记:

> 余家一小圃中,创窝名曰真率,将欲书数语揭于屏,未就也。适得赵松雪所著《真率斋铭》,殆先得我心者,喜而笔之吾斋之中。②

除前述外,收藏在藏家的家居生活中发挥着更多实质性的作用。

首先,艺术藏品为藏家家居环境营造之佳物。在文人化"闲雅"生活的营造中,居室中的艺品陈设是重要一环。明初,文士柯潜受好友之托为其姻亲新造居室题记,当柯氏循例问及屋内有何陈设时,该友人立即答称"经书子史""古今名画"。③ 在时人看来,居室厅堂间若无几幅书画悬挂,无几件鼎彝摆放,无几只瓶花陈设

---

① 英和等辑:《钦定石渠宝笈三编·明黄炳中画申时行适适圃图》,《续修四库全书》第 1075 册,第 639 页。
② 李诩:《戒庵老人漫笔》卷五《真率铭》,中华书局,1982 年。
③ 柯潜:《竹岩集》卷一二《绿畴轩记》,《续修四库全书》集部第 1329 册。

便是"俗态",难免被人轻视。在此种心理作用下,无论"鉴赏"抑或"好事"皆对此格外重视。对所谓"好事者"而言,他们投身收藏大抵借此以充风雅,为的是彰显自身品位与财富。其如莫世龙所说"今富贵之家,亦多好古玩,亦多从众附会,而不知所以好也"。① 对此类人而言,收藏活动或藏品并未有更多实际意味,仅是其生活的一种点缀陪衬。因此,如何将收藏物置于最易为人发现处即成为此辈最关心的问题。恰好,民间流行的居室布置迎合了他们的需要。因此,无论对艺品知与不知,懂与不懂,总要将书房、厅室等布置得有文人气象,从而附和"文人清态"。世情小说《金瓶梅》中就曾多次描写西门庆等人的厅室书房陈设情景。如其描绘西门庆家大厅称"四壁挂四轴金碧山水……上面牌匾,下书'承恩'二字,系米元章妙笔","两边挂的画,都是紫竹杆儿、绫边、玛璃轴头";又如,其叙西门庆夏日纳凉之翡翠轩则称"两边挂四轴天青衢花绫裱白绫边名人的山水"。再如,宋御史在西门庆家卷棚聚景堂内,见其"院中幽深,书画文物,极一时之盛"。由此可见,西门庆家中多蓄古玩,并将其陈列于厅堂、书房多处,以此彰显主人的不俗情趣。实际上,此种摆设与主人情趣毫不相干,不过装点门面徒增好看。更重要者,此种罗列古玩大肆铺设的做法虽似"雅"而实"俗",已被时人所诟病。例如,明末董含在言及时人居室陈设之病时称:

> 何柘湖曰:"士君子读书出身,虽位至卿相,当存一分秀才气,方是名士。今人几席间往往宝玩充斥,黄白灿陈,若非贾竖,则一富家翁耳。"旨哉斯言! 余偶著《林史》,中一则云:士

---

① 莫是龙:《笔麈》,《丛书集成初编》,中华书局,1985年。

第二章 收藏与晚明社会生活

大夫陈设,贵古而忌今,贵雅而忌俗。若乃排列精严,拟于官署;几案纵横,近于客馆;典籍堆砌,同于书肆;古玩纷列,疑于宝坊,均大雅之所切戒也。元朗之言,正与余合。①

由董含的议论可以看出,以古玩为居室装点的情况在当时十分普遍。同时,不仅对西门庆之流,即便对众多士夫而言陈设不善已成通病。在专业藏家看来,居室中点缀书画、鼎彝等艺品确是雅致情趣的体现,但其间必须有所讲究。

一方面,陈设之艺品其内容须雅,与主人高雅的情趣形成呼应。否则,其徒具陈设之名而无雅趣,则会成为居室装饰的败笔。例如,文震亨在《长物志》中曾言及居室悬画所宜注意的事项。他指出"若大幅神图,及杏花燕子、纸帐梅、过墙梅、松柏、鹤鹿、寿星之类,一落俗套,断不宜悬"。②《金瓶梅》第七回中曾记布贩杨某,其家厅室即以书画为装饰,"正面上供着一轴水月观音、善财童子,四面挂名人山水"。按照文氏所提标准,该布置无疑已大落俗套。更有趣的事例发生于万历初年,著名文士茅坤曾致信同乡显宦董份,向其推荐绘画屏风。其信中称:

适有客携绘画屏障者过山斋,其一则王公贵卿所拥曼姬者百二十人,而水晶之帘,珊瑚之几,与夫弹丝扬吹之欢相为掩映罗列于曲旃之间;其一则牡丹芍药五色熠耀,文杏雕兰纷错若带,古所称金谷者是已。仆窃思惟翁之堂为称当其广厦之上微风泛瑟,其宜一也;骚人墨子分曹赋诗其宜二也;珠履

---

① 董含:《三冈识略》卷三《林史》,《四库未收书辑刊》第 4 辑第 29 册。
② 文震亨:《长物志》卷五《书画》,江苏科学技术出版社,1984 年,第 221 页。

65

貂裘更席洗盏其宜三也;歌梁舞槛尘蜚若隔其宜四也;客醉不散夜半霜华其宜五也。至于仆之如斗之室,图书杂陈,所相与者,绿萝之影,紫苔之色而已,安所用之,故谨为引上。①

茅坤信中之意颇为婉转。表面上,他称屏障以其题材适合置于华堂美屋之间,钟鼎富贵之处,宜为董份这样身份高贵家资富厚之人所用。而自己则穷居斗室,于此富贵之物"安所用之"? 然究其初衷,则无疑是认为此屏风题材过于庸俗。无论"贵卿曼姬"丝竹享乐,抑或"牡丹芍药"金紫斑斓,皆与自己的雅致生活难以匹配。虽然,其信中谦称自居贫俭,但言有"图书杂陈",又有"绿萝之影"、"紫苔之色"相伴,三两句勾摹出雅致天然的居住氛围与情趣。两相对照,我们不难看出其内心自得之情,以及在居室陈设氛围营造方面的理想追求。

另一方面,居室内艺品的陈设布局亦应有所讲求。厅堂、书房等处陈设艺品,本在欲得其美感意趣,而若将其大肆罗列铺陈则无疑同于贾肆,不仅毫无趣味可言,更使主人炫富行迹表露无遗。因此,在一些专业藏家看来,室内陈设不贵多,能造就出雅致简淡氛围即为最佳。仍以书画布置为例,华亭人宋诩即认为其悬设应有一定规律:

> 设不宜令太繁,惟用名笔绝妙者一二三幅,清致无敌,数宜奇不宜偶。虽大厅堂远深邃多则五幅,然而咫尺之近,必观其意思,远到如身处林麓间,弥望千里,胸中旷达,随景而放,

---

① 茅坤:《茅鹿门文集》卷五《与浔阳宗伯书》,《续修四库全书》集部第1344册。

第二章 收藏与晚明社会生活

有以屏风物类障之,则何以得其画之全趣耶?①

与宋诩的说法相应,万历中嘉兴著名藏家冯梦祯就十分注意藏物的陈设。虽然,冯氏拥有多幅珍贵书画,其中包括传为唐代王维的真迹《江山雪霁图》,但其并未将所有藏物全部陈设,而是有选择性地对其进行展示,从而起到观赏及点景的功效。例如,万历二十三年正月二十,嘉兴降下大雪,冯氏所居园中"积素皎然,大是佳观"。为与景物匹配,冯氏传命张挂"沈石田学吴仲圭山水"。② 应该说,藏品本身一般具有较强的艺术美感,很自然会被藏家用以作为居室空间的重要装饰。这种做法自古至今始终存在,本无可厚非。然而,在陈设同时凸显"雅"的情趣,而不流于俗,则并不是仅靠藏品的堆积就能实现的。这极大程度依赖于藏家的专业水准及文化底蕴。因此,一名专业藏家往往也是室内陈设的高手。

其次,其为增广见识寄性陶情之佳友。对于多数"好事者"伪藏家而言,藏物不过是其抬高身份点缀门面的用具,虽金标玉函,也无非束之高阁,不加顾惜。然而,对于一众"鉴赏者"专业藏家而言,其往往能于赏评藏物之际有所收获。一方面,古代艺术品所蕴含的文化信息,能够增广藏家的识见,使其在摩挲古人遗迹的同时,亦能于知识方面有所进益。例如,万历二十五年十一月末,冯梦祯好友王仲嘉持一"水犀砚"来求售。由于冯氏对此物缺乏了解,故初未加留心。三日后,冯氏于读书之际细考砚事,由书中获知该物属砚中佳品,遂遣人立即索还购藏。③

---

① 宋诩:《竹屿山房杂部》卷七《藏设书画》,《文渊阁四库全书》第 871 册。
② 冯梦祯:《快雪堂日记》卷七,凤凰出版社,2010 年。
③ 冯梦祯:《快雪堂日记》卷九,凤凰出版社,2010 年。

除增广见闻外,藏物更往往成为藏家精神情怀的寄托。物虽不能言,然其具有的独特艺术魅力与深厚文化内涵,往往令藏家产生共鸣。藏家更往往于观物同时,结合自身经历,平添多种情绪,抒发各类感慨,而将藏物作为遣怀抒志的对象。此种情况甚至能影响藏家的收藏目的,以及其对藏物的选择。例如,清初著名藏家宋荦在谈及明末藏家的收藏特点时称,"明天启、崇祯朝一时名士大夫往往寄情绘事,纵六法有未精而一种高怀别致盎溢笔尖,如倪文正、黄文烈诸公皆然,得者无不珍惜"。① 按照宋荦的说法,倪元璐等人的艺术造诣或有欠缺,"六法有未精",然其忠贞高行为一代宗仰,作品中亦有浩荡正气,故藏家每每出于崇敬而对其作品加以宝爱珍藏。又如,李诩曾记述收藏王阳明书法的一段经历。其中,他并未对书法艺术特点加以评价,而是对阳明之学倍加推崇,且借阳明弟子之口阐明收藏的原因,"心印心画,合并在目。非宗门一派气类默承,讵能致是乎"。②

对藏品本身艺术性的感知、体悟,以及由此引发的愉悦,是专业藏家们最常表现的情绪内容。他们往往宣称从艺术品中获得了精神的慰藉,甚至是某种启示,从而不仅在创作技艺方面,更在精神方面与古人相通。此类情况也成为专业藏家借由藏物达到自我修养提升的最普遍形式。例如,董其昌在论及其早年习画经历时,就自称颇从宋元书画名家作品中获得灵感:

  余于丁丑年三月晦日之夕,然烛试作山水画,自此日复好

---

① 宋荦:《漫堂书画跋·文康公十友图跋》,《中国书画全书》第8册,上海书画出版社,1992年。
② 李诩:《戒庵老人漫笔》卷七《王文成墨迹》,中华书局,1982年。

之,时往顾中舍仲方家观古人画。若元季四家多所赏心,顾独师黄子久凡数年而成。既解褐,于长安好事者借画临仿,宋季马夏、李唐最多,元画寥寥也。辛卯请告归里,乃大披吾乡四家泼墨之作。久之,谓当溯其原委,以北苑为师……①

显然,针对藏品艺术价值、特点进行评价与分析,无疑是收藏活动的首要工作。对专业藏家而言,此类鉴赏大多是愉悦的过程。其带给藏家精神上的高度满足,并强化了藏家对收藏活动所蕴含乐趣的认知,以致在一些高层次专业藏家看来,藏品本身的真伪都无足论,鉴赏活动这一过程才是最大享受,如李日华就曾在面对赝品时乐观地表示"然晴窗无事,不论真赝,一一卷舒指摘,尽可消日忘年。所谓证真固乐,穷伪亦快也"。②

由前述可见,在一定情况下,藏品能够借由本身艺术特性引发藏家感官审美与精神体悟上的跃升,完成物与人之间的共鸣。在另一些情况下,藏物不再居于主体位置,而成为一种导致藏家情绪发抒的"触媒"。藏家对于特定的人物、环境的回忆感思,或是对特定事物的思考认知,在接触藏物的"偶然"条件下被诱发。藏家对此物的收藏,也不仅限于对其艺术价值的关注,而加入更为丰富的情感因素。例如,董其昌在为其所藏董源《潇湘图》题识中提到:

> 此卷余以丁酉六月得于长安,卷有文三桥题,董北苑字失其半,不知何图也。既展之,即定为潇湘图。盖宣和画谱所载而以选诗为境所谓洞庭张乐地,潇湘帝子游耳。忆余丙申持

---

① 吴升:《大观录》卷十二"董北苑龙宿郊民图",《中国书画全书》第 8 册,上海书画出版社,1992 年。
② 李日华:《味水轩日记》卷六,上海远东出版社,1996 年。

节长沙,行潇湘道中,蒹葭渔网汀州丛木茅庵樵径晴峦远堤一一如此画,令人不动步而重作湘江之客。昔人乃有以画为假山水,而以山水为真画者,何颠倒见也。①

董其昌对五代董源画作、画风备极推崇,以至常呼为"吾家北苑",此在藏界则人所共知。然而,在此题记中,董氏并未将全部笔墨用于对董源艺术造诣的叹赏,而是以一半篇幅,记述了因该画而引发的对出使湖南情形的回忆。短短数行文字,既蕴含着对画家高超画艺的由衷赞美,又流露出对湘江之行的眷念之情。对藏者而言,该画作也因而具有了表征艺术魅力与寄兴抒怀的双重特性。相较于此,在一些情况下,藏品的艺术价值意义几乎被完全淡化,而专门成为寄托感情的物质媒介。例如,嘉兴人李良年在谈及他收藏的《墨竹册》时,丝毫未提该作品本身,而是阐发由其引发的关于友人、家乡的怀念思绪:

> 予少嗜竹,园居种竹数亩,环于吾堂,未尝一日不看竹也。后被家难,弃其园,徙市中,隙地绝少,自叹不复有昔日之乐,而移其嗜于画竹。钱塘有鲁孔孙,昆山有王无颖,并以画竹名吴越间。予方求友其人,而孔孙奄然下世,画不可得。无颖来,为作屏障数幅,萧远闲纵,绝类梅花道人、夏太常风格。既而孔孙之子节君造予门访焉,予为出旧所藏纸,节君揽笔迅扫,一日而尽,十有二幅,其用意颇奇……于是命工装潢成小册。数年来,予客齐鲁,走燕赵,往来万里,此册无日不自随。

---

① 吴升:《大观录》卷十二"董北苑潇湘图",《中国书画全书》第8册,上海书画出版社,1992年。

第二章 收藏与晚明社会生活

塞上苦寒,不产竹,江南人过之,即不嗜竹者,亦恒以为叹。而予独赖此得以时时自寄其所乐。①

又如,明中期苏州著名藏家吴宽与沈周为挚友,吴氏在为所藏沈周画作题识中,亦未对画艺加以探究,而是言及其借此而兴的乡邦思慨:

> 予去吴中数年矣,山水胜处虽尝往来于怀,然其景象特如梦寐中不复了了。阅此,何异短舆孤棹穿云涉涧徜徉终日,而凡市桥、田舍、林亭、溪阁与夫渔樵所集,仿佛所居。鱼鸟之闲暇,烟霞之晻霭,几案间一览殆遍,而且免夫登顿之劳,何其乐哉?②

事实上,类似事例在江南藏界并不少见。专业藏家们对艺术品寄兴托情的特有功能有着清晰认识,并且往往主动进行发挥利用,从而使藏物除具备经济价值、艺术价值外,有了更为深厚而丰富的文化价值。除对经历、环境的感思外,因藏物而引发的对人物的怀想也是情绪寄托的主要内容。就纵向而言,藏物有时非仅与藏家个体相关联,而是与藏家之家族先辈具有渊源,因而,一件特殊藏物则有可能引发藏家对家族对先人的感怀。例如,沈周曾睹苏州画家谢缙为沈氏先人所作《西庄图》,并由此引发了其对乃父的怀念:

> 此卷作于宣德二年二月三日,周尚未生。生于其年十一月二十一日,距作图时尚十越月。周今年五十有四,发已种

---

① 李良年:《秋锦山房集》卷十七《墨竹册记》,上海古籍出版社,2011年。
② 吴宽:《匏翁家藏集》卷五一《跋沈启南画卷》,上海涵芬楼藏明正德刊本。

种。葵丘既化去,先公亦已违养十有八年,抚图之际感念今昔,不知雪涕之沾襟也。①

又如,文徵明之子文嘉就曾在其父所作《仙山图》题识中,回忆其创作缘由,"右仙山图,先君盖为履约兄弟所作"。同时,他更由此怀想乃父当时作画情景,"余侍大人见其图此慎重不轻动笔,非明窗净几高朋良友相对辄藏笥中。每下笔必以宋元诸公名画摹仿,故卷中树石人马皆法赵松雪,屋宇则全学宋人"。有趣的是,此段追思性描述无意间透露出文徵明绘画的特点,故而被董其昌称为"泄露家风"。②

就横向而言,对藏物的赏玩,往往是藏家与其好友共同参与的活动。因此,特定藏物被赋予了有关人物活动的相关记忆,并在特定情况下为藏家"睹物思人"创造机缘。例如,钱谦益在赏览一部《兰亭序》临本时,忆及当年友人共赏评析的情景,并为之神往:

> 往吾友程孟阳,汲古多癖,常宝藏兰亭一纸,坐卧必俱,以为真定武也。等慈长老居拂水,亦好观兰亭,孟阳端席拂几,郑重出示。等慈指放字一磔,以为稍短。孟阳怫然不悦,曰:"此放字一磔稍短,如苍鹰指爪一缩,有横击万里之势。若少展,则无余力矣。师老书家,尚留此俗笔于眼底耶?"辞色俱厉,面发赤不止。余以他语间之而罢。今年冬月,纸窗孤坐,忽见子石所临兰亭卷,追忆四十年前,山园萧寂,松栝藏门。

---

① 吴升:《大观录》卷十九"谢葵丘西庄图",《中国书画全书》第 8 册,上海书画出版社,1992 年。

② 吴升:《大观录》卷二十"文太史仙山图",《中国书画全书》第 8 册,上海书画出版社,1992 年。

第二章 收藏与晚明社会生活

二老幅巾凭几,摩挲古帖,面目咳唾,宛如昔梦。览子石斯卷,恨不得见孟阳昂首耸肩抚卷而叹赏也。为泫然久之。①

在一些更为普遍的情况下,藏家与好友并未共赏过某件藏物,然基于相同的爱好,致使藏家在鉴赏该藏物时,亦由是忆及好友,并深寄怀念之情。例如,文嘉在观赏赵孟頫所书诗札时,想起已去世的前辈祝枝山,由此发出深情感喟:

尝与祝枝翁论书,谓小楷自虞、褚而下,直至魏公,宋不足道也。行草唯米南宫之妍媚,略可差肩。枝翁谓余甚合。灯下偶览此卷,安得与枝翁共阅也。九京不可作,为之怅恨。②

在专业藏家的"朋友圈"中,一些人不仅与藏家具有共同的喜好,且更是艺术品的直接创作者。他们的作品也往往在友人间得到赏评,并成为好友的藏物。正因如此,藏家在欣赏这些佳作时,往往由此兴起对友人的思念之情。例如,文徵明曾经收藏好友祝枝山的书法作品,他在观赏此幅手稿时,想到了作者,追忆起当年相与酬唱的祝枝山、唐寅、都穆等过世好友,并因而题识,其文充满感伤:

右应天倅祝君希哲手稿一轴,诗赋杂文共六十三首,皆癸卯、甲辰岁作。于时君年甫二十有四。同时有都君玄敬者,与君并以古文名吴中。其年相若,声名亦略相上下,而祝君尤古邃奇奥,为时所重。又后数年,某与唐君伯虎亦追逐其间,文

---

① 钱谦益:《牧斋有学集》卷四十六《书张子石临兰亭卷》,上海古籍出版社,1996年。
② 英和等辑:《钦定石渠宝笈三编·元赵孟頫书诗札》,《续修四库全书》子部第1075册,第639页。

酒倡酬,不问时日。予时年少气锐,傫然皆以古人自期,既久困场屋,而忧患乘之,志皆不遂。惟都君稍起进士,仕为徒官。君与唐虽举于乡,亦皆不第。君后虽仕,亦不甚显。寻相继下世。余视三君,最为庸劣,而仕亦最后。呜呼!三君已矣,其风流文雅,照映东南,至今犹为人歆羡。余虽老病幸存,而潦倒无闻,不足为有无也。此卷虽君少作,而铸词发藻,居然玄胜,至于笔翰之妙,亦在晋宋之间,诚不易得也。嘉靖十五年丙申,上距成化癸卯,五十有四年,而祝君下世亦十有一年矣。是岁三月廿二日某题,时年六十有七。①

总的说来,作为寄兴遣怀的媒介,藏物在一定程度上脱离了单纯的艺术领域,而与藏家的艺术体悟、人生际遇发生着更为密切的关系。对专业藏家而言,藏物亦绝非是仅供玩赏的对象,其中凝结着藏家的个人生命历程及丰富体验。面对藏物,即如面对古人,面对亲人,面对友朋。藏物在带给藏家以感官享受的同时,亦为其筑造了托志遣怀的精神沃土。

三、游与藏——晚明文人旅行中的收藏活动

明中期后,随着世风的变化以及商品经济的发展,游历之风在江南士夫阶层中蔚然兴起。或独身一人,或与二三好友为伴,不拘远近,率意出游,这成为晚明江南文人阶层生活中的重要内容。收藏与游历,虽同为文化性消费的重要方面,然而一为静一为动,一

---

① 文徵明:《文待诏题跋》卷下《题希哲手稿》,《学海类编》第98册。

第二章 收藏与晚明社会生活

则纳而深藏一则出而周游,貌似并无必然联系。事实上,二者同属于晚明文人"闲雅"生活范畴,存在密切关联。

首先,以藏物自随,往往成为文人雅游的重要组成部分。在江南,既喜爱旅行游历又钟情艺术收藏者不乏其人。例如,文徵明笔下所述之"华尚古",即为此类人物之代表:

> 华尚古名理字汝德,世累高资……既家居率以良时胜日领客燕游,南昉钱唐,北尽京口,数百里中名山胜境,靡不践历,退嘱高寄黯然兴思,有古逸人之风,家有尚古楼,凡冠履盘盂几榻悉拟制古人,尤好古法书名画鼎彝之属,每併金悬购不厌而益勤,亦能推别真赝美恶,故所蓄皆不下乙品。①

为解除旅途中的劳顿烦闷,增添出行的意趣,他们时常将钟爱的藏品随身携带,并于出行途中不时赏玩。例如,李日华就曾记述了其与好友项孔彰北行途中品赏书画的经历:

> 戊辰孟夏于金陵治行,与项孔彰方轸北上。时齐鲁不雨已三月余,风沙扑目,每一下车抖擞,衣尘几成勺合。月之十日至临城驿舍,有八槐荫庭,偃仰尽悉,相顾乐之,因箕踞其下,亟呼盥濯,双眸为爽。孔彰于车篦中出是册阅之,谛玩良久,恍如此身在衡霍台宕,结茅自居,朝夕饫其岚变,不可意定。②

不顾劳累,不畏风沙,于茅舍中自得其乐,此非真鉴赏家难以如此。但此种经历,毕竟与江南士人强调的闲雅标准相去过远。

---

① 文徵明:《甫田集》卷二十七《华尚古小传》,《钦定四库全书荟要》,吉林出版集团有限责任公司,2005年。
② 李日华:《恬致堂集》卷三十八《题项孔彰画册》,上海古籍出版社,2012年。

因此,江南士夫尽可能为出行中的藏物玩赏活动创造出与居家相似的闲雅氛围。其中,最突出体现为"书画舫"的创造与使用。江南之地,河汊交错,水网密布,故江南人出行多仗舟楫,"泽国之民,舟楫为居"。船,由是成为普通民众以至士夫官绅出行的最主要工具。同时,收藏界中广为流传着"米芾书画船"故事,其得到不少晚明江南藏家的追捧与仿效。如此,前代的风流佳韵为后人提供了蓝本。于是,江南一众文人藏家在基本出行工具条件基础上,更以仿效先辈为号召,遂在江南创造并大力使用书画舫。此种书画舫或曰书画船大小不一,规格形制亦不尽相同,多系由各类民船改造而来。其最大特点并不在外部,而在船舱内空间环境的营造。在江南文人藏家的理想中,书画舫内部是居室收藏空间的延续,其陈设须为藏家出行创造出舒适而清雅的环境。其如陈眉公所言:

> 余置一小舟。白板朱阑,垂以细帘,横敞半窗,可以受月当风。中着松几,有炉爇香,有瓶供花,诗卷酒罂,笔床茶碗,具体而微。布帆二丈许,画冷云瘦鹤,顺风而翔于芦花杨柳之间。①

在一些晚明文士的描述中,此种书画舫不仅为基本交通工具,更为一种雅致的休闲场所。在船头舫间,主人自己抑或约会三五好友,可以玩赏藏物,焚香品茗,挥麈清谈,度过一段愉快时光。正因于此,一些与藏品相关的赏鉴活动,并非发生于藏家的居室书房,而是在舟中进行。例如,沈德符在《万历野获编》中记录了发生

---

① 吴履震:《五茸志逸》卷七,上海市松江区地方史志编纂委员会办公室,1998年。

第二章 收藏与晚明社会生活

于书画船中的一次较量:

> 董太史玄宰,初以外转。予告归至吴门。移其书画船至虎丘。与韩胄君古洲各出所携相角。时正盛夏。惟余与董、韩,及董所昵一吴姬四人。披阅竟日。真不减武库。①

董、韩较量的地点即在董氏书画船中,可以想见,董氏书画船内空间应较为轩敞,能够容纳多人从事鉴赏活动,并有足够空间贮藏较多艺术品。可见,书画船在具备一般性容留居住等基本功能外,还须有相当空间充作主人休憩、主宾交往的场所。因而,其内部格局较一般民船则更为复杂。对此,文震亨曾有一番规划性的描述:

> 舟,形如划船,底惟平,长可三丈有余,头阔五尺,分为四仓:中仓可容宾主六人,置桌凳、笔床、酒鎗、鼎彝、盆玩之属,以轻小为贵;前仓可容僮仆四人,置壶榼、茗炉、茶具之属;后仓隔之以板,傍若小弄,以便出入。中置一榻,一小几。小厨上以板承之,可置书卷、笔砚之属。榻下可置衣厢、虎子之属。幔以板,不以蓬箄,两傍不用栏楯,以布绢作帐,用蔽东西日色,无日则高卷,卷以带,不以钩。他如楼船、方舟诸式,皆俗。②

很明显,文震亨的描述较之陈眉公更为具象。虽然,其所叙并未出现具体名目,但就所规划的功能特点,以及体现的雅致化规格追求而言,应即为书画舫无疑。据引文所叙,该船长三丈余,且中

---

① 沈德符:《万历野获编》卷二十六《玩具·假骨董》,中华书局,1989年。
② 文震亨:《长物志》卷九《舟车》,江苏科学技术出版社,1984年,第344页。

分四仓,可容纳十余人在内活动,其规模可见不小。同时,船内装陈摆设也较为繁复,生活用品文化用具一应俱全,较之藏家书房居室,其氛围之舒适雅致丝毫不减。因此,晚明越来越多的文人藏家在喜爱船居的同时,亦将其作为鉴赏藏物的另一主要场所。例如,汪砢玉即曾记著名藏家程季白"飞霞舫"造成时,招好友鉴赏的经历:

> 壬戌之秋,程季白飞霞舫成,招李君实及珂雪与余集舫中,看新得汉玉图书约三百方,因示文同画卷曰《晚霭横看》,君实题其后,用东坡思无邪斋章钤记。余共珂雪各印诸玉作谱。娄东朱锦春拨阮,夺落叶响,吾辈无暇听也。①

还须指出的是,制造、经营这样一艘高规格的书画舫,其间所费不赀。袁宏道曾称"千金买一舟"②,可见其非一般经济实力之藏家能够接受。因此,非拥有较雄厚资力者不能为之。由是,一些崇尚收藏而富有的商人也加入了书画舫的经营。李日华即曾记录了其造访某商人书画舫的经过:

> 十五日,无锡孙姓者一舫,泊余门首。余与马吃漫登其舫。客喜,出观诸种。青绿铜鸡彝一,沈绿一,枝瓶一,姜铸方圆香炉二,宣铜索耳四脚方鼎一,口缘有楷字一行云:一样二十个。内府物也。宣铜瓜棱小香炉一,古犀杯一,成窑磬口敦盏一,妙。宣窑玉兰杯一,重五六两,古朴有致。内莹白,外施薄紫,花花交错为底。索价四十两,瓦缶贵溢金玉,至此极矣。

---

① 汪砢玉:《汪氏珊瑚网古今名画题跋》卷二"郭河阳夏山行旅",成都古籍书店,1982年。
② 袁宏道:《锦帆集之三·尺牍》卷五《龚惟长先生》,上海古籍出版社,2008年。

第二章 收藏与晚明社会生活

墨漆木扁壶一,状如悬鼓……大理石屏二,大理石嵌背胡床二,云皆安华二氏物也。①

可见,孙某不仅邀请李日华等登舟观赏,亦向彼出售藏品。其身份有可能为古董商人,其书画舫不仅是赏评艺品之所,同时也是经营古玩的流动货栈。事实上,晚明众多古董商人就是以舟船为主要工具,纵横往来于诸多藏家之间。笔者认为,这些古董商人的座船未必皆具备文人藏家理想中的形制,但因其所载多为艺品,故亦往往被笼统冠以"书画舫""书画船"之名。例如,李日华在表达对赝品横行状况的厌恶时就曾指出,"近日苏人书画舫满载悉伪恶物"②。又如,万历三十八年正月间,古董商人张慕江造访日华,向其荐售倪瓒、文徵明等人画作。据李日华所记,张慕江年已八旬,平生经营古董,"以书画舫行江湖间",因年老迈,困坐"扁舟"不能起。③ 张慕江等商人平生与舟楫为伴,迅捷地在藏家间往来穿梭,进行着艺术品贸易,书画舫正是他们平生经营奔走最重要的工具。同时,由于在藏界中具有愈加重要的影响,在晚明一些藏家的表述中,书画舫已不再仅是具有特殊功能的船只,而泛化成为藏家收藏的代称。例如,昆山藏家张丑著有《清河书画舫》,著录其家所藏历代书画珍品。另如,董其昌曾自徽州吴廷尚处购得米元章真迹,江南藏界称"吴太学书画船为之减色"。④ 由是可见,无论对藏家抑或古董商人,除作为游历的工具外,书画舫有其更加丰富的文化

---

① 李日华:《味水轩日记》卷四,上海远东出版社,1996 年。
② 李日华:《味水轩日记》卷六,上海远东出版社,1996 年。
③ 李日华:《味水轩日记》卷二,上海远东出版社,1996 年。
④ 高士奇:《江村销夏录》卷一《送王焕之彦舟》,上海古籍出版社,2011 年。

内涵。

其次,观赏艺术品往往成为文人外出游历的重要活动内容。在江南,文人出游其目的一般为寻幽探奇,观山临水,并因便探访友人。但就那些对收藏怀有浓厚兴趣的"游客"来说,其出行目的则更为复杂。此类人群在游览的同时,往往拜会那些游程沿线的知名收藏者,并就此观赏其藏物,从而增长见识。例如,嘉靖中无锡著名藏家安国曾著《北游记》《东游记》以记出游经历。其间,他多次记述了在各地拜访藏友,寻访藏品的经历。如其在淮安:

> 十二日,抵清浦而别,因寓火神庙。未及,总戎杨公宏、参将张公文光后先过访,而莆士谢梅岐、编修金公辂闻而继至,遂成雅集。因论法书名画,而好古之名谬著,卷册之佳者纷至矣。淮之善蓄者,有柴、朱、陈、王四氏,而王氏十泉家尤盛,且能好贤礼士。①

其在京师:

> 呜呼!盛哉!自是崔谊益厚,凡有驵人,欲售清玩,每筵延共观。龙湾又称吏侍温、孟、李三公均有好古之雅,引为荆识,果辱优礼,各有诗赠。在京如护天相,晴雨以时,地无飞沙,目不施幕,是以遍访名家,求观书画,肯售者即售购之。时衡山文公、茶山石亭三陈公,皆乡契也。同为鉴赏,各为新□。②

其在杭州:

---

① 安国:《北游记》,《无锡文库》(第四辑),凤凰出版社,2012年。
② 安国:《北游记》,《无锡文库》(第四辑),凤凰出版社,2012年。

第二章 收藏与晚明社会生活

还至静慈寺,憩湖山胜概楼,游兴方剧,为洪中书翰促燕所夺。同集山堂者,俞尚书子亭川、李中丞子小涯、姚大用、周弘济也。出法书名画传玩久之,杂剧品异劝酬欢洽。归时,烛再跋矣。①

晚明,江南士人多未将外出游历看作简单的凭吊古迹、游山玩水,而是赋予了其丰富的内涵。除忘情于自然外,此类文士的鉴赏活动或为友人相召,或为主动登门拜观,以至其出行更成为一种社会性交游活动。在一定程度内,如双方均对收藏感兴趣,并有藏物,那么相关的鉴赏活动自然会发生。万历三十六年(1608)至三十七年间,湖北公安著名文士袁中道曾有过一次旅行。他自沙市出发,乘船沿江而下直抵武陵,沿途观览名胜,并拜会友朋,其间有大量品赏藏品的活动。笔者将其与鉴赏相关之部分经历摘列如下:

	地点	访问对象	交游内容
1	江陵	朱吏部(上恩)	见东坡墨竹一轴,有柯九思题赞;黄山谷字一轴;钱舜举绘罗汉卷,有董其昌跋
2	石首	王中翰	观米芾、赵孟𫖯真迹各一卷、赵千里《百鸟图》、文徵明《长江万里图》、钱舜举《明皇讲易图》、解缙草书《早朝诗》
3	石首	张茂才(翁伯)	见周昉《乐春钓鱼图》、刘松年《庐仝煎茶图》、唐伯虎画东坡小像、谢时臣《阳峰图》、郭清狂老人《二童对弈图》、陆深《梨花二绝》便面、盛子昭竹三轴、夏仲昭竹、李东阳书四体《南堂诗》

---

① 安国:《东游记》,《无锡文库》(第四辑),凤凰出版社,2012年。

续表

	地点	访问对象	交游内容
4	石首	王孝廉（因是）	解缙书《杨文定公尊人传》
5	公安	龚太学	见沈周所绘天鹅，班彦恭行书二幅
6	武陵梁山	龙孝廉（君超）	观鲜于枢草书千文屏风、吴道子大士像、阎左相草衣文殊
7	同上	龙大参（君御）	过九芝堂看书画，观傅古所画龙、百乳炉一、豆一、古哥窑炉一、古瑟一、周昉《美人调鹦鹉》、东坡所绘竹一卷、鲁直赠周彦长歌一首、徽宗《荔枝图》、赵孟頫《坡仙懿迹图》、封考功所绘竹一卷、仇英《击梧图》、北宋人山水一幅、梅花道人竹一幅、黄公望山水一幅、朱泽民仿郭熙山水一幅、燕山徐元题元人高克恭仿米老山水幅、钱舜举《葡萄花鸟》、赵千里《东作图》、戴进山水一幅、戴进仿郭熙山水一幅、杜槿题红叶一幅、元人俞汉远仿郭熙山水一幅，因日暮，如沈、文等人作品未及观
8	武陵善卷台	赖太学	观元刻赵孟頫全集实为花溪沈璞笔，仇英《春宫游乐图》
9	武陵	龙君超	观刘松年《香山九老图》，宋绢画《德星图》，赵孟頫临曹霸马，赵孟頫书韩愈《李愿盘谷歌》，张贞居小书《得意诗》，祝枝山、陈道复及王仲山书法，戴嵩《斗牛图》，陶士行《寒夜留客图》，徽宗《白鹭》，南宋人题唐子华树石上具松雪题跋、管夫人竹，倪瓒《当窗青桐》，商金商银子母鼎一，古瓦一，大理石屏
10	沙头	林伯雨清旷	见唐寅画一幅，系周东村代笔，黄兆彪画《王文成公像》
11	石首	王太学	文徵明皮纸长幅画四轴：《春山觅句》、《松阴濯足》、《云壑流泉》、《灞桥逸兴》

第二章 收藏与晚明社会生活

袁中道以文名著称于世,其性爱游历,北达齐鲁幽燕,南极湘楚吴越,踪迹皆到。其所著《游居柿录》大量记载十年间游历之经过,内容极为宏富。以上仅是采撷了其一年间旅行鉴赏的经历,虽内容极为有限,然已可见中道于游历途中亦颇留心收藏。根据袁氏的记述,我们可以发现至少两方面的问题:

首先,袁中道此次出行,所经历如沙市、公安、武陵等皆属湘楚之地,与传统意义的"江南"地域范畴有所区别,至少属于江南的边缘地区。然而,根据小修的记录,以上各地均有专业藏家,其收藏量亦颇为可观。且以藏品情况而论,这些藏家毫不逊色于江南核心区域苏、杭等地的收藏名家。同时,武陵等地僻处江峡群山之间,对外交通联络并不便利,然其地藏家如龙君御、龙君超等不仅拥有大批藏品,且其中多为当世江南名家如文徵明、唐寅等人作品。更有趣的是,小修在记录龙君超的藏品时,直接指出其中一部赵孟𫖯、张贞居的书法卷系"文待诏家物"。[①] 可见,当时武陵等地与江南核心地域间的藏品交易网络不仅存在且十分畅通。这些地区的藏家完全可以分享江南藏品市场提供的资源。其间,长江无疑是沟通沿岸各地的主要商路渠道。江南藏界中的艺术品经古董商人的"搬运",溯江而上,可以抵达湘楚乃至更遥远地域。吴履震在《五茸志逸》中讲述的一则趣事,无疑印证了此种艺品销售商路的存在。

> 徐洪道系七宝人,家居吴门,其所佩玉环甚钟爱者。适客成都,泊舟江汉之湄,早起盥濯,误堕于江中,郁郁不乐,念之

---

① 袁中道:《珂雪斋集·游居柿录》卷三,上海古籍出版社,2013年。

不置。后属玉工配之,意无惬者。一日之阊门,见江右商人盘中一环,颇类己所失者。即以善价易之,因讯其所由来。曰往于江边泊舟,值水涸,从滩头乱石间拾之。夫以寸环而失诸江汉之险,隔吴蜀几千里之遥,入于异乡游客之手,究竟不失为故物。事亦奇哉!①

据引文,徐某自成都丢失玉环,复于苏州阊门市中得之,其事虽极偶然,但折射出其时确有商人循江上下,往来千里之间,从事着古玩艺品的经营交易活动。文中所提及的"江右商人",大抵即是从事长途购销的古董商客,也正是有了此类人群的积极奔走,两岸地区的民间藏家才得以充实其所藏。由此,长江之于喜爱游历的文人藏家而言,不仅是风光旖旎的上佳旅行线路,亦成为获取藏品的重要渠道。

其次,袁中道此次出行并不以鉴赏艺品为主要目的。据他自己说,其初衷本拟直抵吴越,观名山胜水,居精舍读书并寻访高人好友。然而,此番出行中,访友并鉴赏艺品却成为相当重要的内容。这固然与其交友较多有关。但同时,这也因于文人游历与收藏鉴赏间可能存在的深刻复杂关系。按照游程的远近,晚明江南文人的游历大抵分作两类:一为"近游",如冯梦祯、李日华等,居住嘉兴,但常年往来苏杭等地,依托水路,少则一日,多则三五日即达,其间访友寻胜,兼从事藏物鉴赏收购等;一为"远足",如前举安国、袁中道之例,其往往须做充足准备,游程及往来时间都较长。

---

① 吴履震:《五茸志逸》卷六,上海市松江区地方史志编纂委员会办公室,1998年。

就"近游"而言,游历者所经历接触的往往为其较熟悉的地域或人群,故无须进行太多准备。其间,游历者所进行的鉴赏活动,或为朋友相召,或主动寻访,均在一种较为自然的状态下进行。例如,万历二十三年(1595)二月间,冯梦祯旅居杭州,赴友高濂所召,登其家高阁游览,并赏评古画:

> (二月初七)晴阴相半,镕雪未尽。同方次卿诸君高深甫斋中阅诸古玩。惟郭恕先临王右丞《辋川图》,马和之《鲁颂》、《商颂》二卷最佳。初到登高阁眺群山积雪,遂见此物,尤可快也。①

很显然,此次游览给冯梦祯留下了极为美好的印象。美景佳物使其心旷神怡,以至冯氏于二十天后主动登门,再度拜访高濂,并要求进一步观赏主人藏物:

> (二十七)晴,宋宇庵来。既午,同诸君再谒高深甫斋中,索观诸玩,再见《辋川》《三颂》二图及开皇拓本《兰亭》,画册百纸。②

在"近游"活动中,游历者无须过多的资费准备,不必仰给于人,其所交结往来者也多属较熟悉的朋友。因此,宾主能够基于纯粹的交游关系,从共同的兴趣爱好出发,将鉴赏活动自然融合于交游过程中。相形之下,"远足"的情况就相对复杂。长时段的旅行对游历者在时间、资金等方面均提出了更高要求。例如,万历三十七年(1609),袁中道经长江前往金陵,途中经过九江,远望庐山,颇

---

① 冯梦祯:《快雪堂日记》卷七,凤凰出版社,2010年。
② 冯梦祯:《快雪堂日记》卷七,凤凰出版社,2010年。

为向往,几欲一游,然终因条件不成熟而作罢,"姑俟他年买舟,具一岁粮,峰峰探历,以完夙志可也"。① 对于晚明文士而言,出游是一项多方面的享受过程,须将平居的各类物质要求尽量移植入游历过程中。游览之余,饮食之精雅不可不讲求,女乐歌吹亦须时而有之,朋友应酬更不可或缺。此外,旅行中的临时性、偶发性消费也难以避免。因此,除先期如治装、买舟等投入外,游历间各项消费所需仍不在少数。这就要求游历者有充沛的资金准备。然而,这笔较大投入对文士而言往往有一定难度。由是,在一些知名文士的"远足"中,往往有所谓"居停主人"出现。此类人物一般饶于资财,因仰慕某文士之名,而特意招徕,为其提供游历所需食、宿等条件,甚至为其下一步行程提供资金支持。这一点,在诸多藏家笔下皆有记载。例如,万历四十二年(1614)十月间,李日华与多名友人相聚杭州,共赏艺品。据李氏所记,此次聚会有专人出资组织,"居停主人为歙吴太学宇旸"。② 又如,徽州溪南吴一桂,雅好书画。文徵明之侄伯仁曾游历徽州。其时吴一桂家已败落,然勉力为文氏周旋,为"山中主人"。③ 此种"居停主人"是文人藏家游历的有力赞助者。他们的付出一方面出于对文士的钦仰与情谊,而另一方面则有其实际性需求。往往,游历的文人藏家在接受其馈赠的同时,亦须以一定付出作为回报。有时,文士以艺术创作作为酬答。如许承尧所记,"祝枝山游歙,主西山汪氏弥月,为书《黄庭》。

---

① 袁中道:《珂雪斋集·游居柿录》卷三,上海古籍出版社,2013年。
② 李日华:《味水轩日记》卷六,上海远东出版社,1996年。
③ 许承尧:《歙事闲谭》卷三一《明人旧〈歙志·艺能传〉》,黄山书社,2001年。

沈石田游歙,主临河程氏,为画一虎;又主潭渡黄氏,亦留画而去"。① 有时,文人藏家则以为居停主人鉴定藏物作为回报。例如,董其昌、陈眉公曾先后游徽州,俱主溪南吴廷、吴桢两家,而"两家帖皆董、陈为选跋上石"。②

  在文人藏家的远足游历中,情愿为其资助者多为财力充裕且具备浓厚收藏兴趣者。他们手中往往有一些艺品,需要专业文人藏家为其鉴定,并为其藏品延誉。因此,出资者与游历者在索取与付出方面即达到了一定默契。由此反观前论中袁中道游历情况,我们有理由相信,一些藏家如龙君超、君御等实际扮演了"居停主人"的角色。可以想见,在其居住的武陵地区,鉴赏名家并不常有,因此,负鉴赏之名的袁中道因游历经此,即被龙氏不失时机地邀为嘉宾。根据《游居柿录》的记载,龙氏对中道的招待极尽热忱,同时亦尽出所藏请其鉴赏。中道并未记录居停期间是否得到了龙氏资助,但在日记中,他明确记载龙氏曾直接以戴文进《临郭熙袁安卧雪图》见赠。同时,他于告别龙氏之后,在日记中自陈"自至鼎州一月矣,终日醺醉,觉神思甚倦",其无奈之情溢于笔端。可见,在中道看来,武陵之行已不是简单游历或纯粹的友人间交游了。

四、收藏与藏家交际

  据前文所论,无论处于平居或游历何种状态,藏家或曰收藏爱

---

① 许承尧:《歙事闲谭》卷十二《王弇州诸人游歙》,黄山书社,2001年。
② 许承尧:《歙事闲谭》卷十二《王弇州诸人游歙》,黄山书社,2001年。

好者之间的交游往来都是其生活中不可或缺的内容。即便是收藏最为宏富者,仅仅出于获观更多艺品的目的,也需要与其他藏家进行广泛交流沟通。因而,藏品在成为藏家交游活动重要对象的同时,亦成为其增进交谊拓展人脉的媒介。随着收藏业的不断兴盛,收藏活动对人际交往的影响也愈发明显。

　　自古以来,文人间即有"雅集"聚会的传统。宋元时期,此种雅集活动不仅更为频繁,且活动内容愈发丰富,往往包括题诗、作画、听曲、鉴赏等。明代,雅集活动在江南士人群体中仍十分流行,且其越来越成为同僚、同乡或同门聚会的契机。尤自明中期后,收藏之风盛行,更使得观书论画、品赏古玩成为文人聚会中的常设项目。例如,正德九年(1514),大学士李东阳于中秋前一日以赏月为名,召集门人弟子七人赴宅聚会。其间,诸人于照例论文诵诗之后,即开始观古书名画,并侑之以酒,以此等待月出。① 晚明,随着收藏活动影响的扩大,不仅文人雅集,一些士绅日常饮宴聚会亦常出现鉴赏古玩的环节。例如,万历四十年(1612)十一月三日,李日华应项孟璜邀请赴宴,其记当日情况如下:

　　　　三日,同诸乡绅宴集项孟璜第。海盐彭对藏封公出一古铜器,云得之关中掘地而出者。大如三升釜,有三足,旁斜矗二管,围一尺余,高寸余。众莫知为何物,亦莫辨所施用,但信意指目资笑谑而已。②

　　由于奢靡世风的流播,各类聚会的意趣也发生着变化,物欲享

---

① 潘希曾:《竹涧集》卷六《东园看月诗序》,《文渊阁四库全书》第1266册。
② 李日华:《味水轩日记》卷四,上海远东出版社,1996年。

第二章 收藏与晚明社会生活

受逐渐取代了情趣交流。聚会间,主人倾力而为,饮馔、歌舞等务求精好,宾朋则纵情享受。一方面,精美珍贵的艺术品越来越多地具有了"日用化"色彩,成为豪富人家居家待客的常用器物,进而成为彰显主人财力与品位的象征物。例如,李日华曾应好友沈尔侯之约,赴其北山草堂做客。饮宴间,沈氏所用食器、酒器皆为珍品,"饭玉麟堂,尔侯出白玉莲花杯、绿玉荷叶盘行酒。又以哥窑白定等卮继之,期以每器一酹,百爵而止"。① 另一方面,观赏藏品虽仍往往是聚会中的必备环节,但已不再是宾主间静心欣赏充满逸兴的活动,而成为酒酣之余、歌舞之际向众宾夸示藏物富贵的手段。例如,李日华曾记述了其在嘉兴项氏家中聚会所见:

> 忆余初第归里中,墨林长君兰台君方豪侈结客。一日,集余辈数人,以碧绡障伎妾,令递奏新声。每一伎终,项君辄掀髯曰,此秦声,此赵,此楚,此凉州塞外。以大白浮客,必令极醉。方樽罍未集,对设长案,出法书名画,恣客披阅。②

在奢浮世风的影响下,藏品居于群体性的人际交往中,其本身的艺术魅力遭到遮蔽,反而愈发具有了社会性与功能性。在被频繁展示的同时,加剧着自身的"符号化"蜕变,其在人际交往中的实际意义也相应发生着萎缩。很明显,在这样的人际交往中,藏品及与之相关的鉴赏活动不可能成为主角,而充其量作为综合性交际活动中的一个环节而存在。当然,在明中期后的江南藏界,此种情况并非主流。最普遍的交际形式,仍是以藏品赏鉴作为主要目的

---

① 李日华:《味水轩日记》卷二,上海远东出版社,1996年。
② 李日华:《味水轩日记》卷四,上海远东出版社,1996年。

而引发的活动。此种交际多发生于专业藏家之间,涉及人数不多,但目的性十分明确。一般,多数藏家对藏品并不具有保守态度,他们或借友人来访之机,或专门发出邀请,与志同道合者共赏藏品。此在晚明藏家间实为司空见惯的情况。一些专业藏家为显示藏品,亦为交好友朋,常常专门召集约会同好数人,进行小规模雅集,专对藏物进行品赏。例如,冯梦祯于万历二十七年(1599)四月间,接到好友曹重甫邀请,赴其家观赏藏画:

> (闰四月)十九,早微雨。日中过清浦,谒曹重甫宅。陈箕仲、顾君士骐已见待久矣。重甫三子一侄选贡生,俱侍坐。见示诸画:梅花道人树木、赵松雪竹、倪云林山水小幅、文衡山少年青绿山水、黄大痴《学董北苑夏山图》已失去半幅。又文衡山所藏不全《黄庭》、《麻姑坛》,俱佳物。①

甚至在一些藏家那里,聚会的目的性往往更为直接而明确,其几乎将观赏藏品作为人际交往的全部内容。例如,曹重甫原藏有倪瓒所作《优钵昙花图》。董其昌大为激赏,每年数过曹氏,只为观赏此图。后曹氏将该画转赠著名藏家程季白,董氏闻讯,当即表示此后可不必再频繁往晤曹氏,"余请息清溪之棹矣"。② 在这种因藏品而引起的交往中,宾主双方共赏艺品,互通消息,相与辨析,情谊由是增加,而见识亦随之增广。汪砢玉所叙其家收藏元人陆广《溪山清眺图》的过程即为鲜明例证:

> 予弄鸠车时,家甫得陆天游画,上题云溪山清眺,陆广为

---

① 冯梦祯:《快雪堂日记》卷十一,凤凰出版社,2010年。
② 吴升:《大观录》卷十七"倪云林优钵昙花图",《中国书画全书》第8册,上海书画出版社,1992年。

文伯作。时父执吴功甫尝过吾家凝霞阁,极鉴赏此幅,然惜其非全璧也。至甲寅秋,高友明水见之,以天然花影棐几相易。迫己未春,润州缪杞亭持二画来,适董玄宰先生过访,展阅间,诧之曰:何一轴而离为二也?余相较曰:何二轴而一为予家物也?杞亭云为文伯作者,得之此地高氏。款天游生者,得之苕上闵氏。初不知其相合也。即举以归予。玄宰遂索纸笔题之。玄宰又云,天游生款是原笔也,而装潢者汤玉林。陆象玄在舍,即投水池,前款便洗去,后款揉索至碎,字迹终不脱,于此征太史善鉴并忆昔年功甫之论不谬也。①

汪氏收藏该图,得以获其完璧,其间得到友人吴功甫、董其昌等的大力帮助。有赖于友人间的鉴识、剖析,汪氏所藏不仅因之增色,该图本身亦得以复归旧观。藏家间交际沟通之益处由此可见一斑。然而,藏家间的交往并不总是和谐快乐。珍贵藏物对一些藏家而言,具有多方面的重要意义。因此,围绕这些藏物的欣赏、借阅、交易等问题,藏家间于往还之际容易产生一些矛盾,从而使双方的交际关系面临挑战。其中,最为严重的情况当属利用交际关系对藏品进行欺占。事实上,随着晚明江南收藏热度的不断提高,此类事件屡有发生。例如,万历间,徽州叶某得《葛仙翁移居图》一卷,持此赴苏州装裱。其友黄姬水见后极为喜爱,先以二十金求易遭拒,后又命装潢人藏匿不还,必得之而甘心。此举使叶氏

---

① 汪砢玉:《汪氏珊瑚网古今名画题跋》卷九"陆天游溪山清眺",成都古籍书店,1982年。

大为不满,从此将该画深藏再不示人。① 如果说,黄姬水所为尚属假手他人以求一逞,那么汪砢玉所述家藏名画的遭遇则为友人间赤裸裸的侵占:

> 万历癸卯秋,歙客质绘册于先子。高君明水来见,遽持去。后再期,明水以逾期不听赎,已濡墨点缀竹树。客诉非己物,将奈之何。惟所携李咸熙画一轴,原值二百五十,近付善手汤氏装潢甫完。无已,将此画典偿之耳,泪潸潸下也。先子恻然,称贷多金,存其画……至崇祯己卯夏,竟被姑溪友人赚去。余不惮千里追返。内人叹曰:世已为无李论,君何必作有李论,而役役如此。余笑曰:不知其人视其画,诚如东坡所云缥缈营丘水墨仙乎?②

在此段文字中,汪砢玉记述了家藏李成画作两次险为他人所夺的经过。虽然,在题识结尾处,汪氏以近乎自嘲的方式为自己的行为进行了解释,但其丝毫无法掩盖友人间因藏品争夺而导致的嫌隙。因此,在晚明藏家交往中,很多人对他人的借阅要求避之唯恐不及。在交谊与藏物的价值衡量中,更多人的心理天平倾向后者。因此,其往往在处理类似问题时秉持着藏品归藏品,交情归交情的态度。例如,冯梦祯藏有传王维所作《江山雪霁图》。董其昌获悉后,极欲借观,然冯氏对此画极为爱惜,"珍之如头目脑髓",初不欲借。最终,虑及董氏地位声势,且加之其再三恳求,冯梦祯才

---

① 詹景凤:《东图玄览编》卷二,《中国书画全书》第4册,上海书画出版社,1992年。

② 汪砢玉:《汪氏珊瑚网古今名画题跋》卷二"李成山水寒林",成都古籍书店,1982年。

第二章 收藏与晚明社会生活

勉强允借。① 又如,沈周极爱米友仁《潇湘》图卷,自年少时即渴望一观。该图为杭州张仲孚所藏,其人"锢吝",从不以该图示人。三十余年间,沈周多次当面向张氏提出借阅,但均遭拒绝。沈氏自叹此生与该画缘悭一面,且怨愤张氏"忍为拂人意事"。直至七十五岁时,沈周才因该画转手,而从新藏主处获观,终于得偿心愿。② 该事也因此在江南藏界广为流传。

在因收藏而引发的交际活动中,交往双方在品鉴之余有时还会从事一些"延伸性"活动。其中,最主要者为两类:

一为交易。一些藏家在获睹藏友珍物后,极其赏爱,往往会直接提出交易要求。在专业藏家之间,这种交易更多表现为藏品间的交换。通常,双方基于良好的交往关系及共同的兴趣爱好,各取所需,都获得了新的藏物,其价值亦往往相抵。此种活动与一般藏品交易不同,未过多涉及金钱利益,而更接近收藏雅道的要求,故为不少藏家所接受采用。例如,崇祯十年(1637),古董商王越石拜访汪砢玉,并以马远《鹤荒山水图》荐售。汪氏评赏之后,以所藏仇英《南极呈祥图》及宋板《战国策》相交换。③ 又如,汪氏曾见管仲姬所绘《兰花》图卷,十分喜爱,遂以宋玻璃盏、白玉柄、红拂水精辟邪、压绣等多物交换而得。④ 关于藏家间交易情况,后文将有专门

---

① 汪砢玉:《汪氏珊瑚网古今名画题跋》卷一"王右丞江山雪霁图",成都古籍书店,1982年。
② 汪砢玉:《汪氏珊瑚网古今名画题跋》卷四"米敷文潇湘长卷",成都古籍书店,1982年。
③ 汪砢玉:《汪氏珊瑚网古今名画题跋》卷五"马待诏鹤荒山水图",成都古籍书店,1982年。
④ 汪砢玉:《汪氏珊瑚网古今名画题跋》卷八"管仲姬着色兰花卷",成都古籍书店,1982年。

论述,在此不加赘述。

　　一为题识。此类情况多发生于书画收藏领域。一般,藏家在请友人观赏藏物后,往往请其于卷后题写跋语。接受邀请者多为藏家好友或负有鉴赏之名的专业藏家。他们所题内容长短不一,内容多样,以赞美藏品,探寻其艺术特点,及对藏家表示推崇为多。虽然题识这一活动貌似仅针对艺术品,但实则为双方交往活动的延续。一方面,藏家请阅赏者题跋,以此表示对对方的尊重,将有助于双方交谊的加深;另一方面,藏家如能因此获得名家的题写,无疑为藏品锦上添花。这些名家题跋将与藏品融为一体,成为更具价值的珍品。因此,一些藏家往往携带藏品,登门请求名家鉴赏,并征其跋语。例如,万历四十年(1612)二月间,李日华之友吴珍所带同杨茂生来访,并以杨氏所藏文徵明小楷《盘谷序》请求鉴赏,之后又向日华"索跋"。① 对藏家而言,名家题跋意义非凡,其既是针对藏品的艺术再创作,亦是对藏品价值的"审定"。因此,一些大藏家往往于好友中择一二足堪信任的鉴赏名家,专门为其藏品题识,以此收鉴定之效。例如,项元汴所藏书画,多由文嘉为其鉴定。万历间,项氏曾以重金自乌镇王氏处,购得唐摹《兰亭序》神龙本,随即命人持往苏州,嘱文嘉审定,并加题语。② 显然,此种状况已超乎友人间一般性的藏物鉴赏。虽然,我们并不确知鉴定方是否会从中得到实际报酬,但可以肯定的是,此方式首先建立于双方稳固的交往基础上,依赖于彼此间高度的信任与了解。这虽非普

---

①　李日华:《味水轩日记》卷四,上海远东出版社,1996年。
②　吴升:《大观录》卷一"唐摹禊序神龙本",《中国书画全书》第8册,上海书画出版社,1992年。

第二章 收藏与晚明社会生活

遍现象,但确为因藏品而生的人际交往关系的高度凝练。在此过程中,藏家得到了有关藏品鉴识的"专家意见",而鉴藏者亦由是获得观赏众多珍品的机缘。其如文嘉在观赏《兰亭序》神龙本后所言,"纵观以偿夙昔之愿",鉴赏者至少在这样的交往活动中得到了极大的精神满足。从而,达到了交往的双方都较满意的"双赢"局面。

由前论可见,在因收藏而生发的交际活动中,藏品一般发挥着桥梁媒介作用。晚明,士大夫多喜欢以清雅自诩,其交际之间亦多作清谈,即口不言俗务,而每每以雅趣艺事为谈资。作为清雅风尚代表的艺术品创作与收藏自然成为其交际间的重要内容。例如,陈继儒在叙及与董其昌的交往时就称"(董其昌)每与予焚香披对,各忘寝食,甚则从千里寄尺一相闻,娓娓无俗谈,大约起居书画无恙而已"。① 正因于此,收藏活动日益成为社会各阶层瞩目的焦点。在此背景下,收藏进一步突破原本的小众范畴,逐渐融入社会交往的大背景中。在此过程中,无论是否真正喜爱或精通,参与者皆能不同程度地从中获益。如果我们立足于某个特定藏家角度去考察,就会发现在其周围往往会出现爱好者群体组成的"朋友圈"。借由日常的收藏交往,朋友圈中的人际关系得以不断巩固。同时,这个人际交往网络并不封闭,其对外亦不断吸纳着新的成员。借助于朋友间的相互介绍、荐引,居于交际网中的诸人皆有机会不断结识更多"志同道合"者,以鉴藏为主题,彼此由陌生到熟悉,从而

---

① 陈继儒:《陈眉公集》卷七《董玄宰来仲楼随笔序》,明万历四十三年史兆斗刻本。

为人际交往设置新的线索。

在这个交际网络中,由于藏家身份、影响力等方面的差异,其所居的地位也可能有所不同。一些得到公认的收藏鉴赏名家,如项元汴、李日华、韩世能、董其昌等,往往居于这种交际网络的中心位置。这种中心地位的确定,一方面来自他们本身超众的艺术辨析能力,另一方面亦来自其为鉴赏而付出的不懈努力以及由此奠定的影响。通过频繁的鉴赏活动,这些收藏交际圈的"中心人物"往来接触着江南不同地域间形形色色的各类人。借助一次次规模不等的鉴赏活动,他们在实现自我充实提高的同时,亦为同属交际圈内的其他成员创造着交往沟通的机会。最显著的例子出现在嘉靖时期,王世贞曾以宗主身份,率苏浙文士百余人赴徽州游历。徽州方面则以汪道昆为主,亦率本地士人百余相抗衡。双方捉对比较各项才艺,其间艺术创作与鉴赏为主要内容。[①] 从表象上看,此次比拼是苏浙士人与徽州士人的才能较量。然而,两方阵营中的士人无疑皆为"盟主"交际圈中好友。因而,就此角度而言,此事件亦为王、汪二人交游圈实力的竞赛。

对于很多藏家或有志收藏者而言,他们多对融入这样的交际圈抱着积极态度。在他们看来,此举一方面能够助其增强对藏品的认识,提升鉴赏水平,另一方面则可使其跻身于"风雅"行列,得到某种身份上的认同。因此,除官绅士人外,一些从事收藏的商贾亦乐于厕身此类交际圈中。甚至,他们中的一些佼佼者,如程季白等,亦因拥有丰富藏品及雄厚财力以及文人化的身份情趣,而得以

---

① 许承尧:《歙事闲谭》卷十二《王弇州诸人游歙》,黄山书社,2001年。

成为此类圈中的中心人物。应该说,不论参与者"成色"如何,其所构建的收藏交际网络发挥着实际性的功效。晚明世风犹如一面放大镜,在以收藏为判别雅俗的标准作用下,此类专门性文化活动所具有的人际交往功能亦得到增强与扩大。在这个背景下,收藏活动得以跨越身份、专业等构成的藩篱,而成为社交的广阔平台。

五、"苏人滥觞"——苏州在收藏风气推广中的引领作用

在论及晚明收藏领域中的文人影响时,我们尤其需要关注苏州在风气形成发展中的引领作用。众所周知,至明中期,苏州已是全国商品最为集中、经济最为发达的地区。同时,其地的文化艺术发展不仅在江南,即便在全国也居于潮头地位。其时,苏州士绅以充盈的物质为后盾,缔造出"精""雅""奇"的生活模式,并成为四方仿效的样本,以至在当时及后世有"苏样""苏意"之说。对此,国内外学者多有研究成果问世,笔者不再赘述。需要指出的是,苏州的这种潮流引导作用,直接对收藏领域构成了影响。

明代中期后,凭借在手工生产、商业贸易等方面的领先优势,苏州人缔造出了丰富的物质文化。这一点恰与明后期江南社会以"精雅奢侈"为标志的享受型生活追求相契合。因此,苏州无可争辩地在社会生活的多个领域中居于领袖风尚的地位。在此情境下,苏州人的服食、居宅、游乐乃至文化生活等皆成为四方竞相效法的对象。此处仅举一例,以证苏州"风尚"在时人心目中的地位。万历中,嘉兴冯梦桢寓居杭州,应友人之邀赴宴。席间,冯氏对于

饮馔之精美颇感诧异。其感慨之余述及其间原因,"越中士大夫肴馔俱粗恶,不堪下箸。商君席品物精美,又出佳茶,甚骇。物色之,以有吴姬故。吴姬能变越俗,亦可尚已"。①

明代,江浙皆为富庶繁华之地,苏、杭并称为"人间天堂"。然则,在冯氏眼中,此宴幸得"吴姬"操持,方免于粗恶。究其意,竟以"越俗"为粗鄙,在生活时尚品质方面绝难与苏州相媲美。可见,在冯氏心中,苏州在精致生活塑造方面具有他地无法企及的至高地位。应该说,冯梦桢的此种认识在当时江南士夫阶层中具有相当的代表性。以苏州标准来衡量事物的精拙雅俗,这成为晚明江南普遍性的社会心态。

苏州风尚或曰苏州化生活,为愈来愈多"富裕"起来的江南民众,尤其是士夫阶层,提供了营造高品位"闲雅"生活的现成"模板"。借助这个模板,模仿者不仅可以拥有更高水平的物质享受,且在文化面貌乃至精神世界的塑造方面皆能有所依归。其中,艺术品的收藏无疑发挥着举足轻重的作用。在明代江南,苏州最早拥有从事艺术品创作、鉴藏的专业群体。成、弘之际,沈周、文徵明等即因其博雅而名动江南,成为士人想慕仿效的"偶像"。在收藏领域,沈、文等人更被奉为"宗匠""鼻祖"。例如,何良俊在表述对书画鉴赏的见解时称:

> 夫宇宙间物流传亦自不少,岂必尽藏箧笥耶?但得常遇赏鉴之家,扫阁焚香,尽出所有,相与评校真赝,得遇精品则摩挲爱翫,真若神游其间。苟未必佳,亦须随处指摘,出其疵类,

---

① 冯梦桢:《快雪堂日记》卷三,凤凰出版社,2010年。

第二章 收藏与晚明社会生活

不矜长,不匿短,则意见常新,而藻鉴亦触类皆长。此意予观三吴人自衡山而下为华补庵近之。盖由其素与衡山父子游处,渐摩既久,不觉自化。①

何良俊在提及鉴赏之道的同时,认为当时能够真正通晓此道的唯有文徵明(衡山)与华云(补庵)二人而已。华云为明中期江南著名大收藏家,其鉴赏能力为时人所推重。但在何良俊看来,其对鉴赏之道的了解,也只因其"与衡山父子游处"从而得以"近之",由是可见何氏对文徵明鉴赏水平的推崇,亦可见文氏在江南收藏鉴赏方面具有的领先位置。

除专业藏家的个人影响外,苏州士人将收藏活动纳入日常生活,并使之常态化的做法亦由是在江南其他地域中推广开来。苏州人的收藏喜好,收藏生活的营造,乃至藏物格局之设计,都成为其他地域步趋的对象。例如,李日华曾在日记中提及,其在赴徽州游历途中,至岩市镇时入小肆午餐,却发现其中"几案楚楚,熏炉研屏,若苏人位置,壁有文太史画一帧"。② 山村小肆,布置精雅,且"若苏人位置"以致名士为之心动。姑不论其收藏真赝,由此一节即可见"苏人"在艺术品收藏及氛围营造方面对周边地域的影响。

从表象上看,江南收藏事业的发展是"苏人滥觞"而其他地域"跟风"仿效的结果。但实质上,"苏意"的流行,正是因为其迎合了江南民众尤其是士夫阶层对"闲雅"生活的营造需求。随着时人价值观念的转变,这种生活方式的"复刻"越来越不局限于服食居宅

---

① 何良俊:《何翰林集》卷十八《题书画铭心录后》,《四库存目丛书》集部第142册。
② 李日华:《味水轩日记》卷二,上海远东出版社,1996年。

等方面,而更进一步体现在文化追求方面的近似。其中,艺术品的创制与收藏无疑是最能体现文化品位的活动。因此,其也毫无疑问成为四方竞相仿习的对象。也正因于此,苏州人士在艺术品的创作、收藏等方面具有了绝对话语权。其正如王士性所说:

> 姑苏人聪慧好古,亦善仿古法为之,书画之临摹,鼎彝之冶淬,能令真赝不辨。又善操海内上下进退之权,苏人以为雅者,则四方随而雅之;俗者,则随而俗之。其赏识品第本精,故物莫能违。①

在收藏鉴赏领域,这种鉴赏话语权绝不仅意味着徒具其名的空泛导向作用,苏州士人的欣赏品位与个性化追求,在受到四方推崇的同时,也在一定程度上促进了相关艺术品的创作与经营。《锡金识小录》所记江春波故事正是此一方面的体现:

> 江春波,名福生。童时为后母所逐,苏州雕工某怜而育之,遂习其艺,雕刻神佛像,巧夺天工。挟其艺行游四方。入楚,宠于楚玉者十余年。入峨眉、鸡足刻诸佛像,所得工价尽以买药材奇木。与蜀长素道人契,道人欲游西湖,偕之来浙,贸所携药得百余金。多置青田冻石、古藤、瘿木、柏根、湘竹,与道人归邑……与道人选胜五浪山,倚山而湖,筑草堂于茂林中,草上洗以米沈,苔生宛如绿毯。堂中奉佛像,布置远方所得石鼎蚌瓢竹篮铜钟磬坐墩隐几,诸物皆奇古,非吴人所能制。日与道人诵经礼佛,暇则取藤瘿古木湘竹制为砚山、笔格、盘盂、臂阁、麈尾、如意、禅椅、短榻、坐围、钵冠之类,摩弄

---

① 王士性:《广志绎》卷二《两都》,中华书局,2006年。

第二章 收藏与晚明社会生活

光泽,皎洁照人,三吴富贵人家所未有也,莫不持重价以求之。春波善酿酒,道人善治素馔,亦富贵人所未见,故名人才士趾相接于门。春波善谈论远方异迹,客至不忍去。若唐子畏、祝枝山、文徵仲父子往来尤数。①

江春波的事例说明,苏州在吸收其他地域艺术文化方面具有得天独厚的条件,一些较为独到的创制在苏州能够觅得市场,得到肯定。同时,明代中期苏州士人对器用愈发讲求古雅精致,这也对艺术品制作收藏的高端化起到了推波助澜的作用。如江春波的作品,不仅形制材料为"三吴人家所未有",更因唐、祝、文等人的推许而价值更高,故而才会出现苏人"莫不持重价以求之"的局面。应该说,苏州人在艺术品的欣赏创作方面独领风骚。他们的好恶左右着潮流风尚的发展方向,

苏州人在文艺方面的领先地位,不仅使他们在创作方面取得"开先河"的成就,更在收藏领域具有了左右艺术市场发展的主动性与话语权。在相当多藏家的评述中,我们或多或少都可感受到苏州人审美倾向对收藏活动的影响。例如,王世贞在评论书法时,对张弼草书极为推重,称其为"我朝之最",但又称其作品虽在明初盛行一时,而至王氏生活时代,已不为人重视,究其原因"吾吴人又不好收之"。② 又如,王世贞在评价其所处时代的收藏风尚时称"书画重宋而三十年来忽重元人,乃至倪元镇以逮明沈周价骤增十倍。

---

① 黄卬:《锡金识小录》卷八《稽逸》,《无锡文库》(第二辑),凤凰出版社,2012年。

② 方岳贡修,陈继儒纂:(崇祯)《松江府志》卷五十六,《日本藏中国罕见地方志丛刊》,书目文献出版社,1991年。

101

窑器当重哥、汝,而十五年来,忽重宣德,以至永乐、成化价亦骤增十倍。大抵吴人滥觞而徽人导之,俱可怪也"。① 王氏本人即出于苏州,而其对收藏风尚的变化表示出极大的不解,但据他的说法"吴人滥觞"是变化发生的根源。由此可见,苏州人尤其是苏州士人在收藏领域实为具有相当话语权的群体,他们居于风尚潮流的上游,掌控着收藏领域的发展脉搏。

除对艺术鉴赏方面的影响外,苏州人在收藏方面的风尚控制有着更为实际的意义。在江南,不论书画创作抑或文玩兴作皆以苏州所出为贵,而这种风尚背后是经济利益的垄断与获取。在收藏领域,苏州一些士人多负"鉴赏"之名,被认为是真正懂得鉴定、欣赏艺术品的人,并因而成为该领域内不断为人称许的"宗师"。如王世贞所称:

> 今吾吴中陆子刚之治玉,鲍天成之治犀,朱碧山之治银,赵良碧之治锡,马勋治扇,周治治镶嵌,及歙吕爱山治金,王小溪治玛瑙,蒋抱云治铜,皆比常价再倍,而其人至有与缙绅坐者。②

可见,吴中所制,必较他处为胜。这固然由于苏州手工艺水平较发达,所谓"吴中男子多工艺,事各有专家,虽寻常器物出其手制精工必倍于他所"。③ 然更重要者,因于苏州人掌控着判定"雅""俗"的审美话语权,故其地所出的各类精致艺品更容易成为同类

---

① 王世贞:《觚不觚录》,《指海》第九集。
② 王世贞:《觚不觚录》,《指海》第九集。
③ 沈德潜等纂:(乾隆)《元和县志》卷十《风俗》,《中国地方志集成·江苏府县志辑》14,江苏古籍出版社,1991年。

第二章 收藏与晚明社会生活

器物中的代表性作品。在此种氛围中,苏州的器物及其制造者们才得以不断为当时人所追捧,其间价值更因之被不断推高,从而出现竞购一物"动辄千文百缗"更甚至"咸不论钱"的情况。

除器物外,苏州人的审美话语权力在书画领域也表现得十分突出。凡苏州士人所崇尚的画家画作在江南多数地区都能得到重视。反之,苏州士人不以为贵者,则在江南藏界多处于边缘地位,在交易过程中也无法取得"善价",如前述王世贞所述王弼书法就是一例。更为显著的是,沈周、文徵明、仇英等人的画作被推到难以企及的高度。在苏州鉴评家的笔下,这些人的创制无疑代表着当时画坛的最高水准。因此,这些名家的作品自然成为藏品市场中的"宠儿",不仅真品一纸难求,即便赝作仿笔也颇具销路,如晚明著名鉴赏家、古董商吴升在称颂仇英画艺时称其"得性天之授,餐霞吸露,绝无烟火气习,遂为独绝之品,声重南金。流传于外者十有九赝,肉眼遇丹青炫耀辄遽赞叹"。① 由于在艺坛藏界具有显赫地位,这些艺术创作者从中亦颇有所得。文徵明即曾不止一次感叹求画者众带来的烦恼,但同时其书信等显示,他广泛应对四方需索,并从中获得酬金。苏州画家在收藏界具有的执牛耳地位,不仅表现在文、沈、仇等人的独领风骚,更表现为该地域画家群体在这种潮流中获得了更多肯定,其创制往往成为收藏市场中的翘楚。例如,震泽周祖师法祝允明,其书法颇为时人所重,"喜临兰亭、千文及墓田、官奴、祭伯文诸帖,又喜书楚辞洛神赋及陶诗、谢诗,厥

---

① 吴升:《大观录》卷二十"仇十洲秋原猎骑图",《中国书画全书》第 8 册,上海书画出版社,1992 年。

后声价益高,赝本亦得善直"。① 又如元和陈裸,善作文人画,山水竹石皆有古意,"名流入吴者,争购裸缣素"。②

应该说,基于商品经济的发达与物质材料的充裕,苏州人缔造了一个体系完整包罗极广的精致生活"样本"。其中,有关艺术创作与收藏的导向作用,不仅使其成为四方仿效、膜拜的对象,更因而使本地域的各类艺术创作具有了垄断性地位,并使相关从业者从中获益。简言之,苏州人在创造收藏风向的同时,垄断了对艺术审美的评判,并因之垄断由此产生的经济利益。需要注意的是,在此种风习形成过程中,别样的声音始终存在。苏州以外的一些专业鉴评家或收藏家对"苏样"并不买账,他们对苏州藏界的审美标准亦颇不以为然。例如,吴县人徐有贞的书法受到苏州人追捧,而著名徽州鉴赏家詹景凤则认为"徐字大可笑,而吴人乃标榜以为大书家"。③ 又如,明初沈度、沈粲所制"台阁体"书法盛行一时,至明中期,苏州人以祝枝山、王宠之字为贵,二沈遂渐至无闻。对此,浙江藏家孙鑛颇为不平:

> 二沈弘治以前天下慕之,弘治末年语曰"杜诗颜字金华酒,海味围棋左传文",盖是时始变颜也。余童时闻人说沈,今人或有不识,想吴子然耳,出吴境即希哲、履吉恐亦有不识。④

---

① 沈彤等纂:(乾隆)《震泽县志》卷二十《艺能》,《中国地方志集成·江苏府县志辑》23,江苏古籍出版社,1991年。
② 沈德潜等纂:(乾隆)《元和县志》卷十《风俗》,《中国地方志集成·江苏府县志辑》14,江苏古籍出版社,1991年。
③ 詹景凤:《东图玄览编》卷三,《中国书画全书》第4册,上海书画出版社,1992年。
④ 孙鑛《书画跋跋》卷一"沈民望书姜尧章续书谱",《文渊阁四库全书》第816册,第31页。

第二章 收藏与晚明社会生活

"出吴境即希哲、履吉恐亦有不识",此种说法显然有些夸张不实。客观来说,台阁体的消亡及祝、王作品的时兴皆有其艺术发展内因,但在当时,苏州人的倡导的确发挥了很大作用,二沈的湮灭无闻不可谓不是苏州人推动的结果。因此,孙鑛所论虽难免有夸大成分,但亦足以表现其对苏州人把持艺术鉴赏的愤懑情绪。

更突出的矛盾出现在绘画领域,其集中表现为关于"浙派"与"吴门"的争议。在苏州地区,藏家们对吴门绘画极为推重,而对浙派及其画家则难免有所贬低。例如,晚明昆山著名藏家张丑在评论文徵明画作时称:

> 衡翁画本满世,未见卓然惊人者,第其一段文雅之趣,翩翩自溢毫楮间,有非戴进、陆治辈所能仿佛,故士人争相购求,以为奇玩。①

与此种论调相反,孙鑛在评论中称:

> 吴中惟石田画咸曰神品,今司寇公亦曰画圣。此翁画赝本最多,然余亦曾从赏鉴家获睹一二真迹,其气韵神采信不凡,第用笔终觉粗于书家,乃行草也。宋人谓元章无楷,石田翁未免坐此矣。②

不仅如此,孙鑛还从他人说法出发对画家作了简要评论:

> 余少时曾问一画师曰:我朝画何人第一?渠答曰:戴文进。乃吴子论殊不尔然,其所推重者无过启南。③

---

① 张丑:《清河书画舫·皱字号第十二》,上海古籍出版社,2011年。
② 孙鑛《书画跋跋》卷三"石田山水",《文渊阁四库全书》第816册,第104页。
③ 孙鑛:《书画跋跋》卷三"戴文进七景图",《文渊阁四库全书》第816册,第103页。

很显然，孙鑛所论意在抬高"浙派"代表人物戴进而贬低沈周，其用意并非反对沈周个人，而是旨在反对苏州人在收藏领域一统天下的局面，即对所谓"吴子"所论加以驳斥。如果说，孙鑛来自浙江，其立论难免同样有偏爱乡邦画派之嫌，那么，詹景凤的持论应属较为公允。一来詹氏本人为万历间海内公认的书画鉴赏大家，其所见各家书画不知凡几；二来其人非吴非浙，不牵扯任何地域偏见，对画作的评判应更为客观。对于浙派与吴门之争，詹氏评论认为：

> 然戴画之高，亦在苍古而雅，不落俗工脚手。吴中乃专尚沈石田，而弃文进不道，则吴人好画之癖，非通方之论，亦其习见然也。①

可见，詹氏并未直接对戴、沈画作孰优孰劣做出评判，而是意在表明戴进所绘自有优长之处，而吴人专一推崇沈周而将戴进弃之一旁，此种做法不仅对画家不公平，且更显得苏州人的所谓"好画"有所褊狭，未能做到全面而客观。

然而，此种争议基本存在于专业的艺术领域，对晚明的收藏市场并未构成太大影响。苏州的风尚潮头位置始终未有动摇，各地藏家仍旧一贯热切地追求着该地区的文人作品。在利益链的牵动下，文人作者呕心沥血为市场奉献出大量作品，同时，他们为自身亦为苏州地区的艺术品制作、销售行业创造了无限商机，使苏州长久得以从收藏经济中获益，其正如范金民先生所论"（苏州人）引领

---

① 詹景凤：《东图玄览编》卷三，《中国书画全书》第4册，上海书画出版社，1992年。

着消费市场,并在日益扩大的市场份额中谋取着随时尚而来的丰厚回报"。①

六、"徽人导之"——商人阶层的参与

在江南地域收藏发展历程中,晚明时期市民阶层的"广泛"参与是区别以往的重要特点。对此,既有研究已给予了一定关注,并将其归因于晚明社会奢侈之风的流行。诚然,市民阶层的参与确为不争的事实,但参与主体的范围是相当有限的。就广大普通民众而言,其忧心于温饱而整日忙于生计,很难有闲暇余力顾及收藏这种高品位的文化活动。因此,仿效文人生活最有力者当属商人阶层。明中期以还,江南地区重商主义抬头,商人阶层在积累雄厚财力的同时,开始追求高品位生活,并谋求社会身份的提升。这些富裕起来的商人,极度希望摆脱富裕无文的粗鄙形象,希望通过对生活进行文人化的改造来完成社会形象的重新塑造,并由此进入文人精英阵营。事实上,这种趋势并不肇兴自明后期,在明中前期,商人这种文化诉求就已有所表露。成化间,学者程敏政在一商人所藏画册上题识称:

> 吴君孟瑄方贾于浙之西,又贾于齐之东,日不暇给。而以雪梅自号。大理卿仁和夏公以词翰名东南,特为隶古作雪梅二字,孟瑄珍之,托善绘者为雪梅之图,又得诸名画山水人物

---

① 范金民:《"苏样"、"苏意":明清苏州领潮流》,载《南京大学学报》(哲学·人文科学·社会科学),2013 年第 4 期,第 141 页。

花鸟之类附之为一册，其所好如此。予窃惑之，以为天下之至清且雅者莫如雪梅，故自昔非幽贞绝俗之士鲜克好之。盖在唐有诗人孟浩然，在宋有处士林和靖，两人者之外未之有闻，其好之难如此。今孟瑄方日走乎舟车坐乎市肆以为懋迁干盅之计，则凡其服饰之华也，燕饮之盛也，子女声乐之繁且丽也，孰曰不宜，顾乃翛然有所羡乎，其彼而漠然无所为乎？其此且托情于画史毫素之间，将役其心于澹然无营之地而不可得也……孟瑄，吾邑巨家子，性情清雅可与之谈，亦能绘事而不欲以自名也。①

据此，画册收藏者为徽州歙县商人吴孟瑄。在该段题跋中，作者并未着重说明吴氏懋迁的业绩，而是以大段文字称述该商人的收藏雅趣。然而，这种表述却是以程敏政内心的疑惑开头。在他的认识中，喜爱雪梅及其相关题材作品原本只是"幽贞绝俗之士"的专利，而商人则是奔走东西，懋迁营利，并追求声色享受之人，这两种追求志趣是如此格格不入。然而，吴氏的表现颠覆了作者此种程式化印象，因而得到格外关注与赞赏。可见，在其时文人阶层的意识中，商人形象与高雅意趣之间的确存在较大隔阂，而恰便是对艺术作品的追求一定程度弥缝了这道鸿沟，使商人获得了与文人阶层平等交流的契机。

至明后期，商人阶层对文人生活尤其是收藏的仿效程度空前加大。不论财力如何，更不论是否真正了解收藏，大大小小的商人们总要用一些藏物来标榜不俗。其如《醉醒石》在刻画衢州某木材

---

① 程敏政：《篁墩文集》卷三七《题跋》"题雪梅画册"条。

第二章 收藏与晚明社会生活

商时说：

> （程某）是个木商,常在衢、处等府采判木植,商贩浙西南直地方,因此住在开化……且自道是个贾竖,不深于文墨,极爱文墨之士,家中喜积些书画。①

另如,根据晚明古董商人吴其贞的说法,在其时徽州人家中,有无艺术品收藏已成为判定该家族雅俗的标志：

> 忆昔我徽之盛,莫如休、歙二县,而雅俗之分在于古玩之有无,故不惜重值争而收之。②

在各色商人群体中,尤以徽商对收藏的执着与投入表现最为明显。这一方面因为该商帮群体财力雄厚且文化素质较高,有一定的文化诉求,同时也因为其以江南地区为主要活动区域,长期受到文人生活方式的浸润影响。总的说来,明后期徽州商人在铸造商业奇迹的同时,亦对收藏赋予了极大热情。当然,徽州商人对收藏事业的投入也经历了一个发展过程。嘉靖中,汪道昆、汪道贯兄弟颇重收藏,时人目之为开徽州收藏之风气者,"其风始于汪司马兄弟"。③ 在汪道昆所著《太函集》中,我们可以找到徽州收藏风气初兴时的人物表现,例如其在为吴伯举所作的传记中称"伯举翩翩有国士风……雅负博古,重购商周彝鼎及晋唐以下图书,即有奇,

---

① 东鲁古狂生：《醉醒石》第四回《秉松筠烈女流芳 图丽质痴儿受祸》,《古本小说集成》第一辑,上海古籍出版社,1991 年,第 116 页。
② 吴其贞：《书画记》卷二"黄山谷行草残缺诗一卷",人民美术出版社,2006 年,第 119 页。
③ 吴其贞：《书画记》卷二"黄山谷行草残缺诗一卷",人民美术出版社,2006 年,页 119。

千金勿恤"。① 据其所记,吴伯举当是一位经商成功富有资产且喜爱收藏的徽州商人。然而,在另一文中,汪道昆却记述了吴氏因喜爱收藏而致生的尴尬,"(伯举)脱遇法书名画,钟鼎敦彝辄倾囊购之,不遗余力。里翁目摄之曰:癖矣,作无益,害有益,何居?伯举置弗闻,购如故"。② 正德、嘉靖之际是徽州商人群体大发展的时期,其资产积聚已达相当程度,但里中务俭约忌虚耗的风俗仍在一定程度发挥影响。正因如此,吴氏花费巨资购置古董被认为是耗费商业发展的财力从事非盈利性质的事业,"作无益,害有益",因而遭到乡人的诟病。然而,与徽商财富的膨胀同步,徽州社会风气也悄然发生改变。大抵与吴伯举同时,徽人王某的收藏经历折射出另一种世态:

(王)承事购古图书若古器不下数千缗。客风之曰:里俗方盛,供具恶用敝器为哉?承事叹曰:全负好古之癖,亦各以志行耳。③

与吴伯举一样,王某也是位钟爱收藏的徽商,其行为也遭到乡人质疑。然推其原因,则截然不同。在王某所处的地域,社会风气不再以俭素为美,精好的服食供具成为人们追求的目标,而古器因形状朴陋与时尚追求格格不入,故而王某的收藏行为也不为人所理解。吴、王二人生活的时代正当徽州社会风气由俭入奢的转折时期,因此,对于收藏行为及其意义,徽州社会人群仍未有所了解,

---

① 汪道昆:《太函集》卷一五《赠吴伯举序》,《续修四库全书》集部第 1346 册。
② 汪道昆:《太函集》卷三七《吴伯举传》,《续修四库全书》集部第 1346 册。
③ 汪道昆:《太函集》卷四五《明承事郎王君墓志铭》,《续修四库全书》集部第 1346 册。

第二章 收藏与晚明社会生活

故而产生出以上的矛盾反响。

明中期后,随着财力的日趋雄厚以及在社会中主导力的不断加强,徽商对如何彰显财力如何经营生活有了更多诉求,其已不再局限于服食器具的较低层面,而转向关乎身心感受与身份构建的相关领域。与徽商交往者,大多非富即贵,这些人凭借特殊的身份与财富打造出时人眼中的"精品生活",而这些都为日益富足起来的徽商提供了第一手的学习样本。例如,汪道昆在回忆吴季子治园的过程时就称:

> 嘉靖中,吴季子以中书直广内,时尚方盛兴作,备游观。中书出入禁中无呵诘,凡诸宫室苑囿台沼山陵靡不历睹之矣……中书退而休沐,雅游诸勋贵间……及其谢光禄归商山,商山席故饶,倾海阳居室大治。会当更始,诸兄则以部属属中书君,于是相王宜操轨物,仿将作授工师,自门庭以及堂皇,莫不爽垲,诸郡中巨室即完美无加焉。①

徽人吴季子因曾任京官,得以出入宫廷并与诸贵戚交往,目睹宫室园囿的富丽,并从中得到启发,归乡后主持乡里兴作,从而创造出在徽州称冠的庭园居室。这从一个侧面反映出,徽人在富裕之后,急切希望取法公认的高端生活模式,并加以炮制,构建自身的生活样式。事实上,这种仿效存在于其生活中的多个领域,而就收藏活动而言,亦属其中的一个重要环节。明中期后,江南成为徽商活动的主要区域。苏州、杭州等地成为徽州商人在江南经商、旅

---

① 汪道昆:《太函集》卷七四《季园记》,《续修四库全书》集部第1346册。

居的"根据地"。也因如此,徽州商人得以与江南文士取得密切联系。无论是出于经商的便利抑或丰富生活的需要,徽商都对与江南文士的交结抱有极大兴趣。但对徽商而言,这种联系不仅要克服因制度观念造成的身份认同的差异,更关键的是,他们须成功掌握士大夫阶层的生活特点与喜好倾向,从而与对方产生足够的共同语言。正如巫仁恕在研究中指出的,"越是社会上层的精英分子,越倾向透过消费的形式,亦即购买特殊的商品,来标志自己的身份地位,于是形成特殊的消费文化"。① 江南文士利用人为创造的消费特点塑造了所谓"品味",借此达到优化自身身份的目的。徽商则以积极融入的姿态,以资财为后盾,努力仿效着士大夫的嗜好品味。这种追求方面的努力,往往较一般文人士夫表现得更为专注更为执着。例如,晚明徽州商人、收藏家吴廷用在回忆其获得董其昌画作的一段经历时称:

> 余庚寅之春入都门,得与董玄宰太史周旋往还,乘间以素绫作横卷乞画,因循阅岁,未能惠教。辛卯秋,以庶常请告南归,余得尾其舟,船窗多暇,始得命管,至黄河乃竟《白云潇湘图》,笔随神运,真不减少元章旧作也。喜极携归,急用装潢并记于后,新安吴廷用卿氏记。②

当吴廷用求画之时,董其昌已是名满天下的书画大家,民间求其片纸毫楮为难事。吴氏则秉持坚韧的追求态度,在京求之近二年未获,竟尾随其舟追索画作,此种对艺术品的热衷程度实非一般

---

① 巫仁恕:《品味奢华——晚明的消费社会与士大夫》,中华书局,2008年,第206页。
② 青浮山人辑:《董华亭书画录》,清光绪二十二年(1896)刻本。

第二章 收藏与晚明社会生活

好事者可比。有着雄厚财力的支撑,加之孜孜不倦的求索精神,徽商中的一些人得以成为时人推许的收藏大家。这些藏家往往有着与文人专业藏家相同的鉴赏能力。对他们而言,藏品不是简单的财富堆砌,而是真正带来精神享受的载体。例如,晚明负有盛名的徽州商人藏家程季白,不仅收藏极广,且所收皆历代精品,其人亦颇具收藏素养,"笃好古玩,辨博高明,识见过人,赏鉴家称焉,所得物皆选拔名尤"。① 关于晚明徽州著名藏家,后文将有专章加以论述。

在文人化生活的感召下,商人阶层倾力投入,使得收藏市场在明中期后愈加火爆。然而,在从事收藏者中,具有专业素质的藏家比例渐小,而买充门面、附庸风雅者愈多,对文人化收藏的追求反而成为一简单粗劣的模仿。其如莫是龙所说:

> 今富贵之家亦多好古玩,亦多从众附会,而不知所以好也。且如蓄一古书,便须考校字样伪谬及耳目所不及见者,真似益一良友;蓄一古画,便须如宗少文,澄怀观道,卧以游之;其它如商彝周鼎,则知古人制作之精,方为有益,不然与在贾肆何异?②

正因如此,徽商虽是公认的"多财翁",在收藏领域中居于越来越重要的地位,但对专业文人藏家而言,他们仍多属富而无知,易成为收藏领域中被欺骗侮弄的对象。如李日华在《味水轩日记》中所记:

---

① 吴其贞:《书画记》卷一"洪谷子山水图绢画一大幅",人民美术出版社,2006年,第59页。
② 莫是龙:《笔麈》,《丛书集成初编》,中华书局,1985年。

里中有朱肖海者,名殿,少从王羽士雅宾游,因得盘桓书画间。盖雅宾出文衡山先生门,于鉴古颇具眼,每得断缣坏楮应移易补款者,辄令朱生为之。朱必闭室寂坐,揣摩成而后下笔,真令人有优孟之眩。项遂自作赝物售人。歙贾之浮慕者,尤受其欺。又有苏人为之搬运,三百里内外,皆其神通所及。①

苏人搬运而徽人受欺,由此可见在收藏领域中,徽人虽因财力而雄踞上游,但其整体专业水准与鉴赏能力难以在短时间内大幅提高,因而其追逐时尚的渴望心理往往被人利用为谋利的良机。但无论如何,文人士绅倡导的收藏生活方式,经由商人大力推动得以在江南铺衍开来。"吴人滥觞而徽人导之",在物质文化盛行的晚明江南社会,收藏事业轰轰烈烈地发展起来。在此背景下,收藏市场亦相应发生着变化。

---

① 李日华:《味水轩日记》卷二,上海远东出版社,1996年。

第三章 藏家与藏物

第三章
藏家与藏物

在宋元私人收藏的基础上,明代江南地区的收藏进一步发展为以文人士大夫阶层为主体的活动。明中期后,江南地区收藏之风的盛行,较大程度上即得益于文人藏家的提倡。在从事收藏的过程中,明代江南文人阶层不仅继承了前代传统,更在藏物拣选、收藏保护等方面建立了系统而成熟的发展模式,创造出"文人化"收藏形式典范,并成为普通社会民众效法的对象,从而助推了江南收藏消费的发展。

一、雅奇共赏——晚明藏家的收藏兴味及影响

纵览江南民间收藏的发展历程,我们可以发现,晚明江南藏家的收藏基调非自明代肇始,而是经长时间积淀,特别是在宋元时期收藏基础上发展而来。宋代,周密著《云烟过眼录》,历数当时主要藏家的收藏情况。其中,绝大多数藏家所藏内容皆较为庞杂。除书法绘画外,其藏品往往包括古鼎彝、金银器、佛造像、古玉器、漆器以及名香奇木等多个品类。即以赵孟頫为例,其自大都返回江南,一次即携带由北方购置之藏品数十件,其中古书画19幅,古玉

制盘、炉、人物4件，古铜炉、铜鼎3件，灵璧石小山2座，以及玉笔格、洮石砚等多物。① 入明后，众多藏家仍延续秉承着兼蓄博收的收藏风格，其藏品亦往往涉及多种材质及多种艺术创作门类。例如，万历中，著名藏家张应元曾撰《清秘藏》，介绍当时流行的各类藏物。其中，张氏曾自叙所藏诸物如下：

> 余前后所蓄古铜则有商饕餮鬲一，蝉纹觚一，有盖彝一，周饕餮雷纹方鼎一，硬凿周公卣一，雷纹尊一，镈钟一，编钟六，汉鹿衔杯一，花素镜六；古玉则有三代羊脂九螭玦一，汉甘青螭玦一，白玉螭玦一，白玉百乳环一，羊脂蟠螭环一，白玉螭头钩大小各一，白玉天鹿一，栗黄玦珑一，青细双钩碾卧蚕纹玦二，栗纹磬一，白玉龟纽印一，宋白玉卧仙书镇一，羊脂数珠一；法书则有宋高宗行书一卷，苏子瞻《食草》，元赵子昂《归田赋》；名画则有唐周昉《戏婴图》，宋人罗汉八幅，画院杂迹一册，元倪云林小景；法帖则有集书《圣教序》，《夫子庙堂碑》，《淳化帖》第六卷；窑器则有官窑印池一，哥窑彝炉一、茶杯一。②

张氏的收藏情况可为晚明江南收藏的一个缩影。藏家们对多种艺术品抱有着浓厚的兴趣。对他们而言，这种兴味倾向不仅可以彰显他们广博的学识及爱好，亦可使他们的藏物成为更为"丰满"的综合体。需要指出的是，在晚明众多专业藏家中，一些人的

---

① 周密：《云烟过眼录》卷三《赵孟𫖯乙未自燕回出所收》，《文渊阁四库全书》第871册，第71页。
② 张应文：《清秘藏》卷下《叙所蓄所见》，《美术丛书初集》第八辑，浙江人民美术出版社，2013年，第246页。

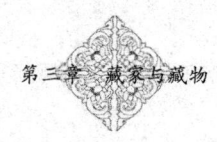

第三章 藏家与藏物

确表现出了较明确的收藏倾向。他们在从事收藏过程中,往往更专注于某类特定艺品,从而使自身更具有专门类藏家的特点。最显著者莫过于松江顾氏,其家三世六人前后相继,致力于搜集收藏古印章。其藏物最盛时,共有古印一千七百余枚,可称专门类收藏的典范。① 即便如此,顾氏也绝非对他类艺品一概排斥。根据潘允端《玉华堂日记》载,潘氏曾多次由顾研山手中购得书画、玉环、笔架、砚山等物。可见,专门性收藏也只是相对而言,此类藏家在强化对特定种类艺品关注的同时,亦未脱兼取多类的一般性特点。

由于收藏业的兴盛,越来越多有志此道者在从事收藏的同时,亦投身撰著鉴赏类书籍,专门介绍各类藏品,以此为藏家提供借鉴参考。根据此类指南类资料,我们大致可以了解明代藏家收藏的主要对象情况。笔者将明初曹昭《格古要论》所记与《清秘藏》进行了简单对比,其结果如下:

《清秘藏》所载藏物种类	玉器 古铜器 书法 名画 石刻 窑器 印章 砚 异石 珠宝 琴剑 名香 水晶 玛瑙 琥珀 墨 纸 宋刻书册 宋绣刻丝 雕刻	《格古要论》所载藏物种类	古铜器 古画 古墨迹 古碑帖 古琴 古砚 珍奇 金铁 古窑器 古漆器 锦绮 异木 金银 异石

据此表,其中个别项目如"印章"为《清秘藏》所有,而《格古要论》所无。这说明,此类为明代后期新兴之收藏项目。万历中,甘旸著《印章集说》,称印章收藏鉴赏起于顾氏,"隆庆间,武陵顾氏集

---

① 黄姬水:《高素斋集》卷十六《集古印章序》,《四库存目丛书》集部第186册。

古印为谱,行之于世,印章之荒自此破矣,好事者始知赏鉴秦汉印章"。① 其所叙也正可与上表所表现的情况相印证。除此之外,我们可以发现,两书虽创制相隔近一个半世纪,但所载藏品门类却未有大的变化。

《格古要论》虽成书于洪武时期,但体现的实为元人的收藏情况。《清秘藏》则创制于明后期收藏鼎盛之际,反映的是其时江南藏家的兴味取向。由此可见,晚明江南藏家的藏物选择实有其文化源流,确可上溯至元代乃至更久远的时期。

虽然,明代藏家的收藏兴味很大程度上承续前代,但并不代表其不具备本时代特征。对"时玩"的鉴评赏玩,正是晚明江南民间收藏的一大特色。一方面,在文人玩赏兴味的影响下,一些原本具有实用价值的生活用具渐变为供携藏把玩的物品。其中,最显著者无过于"箑扇"。明代,在扇面上进行绘画题诗的形式逐渐流行。本属民众尤其是士夫日常随身之物的扇转而成为供创作、欣赏以及收藏的艺术品。经过创作加工的箑扇,其艺术价值往往远远超过实用价值。此风起于苏州,所谓"姑苏最重书画扇"。其时,一柄高档艺术箑扇的制作极为考究。其如文震亨所记:

其骨以白竹、棕竹、乌木、紫白檀、湘妃、眉绿等为之,间有用牙及玳瑁者,有员头、直根、绦环、结子、板板花诸式,素白金面,购求名笔图写,佳者价绝高。②

---

① 甘旸:《印章集说》,《美术丛书初集》第八辑,浙江人民美术出版社,2013年,第158页。
② 文震亨:《长物志》卷七《器具·扇坠》,江苏科学技术出版社,1984年,第291页。

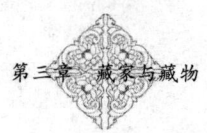

在精良制作的基础上,是否"购求名笔图写"则成为该扇能否最终成为艺术品的关键。明中期后,为人书扇几乎成为众多文士的日常"功课"。一些杰出作者创制的扇面,不论诗文或图画,往往皆成为民间藏家竞相保藏的对象。例如,张大复即曾提及他所见的扇面创作及收藏情状:

> 今之扇箑也,其制出日本,高丽人亦多为之。今尚苏州,故不知所始……见外舅家顾孚承家有陈白阳手笔,兰花、水仙对人欲笑。马勋者见仇十洲为周氏写《六观堂图》,如丝如发,宫室竹树器皿畜牧毕具,堂外广庭不盈咫。庭中母鸡哺数子,嘴距宛然,不碍庭广,其致圆根竦骨,阖辟信手,刘玉台者旧藏颇多。①

一把制作精良、品质上乘的箑扇,配以名人的字画,无疑就是一件杰出的艺术品。其艺术价值与经济价值绝不低于同等次的正式书画。因此,扇面创作渐趋流行,其成品收藏亦不断升温。在此背景下,一些治扇名家得以显扬于当世。在文震亨的记述中明中期以来明制扇名家即有李昭、李赞、马勋、蒋三、柳玉台等多人。其中如李昭,成名于成化时期,专在南京治扇,时人以李昭作骨,王孟仁画面为"二绝"。南京折扇因而得以名冠天下。② 同时,从事扇面绘画制作者亦不断增多,一些人更赖此而为生计。弘、正中,南京通济门内有姚二,其贫居无聊,专以画扇面维持生计。③ 由于从业者众,晚明时扇面创作已千差万别,其佳作愈少而滥竽者多,以至

---

① 张大复:《梅花草堂笔谈》卷十四《箑》,《中国文学珍本丛书》第一辑第十五种。
② 周晖:《续金陵琐事》上卷《折扇》,南京出版社,2007年。
③ 周晖:《金陵琐事》卷三《遇洞宾不善终》,南京出版社,2007年。

李日华曾感叹"近日恶书俗绘,扇头尤甚"。①

应该说,箑扇仅是晚明生活用具艺术化发展的一个缩影。在此时期,由于受到奢雅风气的影响,民间众多生活用具皆不同程度出现了"艺术品化"倾向。中国台湾学者巫仁恕曾对晚明江南民间家具商品化发展进行过细致考察,并提出以"精""雅""奢"为标志的高档化发展倾向。明人王士性也曾指出,晚明苏州民间家具皆崇雅式,"如案头清玩、几案、床榻,近皆以紫檀、花梨为尚,尚古朴不尚雕镂,即物有雕镂亦皆商、周、秦、汉之式,海内僻远皆效尤之"。②崇尚古朴风致,并依周秦的式样,这明显已不再是普通家具的制造,而是一件艺术精品的创作。因此,这些原本为家庭生活而设的基本用品,也往往因而得以进入收藏品的范畴。正如巫氏在其论述中指出的,晚明高档家具已被提升至"古董"或"古玩"的地位。③此外,民间家居所用之盒、匣、杯、盘等物,亦皆精雕细作,而为藏家所推重。例如,徽州黄平沙所制剔红漆器,雕刻娴熟清朗,图案生动美观,一盒价值往往在三千文钱以上;又有徽州方信川,其制漆器创"飘霞砂金""蜘嵌堆漆"等法,亦称精绝。④

另一方面,一些文人常用品亦出现了艺术化倾向,从而在保持一定实用性的同时,具备了艺术化特点,因而得以进入"时玩"之列而成为收藏对象。其中,"文房清供"的艺术化发展最具代表性。

---

① 李日华:《味水轩日记》卷四,上海远东出版社,1996年。
② 王士性:《广志绎》卷二《两都》,中华书局,2006年。
③ 巫仁恕:《品味奢华——晚明的消费社会与士大夫》,中华书局,2008年,第205页。
④ 高濂:《燕闲清赏笺》上卷《论剔红倭漆雕刻镶嵌器皿》,巴蜀书社,1992年,第555页。

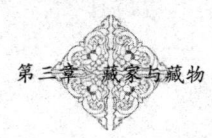

不仅纸、墨、笔、砚,其他如笔筒、镇纸、笔洗、图章等文事用具往往皆被赋予欣赏与收藏的价值。例如,文震亨在谈及书斋所用镇纸时称:

> 镇纸,玉者有古玉兔、玉牛、玉马、玉鹿、玉羊、玉蟾蜍、蹲虎、辟邪、子母螭诸式,最古雅。铜者有青绿虾蟆、蹲虎、蹲螭、眠犬、鎏金辟邪、卧马、龟、龙,亦可用。其玛瑙、水晶、官、哥、定窑,俱非雅器。宣铜马、牛、猫、犬、狻猊之属,亦有绝佳者。①

如此简单的一类器物,其在材质与形制方面即具有如此众多的差异。由此可见,无论对于创制者抑或使用者而言,其本身的实用功能已基本被淡化而蜕化成为较纯粹的供赏玩、定雅俗的艺术品。为追求雅趣,一些藏家甚至提出以古代艺术品直接充作书房用具,对古物赋予一定的实际功能,从而达到艺术追求与实际应用的和谐统一。例如,高濂即曾对古代铜器在书房中的新用途提出若干想法:如觚壶,可用以蓄水,浇灌书房花草;又如式样清雅的彝炉,可为书房焚香用具;再如,古金、铜等材质带钩可为书房悬挂琴、剑、拂尘等之用。② 此外,一些几乎不具备实用价值,而纯以手工精巧及器形美观取胜的艺术品也成为书斋案头的"清玩"。

由上述可见,晚明收藏活动的对象类别是极为庞杂的。由于对各类藏品的认识不同,藏家在选取不同收藏对象时所具有的心态自然也不尽相同。面对不同类别的藏物,藏家必然怀有不同的心理预期与感官体验。笔者认为,藏家在选取藏品对象时,大多具

---

① 文震亨:《长物志》卷七《器具·镇纸》,江苏科学技术出版社,1984年,第266页。

② 高濂:《燕闲清赏笺》上卷"论古铜器具取用",巴蜀书社,1992年,第526页。

有两种主要心态,即"崇雅"与"猎奇"。

所谓"崇雅",即指藏家通过选择收藏对象来彰显自身"博""雅"的品位,以及对雅文化追求原则的遵循。收藏活动本身就带有相当程度的雅趣意味,是公认的"雅"文化消费的重要形式。如前文所述,明代江南藏家希望通过经营收藏达到烘托自身高雅情趣的目的。因此,他们不仅对从事收藏活动赋予极高热忱,更对藏品的选取给予颇多关注。在种类纷繁的艺术品中,他们总要撷取那些形式最为雅致,也最能代表高雅文化内涵者作为收藏的重要对象。成书于晚明的《博物要览》对多类艺品进行了分类介绍。其与前文所提及的《格物要论》《清秘藏》一样,是当时收藏活动的参考指南。在该书中,编者根据一些艺品的器形、纹饰,并结合"雅"的标准,创制了"上赏""次赏"或"上品""俗品"等区分标准。例如,该书在介绍古鼎彝时,将"商父毛鼎""父辛彝"等多件器物列为"上赏",理由是它们"花纹式雅佳美"。而"鱼鼎""周益鼎"等数件则因无花纹,但"式雅",而归入"次赏"。最后,"鸡腿鼎"等数件因"式俗款低"被定为"下品之器"。① 可见,器物是否符合或多大程度符合"雅",通常成为藏家区分艺品的重要标准。在此种"崇雅"氛围下,书法、碑帖、古画以及琴剑等与文人生活十分贴近,甚至带有一定"标志性"的艺品就成为收藏的最佳选择。此外,文房用具如笔架、砚山、笔洗等物,因同属雅物的代表而得到藏家们的大力追捧。甚至,这些器物在"崇雅"旨趣的引导下,渐被改造成为雅致的"清玩",而淡化了其原有的实用意义。文震亨在《长物志》中就

---

① 谷应泰:《博物要览》卷一《志鼎彝》,李调元辑《函海》。

曾提及多类文房用品所应具备的形式特点。例如,其叙"笔筒"时称:

> 笔筒,湘竹、栟榈者佳,毛竹以古铜镶者为雅。紫檀、乌木、花梨亦间可用,忌八稜花式。陶者有古白定竹节者最贵,然艰得大者。青冬磁细花及宣窑者,俱可用。又有鼓样,中有孔插笔及墨。虽旧物,亦不雅观。①

又如,其叙"笔格"则称:

> 笔格虽为古制,然既用研山,如灵璧、英石,峰峦起伏,不露斧凿者为之,此式可废。古玉有山形者,有旧玉子母猫,长六七寸,白玉为母,余取玉玷或纯黄纯黑玳瑁之类为子者;古铜有鋄金双螭挽格,有十二峰为格,有单螭起伏为格;窑器有白定三山五山及卧花哇者,俱藏以供玩,不必置几研间。俗子有以老树根枝,蟠曲万状,或为龙形爪牙俱备者,此俱最忌不可用。②

"崇雅"心态不仅影响了藏家对藏物的选择态度以及藏物创制的发展走势,且进一步导致藏物间出现了"高下"等级之分。这也成为明代江南收藏事业发展区别以往的标志之一。宋元时期,收藏者往往对各类藏品表现出极为广泛的兴趣。虽然,其间难免因藏家喜好而有所偏重,但总体上未出现过度厚此薄彼或抬高一类贬低其他的情况。例如,周密撰《云烟过眼录》开私家藏品著录之

---

① 文震亨:《长物志》卷七《器具·笔筒》,江苏科学技术出版社,1984年,第258页。

② 文震亨:《长物志》卷七《器具·笔格》,江苏科学技术出版社,1984年,第256页。

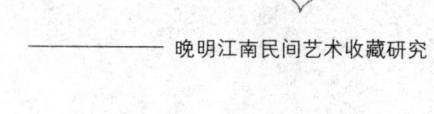

先河。书中涉及藏物种类十分丰富，从书画到铜器、玉器、犀角乃至异域奇异珍玩皆得到全面介绍，而这些物品亦未因种类不同而被区别对待。然而，入明后此种情况发生了极大改观。尤自明中期以来，重书画之风在江南藏界极其盛行。在专业藏家那里，书画逐渐"高出一头"成为压盖其他门类的艺术品类别。作为娱情寄兴的载体，书法与绘画历来为文人所重视。宋元以降，江南人文荟萃，文人名士爱好风雅，每常醉心于笔墨之间，"自晋、唐及宋、元，善书画者往往出于缙绅士大夫"。① 入明后，讲习书画之风更盛，习画、作画、赏画、藏画成为多数文人日常生活的重要部分。书画创作与收藏一度几乎成为文人的专属活动。相关艺术品也因而被文人群体认作最雅的收藏对象。故而，明人藏物类别虽极宽泛，但其间渐有等次之分。对于一些专业藏家、"鉴赏家"而言，书画在各类藏品中居于首要位置。例如，顾起元在谈及收藏时称：

  赏鉴家以古法书名画真迹为第一，石刻次之，三代之鼎彝尊罍又次之，汉玉杯玦之类又次之，宋之玉器又次之，窑之柴、汝、官、哥、定及明之宣窑、成化窑又次之，永乐窑、嘉靖窑又次之。②

晚明著名收藏家李日华也曾应门人之请对历代各类藏品作一评论，其称：

  晋、唐墨迹第一，五代、唐前、宋图书第二，隋、唐、宋古帖第三，苏、黄、蔡、米手迹第四，元人画第五，鲜于、虞、赵手迹第

---

① 谢肇淛：《五杂俎》卷七《人部三》，上海书店，2001年，第138页。
② 顾起元：《客座赘语》卷八"赏鉴"条，中华书局，1987年，第251页。

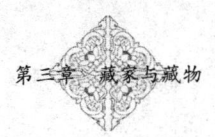

第三章 藏家与藏物

六,南宋马、夏绘事第七,国朝沈、文诸妙绘第八,祝京兆行草书第九,他名公杂札第十,汉、秦以前彝鼎丹翠焕发者第十一,古玉珣璃之属第十二,唐砚第十三,古琴剑卓然名世者第十四,五代、宋精板书第十五,怪石嶙峋奇秀者第十六……①

顾、李二人对藏品的评级分类方法稍有不同,前者简略而后者详细,但二者对于书画的认识态度则是一致的,均将其归为前列,视其为头等藏品。可以说,此种观念在当时江南收藏界具有较强的普遍性。这在明代多家私人著录中也有明显反映。万历中,著名鉴赏家詹景凤著《玄览编》,记述其所见历代书画珍品。在该著作的结尾,詹氏亦对一些藏家的器物类藏品作了扼要介绍,这在明代藏品著录中是极为罕见的。然而,他在介绍其如此做的原因时则称:

> 予详记书画为学也,若古铜嵌玉诸器则玩也,但稍记其一二精极为世稀有者,聊以见昔人制器尚象之趣。②

按照詹氏的说法,书画与其他类藏品有着本质区别。在江南,有关书画的创作、鉴识几乎成为文人必备的基本素质之一。与创作文章相同,书画需要文士们付出较大精力加以研习。除此而外,其他各类艺术品则均属"玩物",是供人消遣把玩的对象。很明显,在专业藏家看来,书画是具备高雅赏格的艺术品典范,其与他类艺品在格调方面存在明显差异。因而,众多藏家每每以征求书画为收藏首务,并因而积累了大批珍贵藏品。应该说,此种现象恰正是

---

① 李日华:《紫桃轩杂缀》卷四,凤凰出版社,2010年,第308页。
② 詹景凤:《玄览编》卷四,《中国书画全书》第4册,上海书画出版社,1992年,第50页。

收藏领域中"崇雅"性群体心态的显著表现。

所谓"猎奇",即指藏家们出于好奇心态,将一些较稀有或具有特殊质地、功能以及蕴含特殊历史信息的物品纳入收藏范围。明代后期,社会风气日渐开放,士人眼界亦有所放宽。他们对以往世代或外部世界往往感到新鲜,并具有探求的渴望。同时,对一些材质、形态以及功能特殊的物品,藏家也极为关注,并以此作为搜罗的对象。在此背景下,众多藏家往往致力于搜求珍异之物。张岱在所著《夜航船》中列"宝玩"一项,下分"金玉""珍宝""玩器"三类。其中,"玩器"多为当时流行之铜、瓷、漆等时玩器物。"金玉""珍宝"两项则多为古史所记或异域所出各类珍宝异物,如"照胆镜""飞燕钗""十二时盘""火浣布"等;①又如,高濂撰《燕闲清赏笺》,除对古书画、铜器等进行讨论外,专设"宝玩诸品"一节,记述历代著名珍宝,如"越王剑""吉光裘""新罗万佛山"等。②虽然,著者称记述此类的目的在于"广闻见",然其实为收藏界中广泛存在的猎奇心态的一种反映。此类异物亦为藏家所罗致,成为其案头陈列把玩的另类藏品。例如,李日华就曾在杭州古董肆中购买暹罗钟磬、文螺、黑桼酒鸱等物。又如,姜绍书曾记其得观友人所藏"火浣布"的经过:

> 戊子岁,友人高文伯自金陵来,示余火浣布一方,色微白,以手抚之,则余粉染指,如弄蝶翅,投之炽火中,移刻布与火同色,然后取出,则洁白如故,了无所损。嗅之,微有膻气,正类

---

① 张岱:《夜航船》卷十二《宝玩部》,四川文艺出版社,1996年。
② 高濂:《燕闲清赏笺》上卷《论古玉器》,巴蜀书社,1992年,第551页。

鼠毛织成。①

在猎奇心态的影响下,更多藏家往往以好古为名,而致力搜集那些传为古人所用,而实则怪诞不经之物。事实上,具有此种收藏心态者古已有之,其如唐人《因话录》所记:

> 有人说李寰建节晋州,表兄武恭,性诞妄,又称好道及蓄古物。遇寰生日,无饷遗,乃箱擎一故皂袄子与寰云:"此是李令公收复京师时所服,愿尚书功业一似西平"。寰以书谢。后闻知恭生日,箱擎一破腻脂幞头饷恭曰:"知兄深慕高贞,求得一洪崖先生初得仙时幞头,愿兄得道,一如洪崖"。宾僚无不大笑。余尝读谢绰宗《拾遗录》云:江夏王义恭,性爱古物,常遍就朝士求之。侍中何勖已有所送,而王征索不已,何甚不平。尝出行于道,遇狗枷败犊鼻,乃命左右取之还,以箱擎送之。笺曰:"承复须古物,今奉李斯狗枷,相如犊鼻"。此颇与寰、恭相类耳。②

"李斯狗枷""相如犊鼻"后常被用以代称收藏中的怪诞之物。虽然此种做法常为人引作笑柄,然假借好古的猎奇心态确乎普遍存在于藏家群体中。此种心态的产生一方面源于藏家对古代未见事物的探奇欲望,而另一方面则因于其嗜古心态的极端异化。如此类事,明代藏家亦往往有之。例如,沈德符就曾记述其在著名文人藏家王穉登处的见闻:

> 一日,予过王斋中,适坐近一故敝黑几。壁挂败笠。指谓

---

① 姜绍书:《韵石斋笔谈》卷下《火浣布》,华东师范大学出版社,2009年,第215页。
② 赵璘:《因话录》卷四《角部之次》,上海古籍出版社,2000年。

予曰:"此案为吾吴吴匏庵先生初就外傅时所据梧。此笠则太祖普赐十高僧,而吾乡姚少师道衍得之,留至今。"盖欲以歆予也。予笑曰:"是诚有之,然亦何异洪崖得道上升油垢幞头、李西平破朱泚破绽衲袄也。"王面頳无以应。①

一般,专业藏家们往往怀有"以物鉴史"的情怀。他们通过收藏古物来印证、发现古史。一些专业藏家经由对藏物进行严谨考证,挖掘出与之相关的历史信息,丰富自身对器物及相关文化的认知。此种风气的流播亦为后世金石考据的盛行奠定了基础。例如,李诩曾记其家后修浚河道,掘出唐代古墓志铭一块。李氏将其收藏,并据其上文字考订出家乡古称,从而证县志记载之谬。② 然而,在"好古"的名义下,一些藏家却过度追求那些世所未见的古代文物。在其认识中,藏物愈古、愈奇乃至愈不为人所认知则愈能彰显其收藏实力与独到眼光。为此,他们在对收藏市场进行大力搜求的同时,更将目光投向古墓等遗迹。其心态行径亦由"好古"而变为"猎奇"。晚明,冢中之物多为藏家所喜爱。例如,高濂即曾对古玉推崇备至,"古之玉物,上有血侵,色红如血,有黑锈如漆,做法典雅,摩弄圆滑,谓之尸古"。③ 名为"尸古",且上有"血侵",可见其必为随葬之器,须赖掘墓而获得。正是受此风气影响,晚明古墓盗掘行为日益猖獗。发冢中所有而为自身所藏,成为相当多藏家搜集古物的捷径。其如李日华所记:

近日士大夫类多嗜奇,不甚原理。市井魁猾又百端炫饰

---

① 沈德符:《万历野获编》卷二六《假骨董》,中华书局,1987年。
② 李诩:《戒庵老人漫笔》卷三《唐大中时墓铭》,中华书局,1982年。
③ 高濂:《燕闲清赏笺》上卷《论古玉器》,巴蜀书社,1992年,第551页。

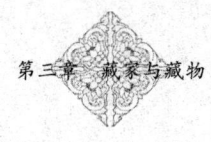

第三章 藏家与藏物

之,使墟墓间细碎璆珞之物皆享上价,可叹也。①

冢中之物能博上价,故而越来越多人铤而走险。江南地多古墓,因之大受其害。不仅如此,陕西、河南等文物萃集之地亦受此影响,发冢掘墓之风甚为流行。据时人所记,江南藏界所聚之商周秦汉古铜鼎彝等物大多来自河南、山陕等地,"山陕出土者,为商彝、周鼎;河南出土者,为汉器,以其地有潟卤,铜质剥削,不甚贵,故铜器有河南、陕西之别"。②收藏者对藏物的需求直接刺激了盗墓业的发展,其情状正如吴履震所论,"天下名人侯王冢墓破掘殆尽矣,有得一器而其值为百为千为万者。人何苦而不破掘哉"。③ 在此风习影响下,一些藏家以"好古"为名,而行"猎奇"之实,将收藏活动导向异化。甚至,一些藏家亲自上阵组织盗掘,如丹阳钟鸣陛曾任河南永城令,任内为求古物而发民夫掘古墓,事露虽遭追责,而所得金罍遂流落众藏家之手。④

在晚明江南藏界中,购藏、赏鉴出土器物已成为常态。如《韵石斋笔谈》所记,兴化李彬斋曾得一古玉卮,为其时新近出土之物,然仅有卮身而缺其盖。后李氏赴京,中途遇一河南古董商人,携古玉一囊求售,而玉卮盖正在其中。李氏急购,遂使珍物得成完璧。⑤由此可见,当时藏家对购藏出土之物已习以为常。更可想见,河南

---

① 李日华:《味水轩日记》卷四,上海远东出版社,1996年。
② 张岱:《夜航船》卷十二《宝玩部》,四川文艺出版社,1996年。
③ 吴履震:《五茸志逸》卷六,上海市松江区地方史志编纂委员会办公室,1998年。
④ 姜绍书:《韵石斋笔谈》卷上《金罍》,华东师范大学出版社,2009年,第183页。
⑤ 姜绍书:《韵石斋笔谈》卷上《古玉卮》,华东师范大学出版社,2009年,第184页。

129

商人所携一囊古玉,极有可能多为出土之物。晚明收藏界中挖掘售卖乃至收藏古物之风盛行,其对收藏市场中藏物的品类地位、交易价格等亦产生了较大影响。其如薛冈所指出,永、宣、成、正、嘉等朝所制窑器与宣德铜炉在晚明收藏市场中极为难求,价格亦昂。相反,古铜鼎彝等出土之物则较易得到,"彝鼎出土者反易致"。①对于这些出土之物的时代、器用等,藏家往往并不了解。其初衷不过据有奇物,足资夸饰而已。例如,董其昌曾有"血侵周玉"一块,不仅藏者自身且其他观者亦罕有识者。② 又如,李日华曾记其与众乡绅饮宴,席间海盐彭对薇出示一古铜器,系"关中掘地而出者"。对该物,举座无人能识,最终其仅为席间谈资以供笑谑。③

综上可见,在宋、元时代民间收藏发展基础上,晚明江南藏家群体形成了系统而独特的收藏兴味,并针对不同种类的艺品生发出相异的认知。此种认知意愿对藏品赏鉴、交易等都产生了深远影响。同时,在收藏高潮背景下,江南一些藏家的心态发生扭曲,以"猎奇""好古"为目的的购藏活动甚嚣尘上,从而导致了民间收藏在一些方面出现了畸形发展的态势。

二、橐囊深浅——晚明藏家资金来源分析

作为重要的文化消费形式,收藏与经济有着密切的关系。藏

---

① 薛冈:《天爵堂文集笔余》,载中国社会科学院历史研究所明史研究室编《明史研究论丛》第五辑,江苏古籍出版社,1991年。
② 吴履震:《五茸志逸》卷八,上海市松江区地方史志编纂委员会办公室,1998年。
③ 李日华:《味水轩日记》卷四,上海远东出版社,1996年。

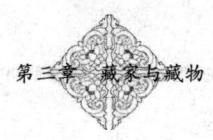

家的财力在很大程度上决定了其收藏量的大小及藏品品质的高低。对于一些长年从事收藏的藏家而言,添置藏品并进行一些相关活动,均需要持续性的资金投入。在晚明,随着藏品交易的火爆,艺术品交易价格不断攀升,这对藏家的经济实力提出了更高要求。因此,如何解决收藏中的资金来源,这对所有热衷此道的人而言都是最实际的问题。同时,对这一问题的分析也将对我们深入考察晚明民间收藏活动,探索其与社会经济间关系有着重要意义。

  在分析藏家个体的资金来源问题之前,我们有必要对晚明江南的经济大环境作一简要评述,以此揭示收藏活动呈现活跃状态的经济性根据。在晚明,藏品交易具有一定特殊性。一方面,其涉及的金额数目较大,并且随着收藏热的升温而不断走高;另一方面,其发生的频率较高。对于长年从事收藏的人而言,在收藏方面交易频率可能会高于在其他方面的投入。以潘允端《玉华堂日记》所载情况为例,万历十五年(1587)三月至万历二十五年十二月间,潘氏共购置艺术品 71 次,花费总计约九百一十两。需要说明的是,潘氏并不以收藏闻名。他的热情更多投放于梨园歌班的经营方面。其所购艺品多属"时玩",古代珍品则相对较少。其最大笔购藏交易发生于万历十五年七月八日,当日潘允端以银二百四十两由古董商沈圻村处购得文王鼎、哥窑瓷器、白定炉等多件器物。即便如此,潘氏的购藏频率也达到了月均 0.7 次,而月均花费则在银八两左右。[①] 与之相比,一些以收藏家之名著称于世者在收藏方

[①] 张安奇:《明稿本〈玉华堂日记〉中的经济史资料研究》,载中国社会科学院历史研究所明史研究室编《明史研究论丛》第五辑,江苏古籍出版社,1991 年。

面的投入更为巨大。如，江南著名收藏家项元汴习惯于将购买书画的价格标注于题识中，此举虽令多数藏家难以接受，但却为后世保留下珍贵的艺术品交易信息。笔者撷取项氏部分藏品的购买价格开列于下，借此管窥其资金投入情况。

	藏品名称	交易价格（两）	资料来源
1	唐女仙吴彩鸾楷书四声韵帖	六百二十	《大观录》
2	赵公震湘乡小景卷	五十	同上
3	黄鹤山樵萝薛轩卷	四十	同上
4	元饶介之仿四家画卷	三十	《江村销夏录》
5	元杨竹西草亭图卷	二十	同上
6	宋元人画六十册	三百	《东图玄览编》
7	宋赵孟坚画墨兰	一百二十	《石渠宝笈三编》

以上所列，相对当年项氏所藏不过冰山一角，然此数件交易价格总计已达千余两，由此可见其时藏品交易价格之昂，及从事收藏所须付出之巨。虽然，我们无法掌握晚明江南藏品交易中资金投放的准确情况，但由这些藏家个案可以窥见，此种活动的开展必然是以较高经济投入为基础。还须注意的是，在藏品交易过程中，除少量以物易物的情况外，绝大多数交易均为真金白银的现金交易。因此，在晚明藏品市场中，白银的周转数量必不在少数。笔者认为，这一状况的存在与晚明江南的经济大环境有一定关系。

正如一些研究所指出，19世纪中期前，中国曾长期在世界贸易中居于主导地位，并凭借在丝绸、瓷器等方面的制造与出口而据有与任何国家进行贸易中的顺差地位。这种贸易优势的最直接体现

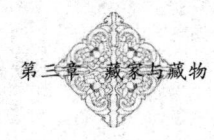

第三章 藏家与藏物

就是白银的不断流入。根据贡德·弗兰克的观察,白银对中国经济的注入曾在 16 世纪中期后一度达到高潮。此种状况带来的刺激作用及其引起的经济、贸易、消费等方面的变化,直接对中国南方造成十分显著的影响。① 这种影响不仅表现为生产制造、商业贸易等领域中银本位性能的加强,更直接体现为民间白银拥有量的整体提升,以及潜在消费能力的增强。与一般生产、生活资料消费不同,文化消费对经济环境更为敏感,也更具依赖性。在多数时间里,它都以单向度的投入为主要表现形式。在传统经济结构中,它虽层级较高,但并不居于核心地位。因此,其很难在高通胀的环境内达到真正的繁荣。收藏领域更是如此,如果没有坚实的经济基础作为后盾,其无法实现市场活力,更不可能造就火爆局面。毕竟,无论藏家抑或古董商人,都只情愿将艺术品与最具"说服力"的白银进行交换。因此,白银的涌入对晚明江南社会消费产生着深远影响,而收藏业更因而获得了跃升发展的有利氛围。

经济环境虽然如此,但藏家个体情况毕竟不同。由于社会地位、职业及经历等不同,藏家在收藏方面表现出的经济实力亦有明显差别。这种差别不仅关乎藏家的藏品规模,更可折射出晚明江南民间收入来源的多样性。因此,笔者将对藏家的资金来源情况试加分析,以此考察不同层次来源与收藏活动间的关系。笔者认为,藏家的经济来源主要分为以下几类:

(一)田产收益。在传统农业社会中,田产经营无疑是最基本

---

① [德]贡德·弗兰克:《白银资本——重视经济全球化中的东方》,中央编译出版社,2001 年,第 225 页。

133

的经济收益方式。例如,沈周家族世居苏州相城,自其祖、父以来,即工书画,喜收藏,并注意蓄积田产地业。虽然,沈周以书画创作多有收入,但土地所得始终为其家族经济的基础。明代中期后,江南土地兼并不断加剧,一些士绅官商不仅为艺术品收藏者,亦为较多土地的所有者。田产经营成为其包括收藏在内生活各项需求的重要经济来源。例如,无锡华氏自南宋以来即以经营田产闻名。明代中期后,依赖雄厚的家资实力,族内涌现多名名冠江南的收藏家。如嘉靖中,华坦通过大土地经营积累富厚资财,时人称其"尽力于田亩,励农振业,茁播以时,仓积输将咸有法程,声生势长日以衍拓。数年之间,累资巨万,田园邸第遍于邑中"。[1] 而其孙正是筑有"真赏斋"的著名收藏家华夏。华氏族中另一重要人物华察,其与子华叔阳皆为名噪一时的收藏家。其家田产规模亦与华坦、华夏一支相侔。据其家传所记,华察青年时家中田产已超万亩。[2] 该记录或有夸张,然就《锡金识小录》中所记华察散财一事,可见其家田产规模之巨:

> 鸿山子起龙举进士,其妇翁王弇洲来,鸿山门下士也。留连三日,临别鸿山执手殷勤曰:"元美何以规我?"弇洲曰:"日月盈亏,天之道也。愿老师减产树德。"学士拱手谢曰:"仁人之言也。"三日后,召主计者,鬻田三千亩赈济孤贫。其能受言

---

[1] (隆庆)《华氏传芳续集》卷十六《华南坡墓志铭》,《无锡文库》,凤凰出版社,2012年。
[2] (隆庆)《华氏传芳续集》卷十六《翰林学士鸿山华先生传》,《无锡文库》,凤凰出版社,2012年。

第三章 藏家与藏物

如此。①

华氏的例子在江南收藏界具有一定典型性。华夏、华察等为兼具大藏家与大土地所有者双重身份的代表。诚然,大土地所有者未必皆专注于收藏,而专注于收藏者未必皆有田盈万亩,跨州联府的土地规模。多数藏家其田产规模较之华氏远有不逮,但相关所得仍可能是日常消费中不可轻忽的来源。例如,李日华在言及嘉兴一带乡绅占据土地情况时称"旧士绅之不充里役,原无限免之数,故田多至数千亩者,不过二三家。其千亩以下或不满五百亩者,往往而是"。②李日华未尝明言其家土地数量,然其有庄园名"白苎庄",其土地当至少亦有数百亩。又如另一重要藏家王世贞,其所有田产规模虽少有记载,但从《梅花草堂笔谈》所记片段中我们可约略觅见其踪影:

> 吾乡傅家旧有石岩花六株。傅君植之数年,每岁花开鲜艳夺目。弇洲先生归其所售田数十亩,取置小楼下,用云母石纸装四壁,花光浮昱,都作映红宝色,此亦风流之极致也。③

以数十亩田地换取六株花卉,王世贞此举在时人眼中固然风雅,但可以想见的是,如非拥有较大数量的田地,其亦很难率意为此而不稍有顾惜。事实上,有能力置办较大田地产业的,除饶于资财的富贾外,则以官绅为多。据明制,士人一旦登第获取功名,则

---

① 黄卬:《锡金识小录》卷六《稽逸·华学士察》,《无锡文库》(第二辑),凤凰出版社,2012年。
② 李日华:《味水轩日记》卷二,上海远东出版社,1996年。
③ 张大复:《梅花草堂笔谈》卷五《石岩花》,《中国文学珍本丛书》第一辑第十五种。

可享受田亩租税等方面的优惠政策。因而,文人官绅皆往往利用此优势攫取土地,以此作为自身射利的重要途径,并进而激化了民间匿产、投占之风。其如董其昌、李日华等,皆起自寒微之家,早年所有不过数亩薄田。然而,其后来皆成为名倾一时的收藏家,这与其特殊身份的取得无疑有着密切关系。虽然其收入来源多样,但田产经营应在其中发挥着稳定的支柱性作用。因此,依赖田产作为收藏经济来源者,往往能够成为江南藏家中的"上层"人物。相反,那些对田产不善经营者,则即便一时负有藏名,然亦难以持久。如曾与董其昌齐名的收藏家韩世能,其因不善经营田产,故身后家业迅速败落,所藏之物星散。又如苏州名士黄姬水,其因避倭乱而居金陵,归乡后则"田园芜没,至不能自给",以至晚年贫寒,不得不典卖所藏敦彝碑帖名画等物。①

(二)商业收益。毫无疑问,此类状况较多发生于商人藏家群体中。明中期后,受世风的影响,越来越多的商人加入收藏群体,并以懋迁所获收益转投收藏领域。在晚明,商人藏家群体经济实力最为雄厚。其中很多人为求藏物一掷千百金而不惜。商人频繁往来聚居的地区也逐渐发展成为江南的收藏中心。例如,徽州商人极重收藏,依仗财力广肆搜求,使江南珍品多集于徽州。又如,扬州为盐商聚集之地。根据李日华的记录,其地商人中颇多好事者,且藏有不少妙绝珍品。② 除此类富商外,一些从事中小规模经营的商人亦耽好收藏,其中虽不乏买充门面者,但专注此道真心讲

---

① 沈德潜等纂:(乾隆)《元和县志》卷二十三《人物》,《中国地方志集成·江苏府县志辑》14,江苏古籍出版社,1991年。
② 李日华:《味水轩日记》卷二,上海远东出版社,1996年。

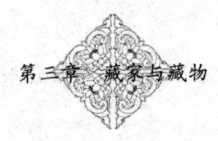

求者亦复不少。他们经商所得有限,然亦往往投资于收藏,而其所得也多有佳品。例如,顾苓在所著《塔影园集》中,曾记苏州有归氏夫妇二人,日间贩卖各类杂物,而晚间则煮茗焚香,观赏所藏名画。其所藏诸物中,不乏黄公望、倪瓒等人真迹。① 另如,李日华所记之徐洪泽亦属此类代表:

> 先生名弘泽,字润卿……产不及中人,亦时采计然什一以佐釜庚。日中既罢,则下帘闭肆,洁一室,炉熏茗碗,萧然山泽之癯也。性嗜法书名画,评赏临摹,日无虚晷,亦时损七箸购藏一二佳者,务悦其意,不以夸容射资也。②

更为重要的是,在一些商人家族中,财富经营与收藏均得到了有效传续。此类家族累世以来以经商为主要途径,积累了丰厚的财富。家族内讲求文艺,重视收藏,商业所得遂不仅支持某个商人个体从事收藏,更成为家族收藏事业整体延续的支柱力量。其如徽州地区之临河程氏、溪南吴氏、城北叶氏、上路杨氏等皆为其中翘楚。即便一些子弟不再经商,但先人经营所得无疑仍是他们从事此种高层次消费的基础。例如,徽州著名官员藏家汪道昆,其家祖、父两代皆从事盐业经营,"以盐筴豪吴越间",积累了雄厚家资。③ 道昆、道会兄弟遂得以专心文事,并力收藏,从而成为开徽州收藏风气之先者。

与商人相比,文人士夫多赖笔墨砚田为生,但其中部分藏家的消费来源同样包括商业性收入。其中最显著者,无过于经营典质。

---

① 顾苓:《塔影园集》卷三《怀古阁记》,华东师范大学出版社,2014年。
② 李日华:《恬致堂集》卷二五《春门徐隐君传》,上海古籍出版社,2012年。
③ 汪道昆:《太函集》卷八五《家大夫行述》,《续修四库全书》集部第1346册。

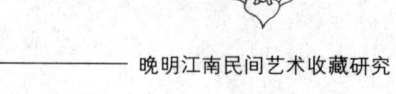

晚明江南放贷取利之风盛行，不仅商人，即一些握有余资的官绅士夫也多从事此业，"闾阎既得过，则武断齐赢，收子母息者益易为力"。① 对于士夫阶层而言，这种营利方式无须劳力费心，只要手有余资即可为之，故颇具吸引力。晚明士人中从事此业者颇多，即藏家群体中如王世贞、李日华、冯梦祯、项元汴等家中皆有"质库"，向民间放贷取息。关于文人藏家开设质库与收藏活动之关系，后文将作详论。在此需要指出的是，此种典押活动带给受典人的利润通常较为丰厚。一般，典押物的典价与市场价往往差异较大。例如，汪道会曾因其子议婚费用不足，而向方用彬典押沈周、周臣二人画作各一幅。虽然，典价几何未有确载，但据汪氏自己所说，希望能"质钱三百文"。② 其时，在苏州、松江等地收藏市场中，仅沈周一幅画作价亦在十两左右。可见，典质活动中存在的利润空间颇为可观。除正常取息外，受典人还可能因出典人无力赎当，即在所谓"绝当"情况下获取更大利益。

（三）创作收益。相较于前两者，此种收益方式最为普遍。其广泛存在于文人群体中，并不同程度地影响着该群体内各层次藏家。此种收益大抵可分为两类：一是文人以交际或交易为目的，创作艺术品并直接取酬。如前文所述，以艺术创作换取实际报酬，此种方式虽长期被视作职业化行为而遭到文人群体的鄙薄，但众多文人创作者虑及生计又不得不从事此道。在江南藏界中，为数众多的文人藏家皆精于创作，其作品往往为一时风尚。因而，不论情

---

① 王士性：《广志绎》卷四《江南诸省》，中华书局，2006年。
② 陈智超编：《明代徽州方氏亲友手札七百通考释》，《火册·〇九八·汪道会》，安徽大学出版社，2001年。

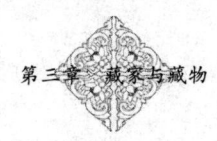

愿与否,他们从事着大量营利性的艺术创作活动。其所得亦成为各类消费的重要经济来源。例如,唐寅即曾公开卖文鬻画,并在专做账册上题书"利市"。① 另一类是文人根据他人要求进行写作而取得的润笔。相比艺术创作,润笔所得更为普遍。毕竟,精于创作并能够得到藏界肯定者是少数,而文墨则是文人本色。文人士夫一旦具一定社会影响,则难免受他人所托撰作传记、墓志铭等。如其声望较高,请托者众且本人创作"勤奋",则其润笔所得是颇为丰厚的。江南文坛领袖著名藏家王世贞就是其中代表:

> 王元美一日在弇园缥缈楼招眉公饮,时坐客有以东坡推元美者。元美曰:"吾尝叙《东坡外纪》,其文虽不为我式,而时为我用,意常不肯下之"。眉公曰:"先生有不及东坡者一事。东坡先生不喜作墓志铭,而先生所撰墓志铭不下四五百篇,较输老苏一着"。先生大笑。②

虽然,该段文字并未指明王世贞撰写墓志铭所得几何,但可以想见,其著作数量如此庞大,所得润笔必不在少数。王氏本人造作名园,富于藏书,并专注于艺品收藏,一应用度必然浩繁,若无大量润笔收入支柱其间,很难想象其能维持如此高标准的闲雅生活。诚然,王世贞以文名冠江南,其受请托并获得润笔的机会必然高于其他文士。但是,对多数文人藏家而言,笔墨耕耘仍是获得日常收入的最主要方式。润笔所得几乎成为他们从事收藏乃至维持生计的主要经济来源。例如,薛冈在谈及日常生活时即称"都门贵交不

---

① 李诩:《戒庵老人漫笔》卷一《文人润笔》,中华书局,1982年。
② 吴履震:《五茸志逸》卷五,上海市松江区地方史志编纂委员会办公室,1998年。

乏,征文之外不可与言贫,乃不佞天性又羞言贫,邸中自给与分给家人之物皆取诸三寸斑管,一橐萧然,了无蓄积"。① 可见,薛冈日常所得皆赖"征文"而取诸"斑管",故时有贫寒之感。薛氏专爱收藏沈周画作,但其在藏家圈中并不算起眼。这无疑主要因为经济来源有限而造成的藏品数量较少。事实上,即便是一些藏界中享有盛名的专业藏家,其对润笔收入的依赖同样很强。例如,《戒庵老人漫笔》中所记都穆、祝枝山收取润笔的情况,可为明证:

  都南濠至不苟取。尝有疾,以帕裹头强起,人请其休息者,答曰:"若不如此,则无人来求文字矣"。马怀德言,曾为人求文字于祝枝山,问曰:"是见精神否?"。俗以取人钱为"精神"。曰:"然"。又曰:"吾不与他计较,清物也好"。问何清物,则曰:"青羊绒罢。"②

由此可见,润笔内容并不全为金钱,亦有可能为具有相当价值的实物。对文人藏家而言,因于其喜好特点,润笔更可能为具备一定收藏价值的艺术品。例如,明初江西某人曾为家人求墓文,而将所藏王羲之作品赠宋濂为润笔;又如,吴宽应另一收藏家吴瑄之请为其撰写传文,遂直接要求以对方所藏古铜器为润笔。③ 随着艺术品价值的不断提升,及其商品价值社会认同的日益加强,其越来越多地被用以当作润笔报酬的抵偿品。李日华在日记中就多次记录了各类人物以艺品为润笔向其征求文字的情况。如项又新曾请李

---

 ① 薛冈:《天爵堂文集》卷十六《与朱定国郡丞》,《四库未收书辑刊》第6辑第25册。
 ② 李诩:《戒庵老人漫笔》卷一《文士润笔》,中华书局,1982年。
 ③ 吴宽:《匏翁家藏集》卷五八《僅斋居士传》,上海涵芬楼藏明正德刊本。

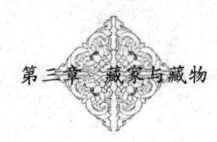

第三章 藏家与藏物

氏为母作寿文,润笔为"黑绿绒一端,靖窑白瓯四只,文徵仲草书《独乐园记》一册,陈白阳花石一幅"①;又如,贺伯闇请李氏为其先父作传,润笔为"二缣书画炉砚"②。毋庸置疑,无论收取金银抑或艺品,润笔在实质上都充当着文人藏家的重要收入形式。与收取现银相比,艺品的取得更贴近文人的喜好,也更具有"雅趣"。同时,对于兼通文字、艺术创作的文人藏家而言,创作书画与写作文章在换取报酬过程中无甚差别,而两者所得皆为润笔。例如,李日华曾提到,吴兴王皞如因慕日华之名,而请其创作行草单条,代价为"紫端砚板一、薛镜二,附以种种为润笔"。③ 但需要指出的是,由于艺品本身在真赝、品质等方面存在差异,因而在被作为报酬时容易出现以次充好,以假当真的情况。例如,古董商王丹林曾以数枚唐代印章赠与李日华,并因以向其征求书画。日华则鉴定其系伪物,并指出"此篆不甚古雅,背纽虽苍绿,近来苏贾药烧伪物甚多,未可信也"。④ 可见,以艺品为润笔相较于真金白银更具风险。故而,收取此类润笔者也基本为"真赏家",即具备相当鉴别能力的专业藏家。

晚明江南藏家的经济来源是较为复杂多样的。以上数种也仅是对藏家情况的大致梳理,尚无法做到全面。尤其就文人藏家而言,其社会面貌多样,可能从事的社会活动较纷繁,因此,其资金来源也绝不仅限于以上数种。譬如,授业课徒所得也往往是其收入

---

① 李日华:《味水轩日记》卷一,上海远东出版社,1996年。
② 李日华:《味水轩日记》卷一,上海远东出版社,1996年。
③ 李日华:《味水轩日记》卷七,上海远东出版社,1996年。
④ 李日华:《味水轩日记》卷四,上海远东出版社,1996年。

的重要部分。例如,冯梦祯在给田艺蘅的信中称自己"但为贫所驱,以教授生徒糊口,常润间出"①。所谓"常润",大概即指其为人属文所得润笔之类报酬,而"教授生徒"则显然是其平日从事的主业。此外,如李日华等人亦在相关记录中记有授徒课艺的情况。不仅如此,晚明士绅往往凭借特殊身份,包揽诉讼,干预地方行政,并从中牟利。此种情况的存在与当事者的地位影响力有极大关系。因此,我们尚很难确定其是否广泛存在于文人藏家群体内。但是,此种隐性收入不仅确实存在且为数颇巨。其能在相当程度上满足当事人从事收藏或其他消费的欲望,因而带有较大的诱惑性。清高如李日华,亦曾在日记中记其曾为人解讼。对于是否收取费用,日华则讳莫如深,只留下"强出,为人排解"数字而已。② 与之相比,董其昌的情况就更为明显。据记载,在因他人请托而成功为某商人脱罪后,董氏曾一次性得到三百两白银的报偿。③ 由此可见,在文人藏家群体中,由于所处的社会层级的差异,以及个人能力的不同,藏家们攫取财富的能力途径纷然不一。有人能够兼具数种,而有人亦仅能依赖卖文为生。就整体而言,处于藏界上层者,往往在社会中亦拥有较高身份地位,资金来源也更加多样。在物欲横流的社会背景下,包括收藏在内的各种消费无不在考验着各色人等橐囊的深浅。在明中期前,因于藏家经济条件而造成的收藏规模差异尚不明显。然在晚明,藏家的资产状况及投资能力

---

① 冯梦祯:《快雪堂集》卷三九《答田子艺先生》,《四库存目丛书》集部第164册。
② 李日华:《味水轩日记》卷四,上海远东出版社,1996年。
③ 吴履震:《五茸志逸》卷八,上海市松江区地方史志编纂委员会办公室,1998年。

则成为其跻身藏界并获得显赫声名的重要依据。

三、藏物之殇——晚明江南收藏面临的诸种风险

在江南,收藏家的层次各有不同,其收藏规模亦千差万别。但对藏家而言,从事收藏事业带来的成就感与文化优越感却是相同的。然而,与任何形式的财富积累一样,收藏也无可避免地带有一定风险。藏物本身的特性,以及收藏传续过程中不可预见的风险,都使藏家与藏物在多方面经受着考验。更重要的是,随着晚明世风的变换以及艺术品商品性能的加强,收藏被置于财富追逐的漩涡中心,从而更增添了产生危机的几率。江南,作为明代民间收藏的中心,在汇聚众多藏家与藏物的同时,亦承载着最为复杂的收藏风险。笔者认为,其主要表现在三个方面:

(一)侵夺之祸

江南藏界积聚了大量珍贵艺术品,这些财富的存在必然招致他人垂涎。在明代,江南藏界曾多次发生利用权势对艺术珍品横加掠夺的事情。成化中,王某依仗中官势力,假借为皇室采买之名,在江南横加征索,疯狂攫取富室官绅所藏珍贵艺术品。此为有明一代江南藏界所遭受的第一次较大程度劫掠。明末,其事被铺衍成为小说,兹摘录其中部分,以此可见当日搜刮之甚。

> 如今人家一幅破画儿、呆字、旧铜炉、破磁瓶,都道是戴嵩牛、韩幹马、吴道子人物、小李将军山水、汉鼎周彝、哥窑瓶碗,借此吓诈。先时有几个怕事的,拿几件来交易,里边也偿他半

价。内中去了官的头除，人役使用，已十不得三。以此人不甚来。他却坐名，某人某样画，某家某人字，某家某器。把自己主翁名下，填上几种。前日去求他说分上不说的大户，不管他有没，名下注一二种，叫他亲送至监领价。先通行苏、淞、常、镇、杭、嘉、湖七府。①

此次事件最终因险激民变而告终。其后，此类对江南藏家的大规模直接征敛未再出现。然而在江南藏界中，依仗权势对藏品进行侵夺之事从未歇止，且因收藏风气的盛行而愈演愈烈。总体而言，有实力为此行径者多为重臣、中官等权贵。

明代前期，朝臣贵戚中虽不乏喜爱收藏者，如杨士奇、李东阳等，但大多仍能恪守雅道。然自明中叶后，收藏之风炽盛，京师朝贵亦受熏染，遂瞩目于此，而每每广事搜求，并欲尽得善品，借此显示其权势地位。其中最显著者无过严嵩父子。严氏父子掌权二十余年间，以征敛财货之心收集天下古玩。其依权势，仗爪牙，对江南藏界中珍品或以价买，或以势夺，席卷北上而入其私门，构成江南藏界又一次较大劫难。其情状一如沈德符《野获编》中所记，"严分宜势炽时，以诸珍宝盈溢，遂及书画古董雅事。时鄢懋卿以总鹾使江淮，胡宗宪、赵文华以督兵使吴越，各承奉意旨，搜取古玩不遗余力"。② 严氏败后，其所藏多籍没入官。文嘉曾受命往阅所籍书画，"凡分宜之旧宅，袁州之新宅，省城诸新宅所藏尽发以观"。据

---

① 东鲁古狂生：《醉醒石》第八回《假虎威古玩流殃 奋鹰击书生仗义》，《古本小说集成》第一辑，上海古籍出版社，1991年，第290页。
② 沈德符：《万历野获编补遗》卷二《伪画致祸》，中华书局，1987年。

文氏所说,此次阅画活动进行了三月余,方才勉强结束。① 由此可见,严氏当国期间征敛规模之巨。

在此类过程中,侵夺者与藏物原拥有者之间势必产生较激烈的矛盾。为逞一己私欲,前者往往于横加夺物的同时构陷、伤害后者,从而实现对藏品永久霸占的目的。一些藏家也因此受藏物之累而招致杀身破家之祸。例如,王世贞之父王忬因隐匿真图,而将赝本《清明上河图》献与严嵩,事露遭严氏报复而身死。其事为江南藏界人所尽知。此外,晚明著名收藏家程季白之死亦为同类典型案例:

> 程嗜古以名不以实,闻定炉之名必欲得之,输价八百。值熹庙间携炉至京,补一中书秩。每挟炉为奇货。同列忌之,因闻之魏忠贤。遣人求之,不得,遂诬以谋逆,下狱身死。古不云乎,匹夫怀宝,乃丧其身。②

除中朝权贵外,江南一带地方镇守官员亦是攫夺艺品的主力。其中,以各镇守内官为最。此辈大多对艺术品毫不精通,但出于聚揽财富的目的,而尽予取予夺之能事。叶权在所著《贤博编》中曾记有内官征索珍宝之事,从兹可见其豪横丑态:

> 闻之长老,正德间,中官毕真者,宁濠党也。镇守浙江时,横甚,视监察御史如佐贰,三司行脚门承顺之不暇。其参随人等,恃势求间阎琐屑入报于真,称缉访奸弊,大为民患。尝求贿唐栖一富家,不如意。适真得珊瑚,长三尺余,夸示其下。

---

① 文嘉:《钤山堂书画记》,《丛书集成初编》,商务印书馆,1937年,第15页。
② 吴履震:《五茸志逸》卷八,上海市松江区地方史志编纂委员会办公室,1998年。

参随因阳不满,曰:此未足奇,向见唐栖某家者高七尺许,扶疏可爱,其色如火,傍一小枝,类石青。顾其家富强,珍惜过首领,不易得耳。真即称被旨取宝,逮捕其家数辈,榜掠必欲致之,百计不能释。或教之,是参随之故,解铃须系铃者,遂以重赂求救于参随。参随为谋曰:此不可以口舌辩。乃令烧琉璃如所谓珊瑚者,贮之朱椟,异以献。真方盛怒其欺以赝物,召参随视之。参随呼千岁,叩头贺得宝。真曰:汝所见是此耶?参随曰:然。真遂大笑,谓参随误,此琉璃也。其家始得释,几破产矣。①

众所周知,明代镇守中官最为地方蠹害。在权势的荫庇下,他们获取了丰富的艺术品,但因于其缺少艺术鉴识的基本能力,且取得藏物的途径不正,故而往往难以得到藏界的承认,被排斥于藏家群体之外。应该说,无论勋贵朝臣抑或太监中官,其攫取艺品的行为本质是相同的。其行径打破了收藏界中正常的藏品转换规律,借由外力对藏界施加影响,迫使藏品在不正常的方式下,脱离原本收藏状态,而为极少部分人所占有。这种做法无疑会对民间收藏事业构成极其不良的影响,客观上阻碍了其自由发展。更重要的是,权贵们的喜好往往对社会风尚构成较大影响。地方官员为讨好权臣,往往不惜千金购求一件艺品。在他们的合力鼓吹下,艺术品的价值往往被人为夸大推高。藏品市场中的正常秩序因此遭到扰乱,盲目浮嚣之气得以滋长,而理性的因素则不断褪灭。而这正是权贵征索带给江南藏界的深层次影响。

---

① 叶权:《贤博编》,中华书局,1987年。

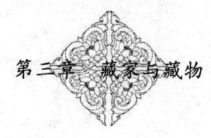

(二)"失续"之殇

江南藏家家庭内部藏品传承"失续",也是造成收藏风险的重要因素。对藏家而言,其穷尽心力,糜费资财得到的艺术藏品,不仅愿供自身长期观览鉴赏,也希望身后子孙能长久保有,以之作为家族财富而历世传续。正因于此,一些专业藏家都着重培养子弟良好的文化修养与收藏习惯,希望他们继承事业,振益家声。在这种努力下,江南地区也确实涌现出不少家族性收藏群体。例如,沈周、文徵明、项元汴、李日华、汪砢玉、张丑等不仅个人以收藏显名,其家族内或祖、父、叔、伯,或子、孙、甥、侄,往往皆有从事收藏者。在此环境中,数辈人共同经营缔造出家族收藏的兴盛景象。然而,相对于藏家整体而言,此类人群并不为多数。在更多情形下,藏家没后其藏物也往往星散。在一种情境中,藏家家庭生活较为拮据,其子孙因困于衣食,而不得不将祖遗之物典卖。例如,吴宽所记吴江虞氏的经历就较具代表性:

> 吴江虞堪胜伯一字克用,宋相忠肃公之八世孙也。贫而好古,藏书甚富,所与往来皆四方名士,一时以诗文简牍相赠贻者动盈箧笥……至其孙湜,始去儒业,先世故物时卖以供衣食费。湜有子权,家益贫,物益卖不已。昆山叶文庄公尝作书止之,力加提携,竟得一官。未几而卒,自是家愈落。初雨虞氏所藏词翰无虑数箧。权卒后,妻子仅以一鱼罾裹置屋梁。今则并其罾亡矣。①

---

① 吴宽:《匏翁家藏集》卷四九《跋虞氏遗墨》,上海涵芬楼藏明正德刊本。

虞氏遭遇令人读来唏嘘感慨,然此类人毕竟迫于贫寒,不得已而如此。与之相比,另一种情境则更加令人扼腕。明中期后,由于商品化的发展,社会中可消费对象愈益增多。如前文所述,致力于收藏者往往具备一定获取经济来源的能力。他们通过努力,大多在家庭消费与经济来源二者间实现了一种脆弱的"平衡"。因此,在表面上看,藏家生活往往是多姿多彩的,征歌选舞,修宅建园,享受各类消费带来的乐趣。然而,此类藏家一旦离世,其子孙往往因不再具备获取经济来源的能力,或不善经营,而又一味维持原家庭消费水准,则脆弱的家庭经济链条短时间内即有可能断裂。为缓解家庭财政的恶化,继续享受奢华生活,典卖家庭资产成为最常见的方式。而在各类被典卖资产中,艺术品往往首当其冲。吴宽在谈及明代中期苏州地区此类情况时称,"今人家子孙往往斥卖旧物以供衣食,甚者为博弈、歌舞之费,殊可叹也"。① 在明代后期的江南社会中,这种典卖先人遗存的"败家"行为屡见不鲜。例如,徽州家族收藏曾盛极一时,然至明末盛况不再,族中存物渐为子孙散去,其如陈其贞所说"余乡商山吴氏,休邑朱氏,居安黄氏,榆村程氏,所得皆为海内名器,至今日渐次散去"。② 陈氏还曾拜访程季白之子正言。据陈氏所见,程正言继承了其父的生活排场,"奢豪与父同风",然财力远绌于乃父,不得不以卖藏物维持,"不能守父故物,多售于世"。③ 在松江,此种鬻卖先人书籍艺品者甚至有了专

---

① 吴宽:《匏翁家藏集》卷四九《题楼氏全清堂诗卷》,上海涵芬楼藏明正德刊本。
② 吴其贞:《书画记》卷三"黄山谷行草残缺诗一卷",人民美术出版社,2006年。
③ 吴其贞:《书画记》卷三"洪谷子山水图绢画一大幅",人民美术出版社,2006年。

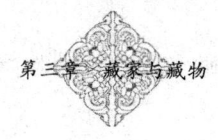

称,其名曰"蠹鱼虫"。①

对藏家而言,其大多希望藏物能够为"子孙永保",但此种藏物的流散在藏界中实为正常现象。惟其如此,藏物也才得以在不同藏家间实现转换。只不过,在晚明商品化社会背景下,此种流转的速度与发生频率皆相应大幅增加。在此过程中,藏物如得以顺利转为其他藏家所有,并得到良好保存,则尚不失为艺品传续的好事。否则,不仅对收藏者而言,对藏物则更为一种劫难。其突出表现为两种状况,一种是继承者不懂鉴识,于艺品价值懵然无知,藏物遂有被毁灭的危险。其如缪荃孙所记:

> "成弘间,江阴葛维善为园亭于定山之上,一时名流咏胜,汇成巨卷。后流落于石桥赵氏,其从嫁女奴携为糊鞋衬具,有知而亟索之,已毁矣。昔梁溪秘氏有北宋名画册。主人去世后,其妾竟剪画作鞋样。一厮养妇偶拾弃余付女,为夫所见,知是家珍,即命妇以糊纸进易,仅得其半,获价不赀。噫!收藏家以书画金汤尽一室之人而时喻之,庶免此俗劫乎?②

另一种情况则为藏家身后,家族中人知藏物之珍贵,故颇生觊觎之心,为争夺珍物而反目,互为仇雠,以至家族丧败。此不仅为物之殇,更为藏者之殇。例如,朱大韶家族争夺玉杯案,曾轰动一时:

> 朱司业大韶,多蓄古玩,以教子升天玉杯为冠,卒无嗣。妇家陆氏构讼及其弟大英,祸且叵测。大英出宝玉为请,讼稍

---

① 吴履震:《五茸志逸》卷八,上海市松江区地方史志编纂委员会办公室,1998年。
② 缪荃孙:《云自在龛随笔》卷五《书画》,人民出版社,2013年。

解,竟拟戍。后大洽子本洽登癸丑进士,官比部,上疏白冤,荣赠得如例。适陆氏子为少年所诱,系松郡狱。其叔詹薄过松,通姻好,归前璧,并侑千金,本洽焚黄时持杯酹父像,立碎之。①

很显然,无论败产或争产,其都与藏家收藏本意相违背,更与收藏活动本身具有的高雅意趣大相径庭。在江南,谨守家族文化传承,珍视先人收藏并不断加以丰富者固然有之,而出于各种原因使家族收藏发生"断续"者更屡见不鲜。尤其在晚明江南社会中,艺术品商品化、财富化不断加深,使越来越多的人对藏品以财货视之,更将先人所藏作为肆意典卖或贪婪争夺的对象。在此种背景下,收藏"断续"的出现,自然在情理之中。

(三)保护之难

除前述两类较为极端的情况外,艺术品在收藏过程中更多地要面临多种环境考验。往往世乱之际,收藏环境遭到严重破坏,藏家生活受到冲击,无法保护其藏物。嘉靖中,东南倭乱,江南多地被祸,一些藏家藏物因而遭难。最著名者如何良俊清森阁所藏之书画大多毁于兵火。更大规模的浩劫发生于朝代更替之际。元、明易代,明、清更迭,江南社会陷入兵燹祸害,众多藏品因之流散毁灭。例如嘉兴项氏家族,其藏物在明末战火中几乎荡然无存,"乙酉以后,书画未烬者尽散人间"。②

---

① 吴履震:《五茸志逸》卷六,上海市松江区地方史志编纂委员会办公室,1998年。

② 朱彝尊:《曝书亭书画跋·项子京画卷跋》,《美术丛书》初集第九辑,浙江人民美术出版社,2013年。

第三章 藏家与藏物

即便在社会安定的"承平"之际，藏品的日常保护仍是较大难题。艺品之藏，首戒盗贼。江南家境殷实的富户较多，容易滋生盗贼。艺术品较之一般金银更易攫夺，因此往往受到更多"光顾"。例如，景泰中，徐珵曾向其好友著名藏家刘珏借阅唐摹《禊帖》一部，竟险些被盗取。徐氏记其事如下：

> 此本乃吾友刘廷美所收者，盖苏武功家故物也……予从廷美借之，试临一过未竟，有盗窃之而去，其夕予与叶及斋、汤东谷会廷美饮刘草窗所，因以告之。廷美无惜言而有惜色。予愧且悔。方共谋使人物色而求之，饮间忽有报得盗者，已而家童果追帖至。①

窃盗猖獗，以至一些藏家不敢再向藏友借取藏物，以免担责。陆深曾向其师李廷相借阅柳宗元小楷《度人经》，然阅后匆匆即还。据陆氏本人在跋语中称，其未敢多留的原因即"夫宝不敢久留，窃恐穿壁飞去"。②

除盗贼外，水火等自然因素构成了藏物保存另类潜在危险。尤其在江南，此类因素造成的防护压力更为巨大。一方面，江南民居木质结构居多，一遇火情则往往难以控制。其如晚明钱谦益所筑"绛云楼"，因多聚书籍艺品而称冠于东南。然清初因不慎烛火，终为祝融所噬，楼中所存皆化乌有。另一方面，江南地卑多湿，特殊的气候条件亦不利于藏品尤其是纸质类藏品的保存。例如，顾

---

① 吴升：《大观录》卷一"唐摹兰亭禊帖真迹"，《中国书画全书》第 8 册，上海书画出版社，1992 年。

② 吴升：《大观录》卷二"唐柳谏议小楷度人经"，《中国书画全书》第 8 册，上海书画出版社，1992 年。

复就曾提到,其曾获观唐代陈闳所绘《二马图》,但因正值雨季,积雨浃旬,该画因而发生霉变,"绢素遍身霉点,为可恨也"。①

特别需要指出的是,与青铜鼎彝、各色瓷、玉器等藏物相比,以书画为代表的纸质类藏品质地柔脆,具有更大的收藏风险与保存难度。在传世过程中,书画辗转于各类藏家之手,其间不仅易遭兵燹灾害之厄,更难免蛀蚀污损之患。因此,历代书画大半漫漶湮灭后世难以复见,得以流传者仅为少数,其情状正如李日华所说"今书、绘二事出古人手者,劫火销炼,仅存千百之十一"。② 明代藏家屠隆曾论及宋代书帖之珍贵,从中也可看出书画流传的艰难,"聚玩家评宋之书帖为最上珍品,以铜玉耐久而书帖易败耳。兼之兵火销炼,或散落俗家,用以覆瓿粘窗,劫会业逢,不知其几。故得之者当宝过金玉,斯为善藏"。③

除传世过程中遭遇的种种劫难外,书画藏品的现实收藏也面临诸多因素的侵害,这些也往往成为藏品毁损的诱因。明人谢肇淛在称述书画保存之难时称:

> 卷子展看一回即妨点污,卷摺不谨又虞皱裂,壁上大幅尤费目力,藏则有蟬蠹之虑,挂则有熏湿之忧,卷舒经手则不耐其劳,付诸奴仆则易至损坏。④

可见,从传世经历到现实收藏,书画都是最易受到损害的藏

---

① 顾复:《平生壮观》卷六《陈闳》,上海古籍出版社,2011年。
② 李日华:《紫桃轩杂缀》卷三,凤凰出版社,2010年,第302页。
③ 屠隆:《帖笺·藏帖》,《中国书画全书》第4册,上海书画出版社,1992年,第765页。
④ 谢肇淛:《五杂俎》卷七《人部三》,上海书店,2001年,第138页。

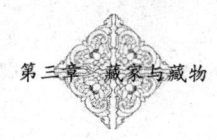

品。在由收藏到玩赏的每一个环节中,任何一点纰漏都可能对其造成莫大损伤。

综上所述,无论仗势侵夺抑或流传失续,都往往带有极强的偶发性。其发生、发展很难得到事先有效预料与防控,更难以依靠藏家自身努力得到避免。然而,水火虫啮等破坏性因素,却主要须依赖藏家在日常保护中采取有效措施加以避免。因此,就如何做好藏品日常维护,江南藏家积累了颇多经验。同时,他们根据江南地域自然环境的特点,创造出相对有效的藏品管理办法。

四、善存之道——江南民间收藏中的藏品保护

晚明,江南民间收藏臻于鼎盛。对藏家而言,如何对所藏物品善加保管并传之久远,这是须当妥善解决的重要问题。根据藏品材质及保护条件的不同,江南藏家所采取的藏品保护方式亦各有侧重。一般,对青铜、瓷、玉、漆等各类器物,藏家们较重视其摆放格局,而相关保护措施则主要表现为对破损器物的修补。明代,江南民间发达的手工艺为该类活动准备了条件。例如,据王士性所记,杭州地区一些手工匠人专能以旧补旧,使破损瓷器重新焕发光彩:

> 官、哥二窑,宋时烧之凤凰山下,紫口铁脚,今其泥尽,故此物不再得。间有能补旧窑者,如一炉耳碎,觅他已毁官窑之器,捣筛成粉,塑而附之,以烂泥别涂炉身,止留此耳入火,遂

相傅合,亦巧手也。①

在传统社会中,手工匠人社会地位往往较低,易为人所忽视。然而,由于江南地区艺术创作与收藏之风盛行,一些精通藏物维修的工匠亦因此得到民间广泛推重,甚至与公卿士夫为友。例如,嘉兴有工匠蒋汝成,俗称"蒋回回",其精通多类器物的修补,"凡珍玩如古铜古窑古琴之类,或有破损,一经汝成修葺完好如初,不可辨隙处,称一时绝技"。②由于技艺精湛,其为众多藏家所延聘,故而得以遨游于公卿之间。据李日华所记,蒋氏最常往来项元汴之门,为其修补古琴破砚及受损之鼎彝等物。③

与器物相比,纸质类藏品尤其是书画的保护方式则更为系统,亦更为精细。这一方面与此类藏品易破损毁坏的属性有关,而另一方面则因于书画在收藏界中的地位。如前文所述,书画在各类藏品中位居"顶层位置"。其拥有情况标志着藏家的鉴赏能力与品位追求。因此,书画往往得到藏家更多重视与更为妥善的保护。明代江南专业藏家对收藏书画的意义不仅有着清醒的认识,更总结创造出一套行之有效的保护方法。其大概在于以下三个方面:

(一)重装潢

装潢,或称装裱、装池、裱褙,是保护、美化书画作品最直接的技术手段,其效果直接关系到书画的保存状况及传世的久远程度,

---

① 王士性:《广志绎》卷四《江南诸省》,中华书局,2006年。
② 黄承昊等:(崇祯)《嘉兴县志》卷十六《丛谈志·方伎》,《日本藏中国罕见地方志丛刊》,书目文献出版社,1991年。
③ 李日华:《味水轩日记》卷一,上海远东出版社,1996年。

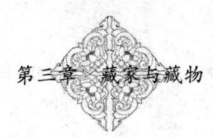
第三章 藏家与藏物

"装潢优劣实名迹存亡系焉,窃谓装潢者书画之司命也"。① 出于对藏品的爱护,明代一些书画藏家对装潢极为重视,往往为此不惜工本。例如,嘉靖时勋臣朱希孝对所藏宋徽宗《雪江归棹图》极其珍爱,不吝重费延聘名家为该画装潢,"以古锦为标,羊脂玉为签,两鱼胆青为轴,宋刻丝龙衮为引首,延吴人汤翰装潢"。②

在江南,书画收藏的持续升温带动了装裱业的发展。一些富有经验的装裱匠人脱颖而出,深受众藏家的欢迎。如前文提到的"吴人汤翰",时人称"汤裱褙",即为当时驰名江南的装潢名手。与汤氏齐名的装裱名家强百川,同样为藏家所推重,其与王世贞等名士往来交厚,"踪迹半在弇州园"。汤、强二人因技艺精湛而在收藏界拥有较高地位,成为江南藏家竞相礼聘的对象。通过时人的记载,我们仍可约略感受到江南装裱业之兴盛及匠人地位之崇高:

> 时有汪景淳于白门得王右军真迹,厚遣仪币往聘汤氏,景淳张宴下拜授装,功约五旬,景淳时不去左右,供事甚谨,酬贶甚腆。又李周生得《惠山招隐图》,为倪迂杰出之笔,延庄希叔重装,先具十缗为聘,新设床帐,百凡丰给,以上宾待之。③

装裱业的兴盛,市场需求的增多,导致相关从业人群的不断扩大。从业者众,其间水平难免良莠不齐。高超的装潢技法固然会对藏品起到保护作用,而庸劣的技能则无疑会对藏品构成危害。谢肇淛曾言及当时书画收藏有所谓"七厄",其中之一即为"拙工装

---

① 周嘉胄:《装潢志》,《藏修堂丛书》第四集。
② 郁逢庆:《郁氏书画题跋记》卷八《宋徽宗雪江归棹图》,《中国书画全书》第4册,上海书画出版社,1992年,第635页。
③ 周嘉胄:《装潢志》,《藏修堂丛书》第四集。

155

潢,面目损失"。① 为使更多藏家了解装裱的相关方法,从而尽量减少拙劣装潢造成的损害,一些手工匠人在从事实际操作的同时,开始注意经验的总结与推广。明代后期,扬州著名裱褙匠周嘉胄著《装潢志》一书,将装裱过程分为13科42条,详细记录了各项工艺步骤及用料。该书为明代江南装潢技艺的集中总结,更是书画藏品保护技术臻于成熟的体现。除裱褙工匠外,一些经常参与装裱活动的藏家也纷纷著书立说,畅谈装池经历与心得。例如,张应文在《清秘藏》一书中著专条讨论"装褫收藏",并极力推崇宋人米芾的装裱经验。其在论及"揭背"时称:

> 元章于古背佳者先过目自揭不开,以干纸印于面向上,以一重新纸四边著糊黏桌子上,贴上更不用糊,令新纸虚绷压之,纸干下自干,慎不可以帖面金漆桌,揭起必印墨也。②

又如,文震亨在《长物志》中对书画装潢所需的节候、材料及技法等均作了详细论述:

> 装潢书画,秋为上时,春为中时,夏为下时,暑湿及沍寒俱不可装裱。勿以熟纸,背必皱起,宜用白滑漫薄大幅生纸,纸缝先避人面及接处,若缝缝相接,则卷舒缓急有损,必令参差其缝,则气力均平,太硬则强急,太薄则失力。绢素彩色重者,不可捣理。古画有积年尘埃,用皂荚清水数宿,托于太平案扦去,画复鲜明,色亦不落。补缀之法,以油纸衬之,直其边际,密其隙缝,正其经纬,就其形制,拾其遗脱,厚薄均调,润洁平

---

① 谢肇淛:《五杂俎》卷七《人部三》,上海书店,2001年,第137页。
② 张应文:《清秘藏》卷上《论装褫收藏》,《美术丛书》初集第八辑,浙江人民美术出版社,2013年。

稳。又凡书画法帖,不脱落,不宜数装背,一装背,则一损精神。古纸厚者,必不可揭薄。①

在众多装裱匠人与收藏家的共同努力下,明代江南的书画装潢技艺有了长足发展。与此同时,江南日渐发达的手工业、商业为书画装潢提供了材料物质支持。明中期后,东南殷富,百货毕具,书画装潢所需的高品质纸、木、绢、锦等材料皆可源源不断自本地市场采办得来。尤其是绢、锦等丝织材料,更因江南丝织业的发达而得到充分保障。例如,苏州出产一种"落花流水锦",其被时人广泛利用为装潢中的裱锦。②周嘉胄在《装潢志》中也提到"嘉兴近出一种绫,阔二尺,花样丝料皆精绝,乃从锦机改织者,固书画之华衮也"。③在物质、人力、技艺等多种因素共同影响下,明代江南书画装潢水平冠绝海内,苏州一带地区更成为书画装裱业的中心,出现了"装潢能事普天之下独逊吴中"的局面。

(二)谨收藏

对书画收藏而言,潜在的危险极多。在江南,除水、火、盗贼等因素外,潮湿多雨的气候成为书画收藏面临的最大难题。针对此种情况,江南的众多专业藏家在吸收历代收藏经验的基础上总结出一系列行之有效的方法。首先,收藏所用藏具如木匣、笥筒之类多以杉木制成,以利祛湿除虫,"藏画之法,以杉板作匣,匣内切勿

---

① 文震亨:《长物志》卷五《书画·装潢》,江苏科学技术出版社,1984年,第175页。
② 项元汴:《蕉窗九录·裱锦》,《学海类编》第102册。
③ 周嘉胄:《装潢志》,《藏修堂丛书》第四集。

油漆糊纸,反惹霉湿"①;其次,在多雨季节做好防潮准备,通过各项手段保持良好的收藏环境。例如,宋诩在介绍书画防潮方法时即称"珍藏古今名人书画,无论绢、纸,凡四五月暨七八月时多降阴雨,遇而顯脱,必用木笥深筒者外布漆之,内露木素,预然炭火,微引烘尽水气"②;再次,逢天气晴好藏品应适时展挂,以便通风散潮,平时则密封保存,避免潮气侵入,"一遇五月八月之先,将画幅幅展玩,微见风日,收起入匣,用纸封口,勿令通气,过此二候方开,可免霉白"。③

除上述措施外,建筑楼阁以藏书画的方式在明代江南藏界也十分流行。楼阁高敞,利于通风,将书画藏品置于其中,可在一定程度上避免潮湿侵害。可以说,此种将书画"束之高阁"的做法对藏品的长久保存十分有利。明代后期,名冠江南的项氏天籁阁、汪氏凝霞阁等皆为此类书画阁的代表。犹须指出的是,自宋元以来,江南就已出现了专门用于避湿存物的"煴阁",明代藏家又根据以往经验对其进行了完善,使其更利于书画等物品的保存:

> 南方暑雨时,药物、图书、皮毛之物皆为霉浥坏尽。今造阁,去地一丈有多,阁中循壁为厨二三层,壁间以板弰之。前后开窗,梁上悬长笎,物可悬者,悬于笎中,余置于格上。天日晴明,则大开窗户,令纳风日爽气。阴晦则密闭,以杜雨湿。中设小炉,长令火气温郁。又法:阁中设床二三,床下收新出

---

① 高濂:《遵生八笺·燕闲清赏笺》中卷,巴蜀书社,1992年,第567页。
② 宋诩:《竹屿山房杂部》卷七"藏设书画"条,《文渊阁四库全书》第871册,第214页。
③ 高濂:《遵生八笺·燕闲清赏笺》中卷,巴蜀书社,1992年,第567页。

第三章 藏家与藏物

窖碳实之,乃置画片床上,永不霉坏。①

明代中期后,江南富庶,文人缙绅讲求城市山林之乐,精于居宅庭园的营造,造园之风蔚然兴起,其与收藏同被视为时人雅好,"嘉靖末年,海内宴安,士大夫富厚者,以治园亭、教歌舞之隙,间及古玩"。② 文人化生活方式的发展,促进了居室庭园实用性与意韵的结合。在此种风潮影响下,传统用于收藏书画的楼阁屋室也渐脱纯粹的功用性能,转而融入庭园整体,成为园林布局的重要组成部分。随着收藏活动在江南地区的日益活跃,书画阁成为越来越多藏家在建宅设园时必须考虑的因素。对其营造方式的关注,已不仅局限于收藏领域,其在园林建设理念中也有相当程度的反映。例如,文震亨所著《长物志》在论及建园修阁的原则时称"楼阁,作房闼者,须回环窈窕,供登眺者,须轩敞宏丽,藏书画者,须爽垲高深,此其大略也"。③ 除楼阁本身外,一些藏家进而关注收藏的外部环境。他们力图通过一系列配套景观的营造,在加强楼阁整体安全性的同时,达到美化、提升收藏环境的功效。这一点在高濂的《遵生八笺》中有着突出体现:

> 阁尤胜,客非佳流,不得入。堂前植碧梧四,令人揩拭其皮。每梧坠叶,辄令童子以针缀杖头,亟挑去之,不使点污,如亭亭绿玉。苔藓盈庭,不容人践,绿褥可爱。左右列以松桂兰竹之属,敷纡缭绕。外则高木修篁,郁然深秀。周列奇石,东设古玉器,西设古鼎尊彝、法书名画。每雨止风收,杖履自随,

---

① 高濂:《遵生八笺·居室建置》,巴蜀书社,1992年,第305页。
② 沈德符:《万历野获编》卷二六《玩具》,中华书局,1987年,第654页。
③ 文震亨:《长物志》卷一《楼阁》,江苏科学技术出版社,1984年,第34页。

逍遥容与,咏歌以娱。①

可见,明代江南藏家并未局限于简单的楼阁营建,而是更加注重收藏大环境的营造。其所创造的不仅是书画的良好收藏条件,更是供文人消遣的清雅意境。

(三) 慎玩赏

对于明代江南藏家而言,书画不仅是简单的收藏品,更是不可或缺的良朋益友。一方面,明代藏家多提倡在居宅、书室等处张挂书画,以增添雅趣;另一方面,藏家们常以观赏、品评各自所藏书画为消遣娱乐。此类藏品遂成为藏家间相互联系沟通的重要纽带。显然,书画藏品在被赋予实用功能的同时,其保存风险也自然相应增加。无论取阅、展玩抑或张挂,书画都将直接面临灰尘、油渍、汗迹等有害因素的威胁。对此,许多藏家亦相应提出了预防措施。

首先,藏品玩赏须得法。正如前文所述,书画藏品质地柔脆,易损难复。因此,在赏玩书画藏品时,藏家不仅需要具备谨慎的态度,更须具备较专业的经验方法,尽量消除玩赏过程中存在的藏品安全隐患。其情状一如文震亨所论:

> 看书画如对美人,不可毫涉粗浮之气,盖古画纸绢皆脆,舒卷不得法,最易损坏,尤不可近风日,灯下不可看画,恐落煤烬,及为浊泪所污。饭后酒余,欲观卷轴,须以净水涤手,展玩之际,不可以指甲剔损,诸如此类,不可枚举。②

---

① 高濂:《遵生八笺·居室建置》,巴蜀书社,1992年,第305页。
② 文震亨:《长物志》卷五《书画·赏鉴》,江苏科学技术出版社,1984年,第147页。

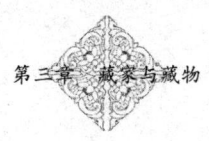

第三章 藏家与藏物

其次,藏品玩赏须甄别参与对象。在江南,民间收藏家为数众多,其间固不乏精于鉴赏专于收藏的专业藏家,而"好事者"、伪藏家也不在少数。对后者而言,书画不过是其借以炫耀富贵附庸风雅的工具。因此,这些所谓"藏家"对藏品保护之道往往漠不关心,对藏品保存之法更极少讲求,珍贵藏品一入其手极易遭到损害。"近来富贵家儿与一二庸奴、钝汉,沾沾以好事自命,每经赏鉴,出口便俗,入手便粗,纵极其摩挲护持之情状,其污辱弥甚。"①针对此种情况,一些专业藏家提出,书画玩赏交流务须择人,对真藏家自然可不必忌讳,而对一些有名无实的庸劣之徒则须尽量回避,"惟遇真能赏鉴,及阅古甚富者,方可与谈。若对伧父辈惟有珍秘不出耳"。②

再次,藏品张挂须定期调换。明代中期后,江南玩赏之风盛行,加之文人化生活方式日益普及,越来越多的书画藏品被用以装点厅堂屋室,成为居宅主人高雅意趣的象征,"用名笔绝妙者一二三幅清致无敌,数宜奇不宜偶,虽大厅堂远深邃多则五幅,然而咫尺之近必观其意思,远到如身处林麓间弥望千里"。③ 书画藏品在充当陈设的同时,极易遭受灰尘等侵害,而定期更换则是对其实现保护的有效手段。"平时张挂名画须三五日一易,则不厌观,不久惹尘渍,收起先拂去两面尘垢,略见风日即珍藏之,久则恐为风渍

---

① 文震亨:《长物志·序》,江苏科学技术出版社,1984 年,第 11 页。
② 文震亨:《长物志》卷五《书画·赏鉴》,江苏科学技术出版社,1984 年,第 147 页。
③ 宋诩:《竹屿山房杂部》卷七《藏设书画》,《文渊阁四库全书》第 871 册,第 214 页。

损其质地。"[①]对于一些收藏宏富的大藏家来说,定期调换不仅有益于藏品的保护,更可为室内陈设增添新意,有利于观览。

综上所述,明代江南民间收藏的蓬勃兴起为藏品保护事业发展提供了良好的社会基础,并成为书画保护步向成熟的关键促动力量。在专业藏家群体中,自觉关注书画藏品保护日渐成为一种习惯。同时,能否妥善保存藏品也成为当时判别收藏是否专业的重要标志。诚然,与现代文物保护技术相比,明代江南书画保护手段尚存在较多缺陷,但相关知识经验势必对后世产生启示影响。更为重要的是,经过文人化生活方式的洗练,明代江南的书画保护兼具技术与艺术的双向追求,最终成为收藏领域中独具特色的艺术活动。

---

① 项元汴:《蕉窗九录·画录》,《学海类编》第102册。

第四章
收藏高潮背景下的江南藏品市场

明代中期以后,收藏由以往文人士夫阶层的专享成为全社会普遍追求的风尚性活动。收藏事业的不断升温使其越来越脱离原本单纯的艺术领域,而更多地向市场化方向迈进。因此,明末收藏活动发展的历程其实也是其市场化不断加深的历程。其间,藏品的交换已一洗原本兴趣相投的文化意味,而更加纯粹地演变成地道的市场商业行为。其运作完全服从于商品交换的一般规律。在供需矛盾条件刺激下,市场也做出了相应的反应,出现了交易价格快速增长及流通速度明显提高等现象。可以说,晚明的藏品市场是绝对商品化的市场,而在这个大背景下,任何有悖于市场发展的因素都将迫使市场内部孕育生发出应对的措施。

一、市场的反响

与宋、元时代的情况不同,明后期江南的收藏领域绝不专属于贵族或文人士夫某一类特定群体,而是最大限度地吸纳了社会民众参与其中。正如巫仁恕在对晚明奢侈消费进行研究后指出的:

晚明的奢侈消费风气与前代比较的话,最大的差别就是过去的奢侈行为,大多只限于上层社会的极少数人,如高官贵族或少数的大富豪;然而晚明的奢侈风气,却是普及到社会的中下层……由此可见,就算是一般的奴仆商贩或是市井小民,甚至是贫民,都有经济能力效法上层社会的奢侈消费。①

当收藏成为社会共同的时尚行为,这种影响必然会首先作用于藏品市场,并促使其发生变化。毫无疑问,这种变化最直接的反应就是市场需求的扩大。从事收藏者日众,自然需要藏品市场以大量可被收集的藏物填补其中。一方面,江南藏家日益增多,收藏领域整体对藏物的需求不断攀升,有增无已。《韵石斋笔谈》所记一段事例,正可说明其时江南藏品消费的潜在需求之巨:

> 嘉靖间,福建许姓者常估于姑苏,过文徵仲玉兰堂,见案上一砚,文颇珍重。许曰:此砚闽广是处有之。文笑曰:此宋贡砚也,乃端溪旧坑,岂易得哉?许知其说,逾岁即携宋贡砚二十方过姑苏。文见大骇。因叹至宝何以若是之多也。文易其四,士人争购之,颇得高价。嘉靖乙卯,许复携三十方欲仍往姑苏以觊厚值,时海上倭寇猖獗,乃客于金陵为都中士大夫所贸,讯其所自,皆由古寺中得之,或见于乡村训塾。②

数十方古砚甫一面世即被抢购一空,由此足见江南市场"消化"藏品的能力之强,亦足见江南藏品远未达到饱和,其间存在着极大的市场空间。另一方面,藏家个体对藏品的需求也在不断递增。明中期后,江南收藏名家辈出,其藏品动辄逾百数。如无锡华

---

① 巫仁恕:《品味奢华——晚明的消费社会与士大夫》,中华书局,2008年,第30—31页。
② 姜绍书:《韵石斋笔谈》卷下《宋砚》,《文渊阁四库全书》第872册,第115页。

夏,其筑有真赏斋,所藏各类书画器物皆不下数百;①又如著名书画藏家张丑,其著《清河书画表》,刊列其家所藏法帖 188 部、画作 356 幅。对于这些藏家而言,珍品已不再是个别"玩具",而是生活中不能或缺的伙伴。因而他们广事搜购,惟求多多益善。项元汴在谈及文房陈设时的一番议论正是这种心态的反映:

> 吾侪斋中日用鼎彝多者不过十具,轮日更替,似觉目前一新。又可递为摩拭,若笥中所藏一二,几案之上日陈岁置,胶柱不移,目视陈陈,易生厌足,固宜于多蓄妙款为佳。②

与其他消费品不同,艺术品不可能被批量创制。即便江南是文化创作最为集中的地区,又有着前代的藏品积累,也无法应对增长迅猛的收藏需求。随着收藏风气的高涨,藏物的供应与需求之间的矛盾也日益尖锐。这种矛盾在市场中直接表现为两类现象:

(一)藏品交易价格的攀升

明中期后,江南地区越来越多的人投身于收藏及藏品交易活动,大量资金被吸纳入藏品市场,民间出现了对藏品争逐竞购的热潮。为求一件珍品,竞购者不惜钱财,动辄花费百金、千金,其情景一如沈德符所说"诸大估曰千曰百,动辄倾囊相酬,真赝不可复辨"③。在此情况下,藏品价格一路飙升,同样的物件在不长时间内

---

① 郁逢庆:《郁氏书画题跋记》卷五《真赏斋铭》,《中国书画全书》第 4 册,上海书画出版社,1992 年,第 613 页。
② 项元汴:《宣炉博论》,《中国古代美术丛书》第二集第四辑,国际文化出版公司,1993 年,第 245 页。
③ 沈德符:《万历野获编》卷二六《玩具》,中华书局,1959 年,第 653 页。

其价格就可能有较大飞跃。如汪砢玉曾在友人家见一汉代天马羊脂玉，该物原为汪父所有，当时价不过五十金，而至汪再睹该物时，其价已大非昔比，"今云百镒矣"①。更有甚者，沈德符家曾藏有柳公权《度人经》一本，极真极佳，为小楷胜迹。其父购得时"值尚廉"，后一再转手，而价已不菲，"辗转数姓，所酬已数十倍矣"。②

在晚明藏界，花费数十金或上百金购买古物，仅数平常。正德间，一幅宋代之前的画作已可卖到数百金的价格，如王鏊曾以五百金购得唐人阎立本所绘《秋岭归云图卷》③；又如陆完购得南唐画家周文矩所绘《文会图》绢画更花费千金。④ 至明末，价格的翻涨愈演愈烈。根据陈其贞的记载，徽州古董商人朱芝台曾将青绿铜器一宗售予溪南王凤，得值一万六千金！⑤ 应该说，藏品价格的无休止上涨超乎了理性范畴，其确为极度尖锐的供需矛盾外在异化表现。

还须说明的是，藏品市场价格的飙升在客观上还拉开了不同身份藏家的距离。愈益高昂的价格对藏家的经济能力提出了越来越高的要求。相比之下，文人藏家因资入有限在购买藏物方面有时显得捉襟见肘，而一些富商尤其是徽州商人则因其具有稳定而雄厚的资金来源，在购藏时更具气魄，也因而能够成为收藏市场中

---

① 汪砢玉：《珊瑚网》卷一"褚河南书枯树赋真迹"，《文渊阁四库全书》第818册，第14页。
② 沈德符：《万历野获编》卷二六《玩具》，中华书局，1959年，第653页。
③ 周道振辑校：《文徵明集补辑》卷二二"唐阎右相秋岭归云图卷"，上海古籍出版社，1987年，第1317页。
④ 吴其贞：《书画记》卷二"周文矩文会图大绢画"，人民美术出版社，2006年，第80页。
⑤ 吴其贞：《书画记》卷二"张僧繇五星十八宿真形图绢画一卷"，人民美术出版社，2006年，第84页。

第四章 收藏高潮背景下的江南藏品市场

的执牛耳者。

对此,我们首先可以通过具体数字来说明。王世贞可谓晚明文人藏家的代表,其在记述入仕后每年用度时称:

> 余举进士不能攻苦食俭,初岁费将二百金,同年费有不能百金者,今遂过六七百金,无不取贷于人。盖贽见大小座主,会同年及乡里官长,酬酢公私宴酿,赏劳座主仆从与内阁吏部之舆人,比旧往往数倍,而裘马之饰又不知省节,若此将来何以教廉?①

王氏在嘉靖二十六年(1547)成进士,按照他的说法,当时每岁消费在二百金左右,这还是其不能"攻苦",如能稍事省俭,则百金即可。可见,二百金的花费可以供一名初入仕途的官员较舒服地过上一年。对比前文所提到的购置藏物情况,我们不难发现,其时购买一件藏品的花费有可能已超过一名官绅一年的生活开支。即便没有超过,十数金、上百金的消费仍会对购藏者形成较大经济压力。

综核明后期江南官绅的经济来源,俸禄、润笔费以及田土、投资商业等所得利润占了主要成分。但正如前引文所表述的,其所得须应对繁杂的应酬开销,更要满足精致生活的需要。因此,即便文人藏家所入不菲,但能够用在收藏方面的资金也较有限。就算对于王世贞这样的大藏家而言,购置藏物亦不为易事。例如,王氏曾购赵孟𫖯手书《济禅师塔铭》一卷,因所费颇多,自慨"月来卖文

---

① 王世贞:《觚不觚录》,《指海》第九集。

钱为之一洗"。①

对于专业文人藏家而言，具备眼力鉴识不为难事，藏品的价格却往往成为其从事收藏的最大障碍。王世贞与其弟王世懋皆为名盛一时的收藏家，其经济能力应算不弱，而财力不如王氏昆仲者更大有人在。万历中，詹景凤在所著《玄览编》中多次记录了因价格因素而错失藏品的经历。例如，其于北京古董市见到赵孟𫖯所绘仿唐人马一幅，卖者索价较高，而詹氏则难酬其值，最终只得促成好友购得之。②又如，詹氏在都下见到徽宗所绘白鹰极为难得，其价也仅六金，而其无力购买，只能转告好友购得；③再如，万历十三年（1585）同是在"长安市"中，詹氏见到张旭《宛陵帖》真迹，不能偿其价，于是将此消息告知韩世能，韩即遣人以二十金购入。詹氏为名噪一时的书画鉴赏名家，数十年间南北奔走，所阅藏品不可胜数，但仍难免囊中羞涩。不仅詹氏，即如韩世能为当时与项子京齐名的收藏名家。然其购入《宛陵帖》的花费也并非全由己出。根据詹氏的记录，是其"力助祭酒下金鱼典子钱家"，即通过向商人借贷才凑齐了价款。④

相比文人藏家的拮据，晚明商人收藏家则显得恢弘大气，于购藏之际常常一掷千金，无所顾惜。王世懋曾藏有宋徽宗绘《雪江归

---

① 王世贞：《弇州山人题跋》卷四《赵文敏书济禅师塔铭》，浙江人民美术出版社，2012年，第99页。
② 詹景凤：《东图玄览编》卷二，《中国书画全书》第4册，上海书画出版社，1992年，第22页。
③ 詹景凤：《东图玄览编》卷三，《中国书画全书》第4册，上海书画出版社，1992年，第35页。
④ 詹景凤：《东图玄览编》卷一，《中国书画全书》第4册，上海书画出版社，1992年，第7页。

第四章 收藏高潮背景下的江南藏品市场

棹图》,被藏界目为神品。后张居正秉政,欲得此物,而王氏甘冒得罪权相的风险拒不交出,并自称如以此图谄事权贵则"有死不能"。① 就是这样一幅藏家誓以死守的作品,未过多年即为徽州巨商程季白购得。可见,在收藏领域,商人的经济能力较之权相威势更具影响力。随着藏品价格的不断提高,商人在收藏方面的优势日益显现。文人藏家在藏品的角逐中渐落下风,每每见珍品落于商人之手。例如,董其昌曾见到宋代赵千里所绘设色《桃源图》,极为喜爱,无奈难酬其高昂价格。后该图为新安吴廷所得,董氏垂涎艳羡之余,亦不无遗憾地称"余无五十城之偿,惟有心艳"。② 在晚明诸多藏家中,董其昌已算是财力颇富厚的,但与徽商藏家相比,仍难望项背。随着藏品价格的不断增高,文人与商人藏家间的差距不断增大。此种情况的发展最终造成文人藏家失去收藏领域的主导地位,而商人尤其是徽州商人则后来居上,凭借雄厚的财力成为该领域的主宰。沈德符所记"比来则徽人为政,以临邛程卓之资,高谈宣和博古"正是这一状况的真实反映。③

(二)藏品流通速度的加快

除价格的迅猛增长外,藏品流通速度的增快也是晚明江南收藏市场中另一重要现象。对比明代前期的收藏情况,此种变化亦表现得极为明显。明前期,多数藏家虽藏物拥有量较少,但收藏时

---

① 汪砢玉:《汪氏珊瑚网名画题跋》卷二七"宋徽宗雪江归棹图",《文渊阁四库全书》第818册,第535页。
② 董其昌:《容台别集》卷四,西泠印社出版社,2012年,第698页。
③ 沈德符:《万历野获编》卷二六《玩具》,中华书局,1959年,第653页。

间较长，一二件珍品经家族数代收藏而未易手的情况较为多见。然至明后期，藏品流通愈加迅速，在藏家间的转换频率远超前代。同一藏品在较短时期内可能数易其手，为多名藏家所拥有。例如，前文提到的周文矩《文会图》初为陆完以千金购得，后胡宗宪命项笃寿购此图献给严嵩。嵩败后，此图又归朱希孝所有。朱没后，图转入古董商人手，而为项笃寿所见，复以重价购得。① 一幅图画两度为项氏所购，中间相隔不过一二十年，其已轮转于多人之手，其速度之快可见一斑。又如，董其昌曾于南京见到《淳熙秘阁续刻》所收禊帖一部，二十年后又于苏州再次得见，他在兴奋之余记录了此二十年间该物的收藏历程，"（其先）为上海潘方伯所得，后又归王元美。王以贻余座师新安许文穆公，文穆传之少子匡君，一武弁借观，因转售之，今为吴太学用卿所藏，顷于吴门出示余"。② 二十年中，这部刻帖不仅在多名藏家间流转，且由上海至姑苏再至歙县，终又复归吴门，其经历不可谓不复杂。

藏物流通速度的加快还对购买者的经济能力、鉴赏水平提出了更高要求。例如，自元代以来，收藏领域形成了一种藏物购置的惯例，即古董商携物上门向藏家推销，对该物品藏家可先留置案头玩赏品鉴，经一段时间辨明其价值高下后再选择是否购买。其中，这段留置时间通常为数日、十余日乃至月余。然而，晚明藏物流通速度的加快缩短了藏物的留置时间。一些被认为是明显具有较高价值的藏品在市场中处于热销地位。经过古董商人的推介，其很

---

① 吴其贞：《书画记》卷三"周文矩文会图大绢画一幅"，人民美术出版社，2006年。

② 董其昌：《容台别集》卷二，西泠印社出版社，2012年，第618页。

第四章 收藏高潮背景下的江南藏品市场

容易就能够为藏家所得。在这种有物不愁卖的情境下,藏家需要在短时间内作出决断,否则极有可能出现珍品稍纵即逝的情况。万历间浙江著名书画藏家孙鑛就曾因未及时出手而与颜真卿《祭侄文稿》失之交臂。他在著述中尤对此段经历恨恨不已:

> 余壬午冬在考功,有贾人持墨本来索二十千,细玩亦是临本而笔意飞动……余绝爱之,疑即是徵仲所临,其装潢甚草草,但一幅纸耳,无二陈跋,有三元人跋,俱不佳。诘之,云陈跋割入他卷,余许之十千,尚欲增未定,因留之案上。数日,时大计事冗,渠来索金,适余仓促无以应之,姑还之。及大计毕问之,则已属殷金吾矣,金吾司徒公长嗣也,即与二十千,余深悔不早与价,至今切切。①

在此收藏环境中,藏家的心态也愈发微妙。一方面,他们希望藏物一旦入手,即能传之久远,子孙永保;另一方面,他们亦看惯藏品旋聚旋散的局面,故也颇以达观自处,强调藏物不过是过眼云烟。当然,不论是子孙永保还是过眼云烟,这都不是藏家一厢情愿所能成就,其在很大程度上依据藏品市场的发展状况。笔者认为,晚明收藏市场中藏品流通速度加快的原因在于,一方面藏家需要藏品的转换来周转资金,从而实现藏品优化。从现有资料看,晚明藏家中,除非财力极为雄厚者可以做到只收不放,多数藏家还是需要在购入藏品的同时售出部分旧藏物以保证资金的充裕;另一方面,社会环境的影响也使得藏物很难为一姓一族长期保有。如前

---

① 孙鑛:《书画跋跋》卷二上"文氏停云馆帖第三卷",《文渊阁四库全书》第 816 册,第 53 页。

文所论,父辈费尽周折收藏珍物,及其身后传至子孙很快便归荡然,散入他人之手。这种情况的出现同样与奢侈风气的影响有着极大关系。父辈开创基业而子孙坐享其成,后人无前人兴家之道,却继承了享受之习,耽于声色,溺于玩好,家财耗尽便继之以典卖藏物。其时,能够数世保有祖遗之物,且续为收藏的家族较为罕见,陈其贞曾记述绍兴朱子祐家自曾祖辈以来即笃好博古,并以收藏著称,更为难得的是后代相守未有缺失,"子孙云礽,世泽悠远","所见各房玉、铜、窑——精绝",因而该家族被称作"江南第一家",由此可见其时此类家族之稀少。① 奢侈的世风使得原本富裕的家庭在不长时间内败落。伴随这种贫富的转换与家族盛衰的陵替,各类藏品也频繁变换着主人。由此,世情的变化在较大程度上对收藏市场发挥着影响,促动着藏物在流通领域中聚散转换的节奏调整。

二、商品化背景下的藏品功能异化

在艺术品出现的最初阶段,其完全被用以表达创造者个性精神,并带给观者审美的愉悦与享受。可以说,其并非天然具有商品性。随着人类需求的增加,尤其是商品社会的兴起,艺术品开始被作为可资利用交换的物品。在近代公众性收藏机构诞生前,多数艺术品多以个人收藏形式得到保存与传承。受社会外部环境以及

---

① 吴其贞:《书画记》卷五"赵松雪古木竹石图绢画一幅",人民美术出版社,2006年,第407页。

第四章 收藏高潮背景下的江南藏品市场

藏家个体因素的变化影响,艺术品的存续状况往往被打破。它们或归于灭亡,或转由其他藏家收存。对于艺术品而言,罕有百年不易之主。艺术品在创作者与藏家,或不同藏家之间流转时,其间虽难免有对知己所作的酬答性赠与,但更多则表现为经过价值衡量后的商品性交易。就这一点而言,除"先天"所有的艺术性外,艺术品又不可避免地具有"后天"经济性或商品性。

在中国,关于将艺术品充作商品进行交易的明确表述,至迟在唐代即已出现。唐人张彦远在其《历代名画记》中曾对当时最负盛名的画家如董伯仁、展子虔、阎立本、吴道玄等人的画作给出了明确价格。同时,张氏还对这种艺术品交易进行了总结性论述,"必也手揣卷轴,口定贵贱,不惜泉货,要藏箧笥"。[①] 可见,在私人收藏兴起之初,艺术品就已不脱商品化的色彩。不惜泉货,为艺术品评定"贵贱"成为藏品向商品转化的重要过程。

明中期后,江南民间收藏市场蓬勃发展。在商品化影响日深的背景下,藏品艺术性与商品性的平衡被打破。随着艺术品在收藏市场中价格不断走高,藏家们对藏品的经济价值给予更多的关注。他们对艺术品的衡量,不再局限于其本身的艺术特点与影响,而更着重其在市场中的"表现力"。例如,著名的收藏家项元汴对藏品的价格就极其在意。其不仅在藏品上标注收购价格,更到了对藏品价值锱铢计较的的程度。其如朱彝尊所记:

> 子长讳笃寿,中嘉靖壬戌进士,入词林,性好藏书,见秘册辄令小胥传抄储之舍北万卷楼。其季弟子京以善治生产,富

---

① 张彦远:《历代名画记》卷二,浙江人民美术出版社,2012年。

能鉴别古人书画金石文玩物,所居天籁阁坐质库估价,海内珍异十九多归之。颇啬于财,交易既退,予价或浮,辄悔,至忧形于色,罢饭不噉。子长侦诸小童,小童告以实。子长过而问曰:弟近收书画有铭心绝品可以霁心悦目者乎?子京出其价浮者,子长赏击不已,如子京所与值偿焉,取以归,其友爱若是。①

项子京好物同于好货,其对藏物不论真赝,一旦认定价浮于物即转卖他人。可见在其心中,艺术品的经济价值凌驾于艺术价值之上,无论在哪个角度都须物有所值。虽然项子京的情况在江南藏界是较极端的例子,其行为也为后世藏家非议,然而,相当多的藏家的确在有意无意间彰显着藏品的经济价值,直接将财货与艺术品划了等号。例如,王世贞曾以一座庄园从书商手中换得宋版《汉书》,并成为收藏佳话。另如,《锡金识小录》所记董其昌收玉一事更能说明此种情况:

  水西在京师见邻人一石,买之,剖得白玉,碾之成盂,真连城也。以此得谤,罢官。子师鲁晚年至无衣食而藏玉盂不轻示人。华亭董元宰其昌谓师鲁曰:以盂归我,当为子买田宅。师鲁持往躬捧以进。逾阙而踬,盂坠地裂为五,伏地大恸。董甚惜之,留慰旬日,赠以百金,为作泣玉诗。②

无锡人华钥(水西)早年得美玉,将其加工制成玉盂。该器物

---

① 朱彝尊:《曝书亭书画跋·书万岁通天帖旧事》,《美术丛书》初集第九辑,浙江人民美术出版社,2013年。
② 黄卬:《锡金识小录》卷九《存疑·华水西钥》,《无锡文库》(第二辑),凤凰出版社,2012年。

第四章 收藏高潮背景下的江南藏品市场

被董其昌看中,并以"买田宅"为承诺欲购得之。虽其最终未能如愿,但从此事可见,珍贵的藏品其价值已不单单是数两或十数两银,其直接可为藏家换回良田美宅。上例中,华氏藏器跌损后尚获赠百金,可以想见,如其无恙华氏所得无疑更为不菲,其居贫的状况也必因而得到根本改观。由是可见,明后期收藏领域中艺术品的经济价值得到前所未有的高扬。对藏家而言,一件藏品不再仅意味着单纯的艺术功能,而意味着金钱、田地、庄宅等。王世贞、董其昌等作为明后期江南"风流领袖",在收藏界更被目为深具"法眼"的"真鉴赏",其行为在收藏界乃至整个士群皆有较强影响力。他们不惜重资不吝财货购置艺术品,其行为在为人们津津乐道的同时,更刺激了广大消费群体对艺术品经济价值的追逐与关注。众多藏家步其后尘,在收藏领域中一掷千金,将鉴藏领域变为角逐财力的擂台。

应该说,艺术品经济价值不断得到彰显,正是商品性加强的必然结果。在一定程度上,艺术品渐离原本依存的艺术领域,转而将商品领域作为主要展示与流通的舞台。其购藏也因而渐离原本专业化的规范标准,转而服从于商品领域中的规则。此种情况势必导致两种结果:一方面,由于商业运作规则代替了艺术标准,使从事收藏的专业性大大降低,多数原本对艺术品收藏缺乏专业鉴识技能的人亦能参与其中,并利用商业性标准如价格高低等来判别艺术品价值。也正因如此,明后期江南收藏群体尤其是所谓"好事者"伪藏家群体大大膨胀;另一方面,受藏品商品化影响,收藏界逐渐形成一种普遍性认知,即艺术藏品蕴含着较大经济价值,拥有藏品不单纯意味着拥有了艺术,同时也意味着拥有了财富。可以说,在最大程度上将艺术品等同于经济财富,这是明后期江南藏界与此前时代最突出的区别所在。在此背景下,越来越多的人意识到从事艺术品收藏或购销不再仅仅是追求艺术的行为,而是极具丰厚利润的活动。收藏可以成为高回报的经济性活动,这种观念逐渐渗透进了当时江南收藏领域,并为越来越多人所接受。例如,徐渭在为藏砚所作铭文中就有如下记述:

> 出歙西门,步长桥,望黄山群峰插天如剑戟。入门就小肆,用钱二百五十货得此石,云纹而宝沙,照日中瑟瑟若东夷所銮屏扇,然以墨易胶,稍干为磁吸铁,龙尾之佳者也。时王仲房赏之曰:转博可得钱千五百。久之,歙客从狱中持归为余研,两期而复璞以来,余将寄斫于吴,而先铭之如左。①

在所题铭文中,徐渭回顾了他在歙县购石制砚的经历。其中,作者提到,他的一位好友王仲房在欣赏砚石的同时认为"转博"可得厚利。显然,作者并无意将其转卖牟利,引述此语也旨在印证自己眼力非凡。但由此可见,在江南收藏界中已有一些人习惯于以商品价值的眼光来衡量艺术品。在收藏领域中,如王仲房者并不鲜见,他们对艺术鉴藏的钟爱不再建筑于兴趣喜好之上,而更关注艺术品作为投资对象所具备的投资潜能与利润空间。以往,将艺术品作为商品进行交易并追求其利润者,多为形形色色的古董商人,然而在明后期越来越多的普通收藏者也加入其中。嘉靖中,文士张时彻在其著作中记述了一位普通商人的投资经历:

> 吴人有好古者,尽券其田产以市场古书画,罔利之徒,呼

---

① 徐渭:《徐文长三集》卷二十二《铭》,中华书局,1983年。

第四章　收藏高潮背景下的江南藏品市场

啸而趋焉,挟持丹青图史之属,伪为前代款识,及门无不售也。然真者十之三四,而赝者十之五六,率数倍而与之直。所知或语之故,反以为诳己也而不听,乃载以大舟从群仆而游于上都,陈之广肆,终岁不售也。乃易古器焉,凡尊罍彝鼎刀剑环玦之属罔不毕集,其真者十不一二,而赝者十之八九。又数倍而与之直,舟载而归。久之,益不售也。资用日绌而衣食不继……既而,吴人死。其子日持其遗器以泣,卒不得售。①

很显然,记述中的主角是一位古玩领域中失败的投资者。其倾尽所有购求艺术品,目的不仅在于收藏,亦为"游于上都"而"陈之广肆",即在收藏同时将藏品出卖以博善价。虽然,其因不辨真假而最终受欺破产,但究其过程,其无疑是将艺术品作为可资兴利的对象。其人并不是一名专业古董商人,更不是一名专业藏家,但他确乎将艺术品作为收藏与投资的对象。此种对藏品双重属性的认识观念在明后期的江南藏界有着相当程度的普遍性。

除作为投资对象外,由于商品性与经济价值的高扬,艺术品在普通生活领域也发挥着越来越广泛的作用。其中,以艺术品作为典押物就是最显著的表现。明代中期后,江南地区经济生活中的典当质押活动愈加频繁。其时,除专营典业的商人外,一些富有余资的文士官绅家中也多设有"质库",接受民间各类典质,放贷取利。在这些文人质库中,往往不乏古书画、古器物等。项元汴、王世贞、董其昌等收藏名家家中均曾设有质库,于放贷取酬的同时,

---

① 张时徹:《芝园外集》卷十二《说林十二·好尚林》,《续修四库全书》子部第1123册。

更以此方式获得不少有价值的艺术品。如王世贞在追述获得赵孟
頫书《千字文》的经历时即称:

> 新安吴生以赵文敏篆书《千文》乞余跋,文敏此书极精整
> 有意,出徐骑省、周右丞上。绢素用织成乌丝栏,是南渡后修
> 内司物,目所未见。吴生别之二岁所,乃在余质库中,惊问主
> 事者,生质之得四十金,用为豪具,径去不顾矣。①

将艺术品进行质押,这在晚明江南收藏界中是很普遍的现象。
行此道者,不仅有收藏家亦有古董商人,而他们选择质押交付的对
象也人多喜爱收藏并懂得鉴赏。例如,晚明的著名藏家李日华在
其《味水轩日记》中就多次记载了他接受各色人等提供艺术品质押
的过程,笔者就其中摘录数则如下:

> (万历三十八年)二十七日,霁,盛德潜以柯丹丘藏砚一,
> 质余金一环去。②

> 十三日,盛德潜卒于王家桥坊从子之居。至是,其从子以
> 所遗哥窑洗一,围径五寸。倭漆香炉一,木外,砂填里,甚
> 轻……以是质钱,勉应之。③

> (万历四十年十二月)八日,夏贾复持文征仲《秋林曳杖
> 图》来质银。④

除文人官绅的"质库"外,典铺也成为接受艺术品质押的重要

---

① 王世贞:《弇州山人题跋》卷四"赵文敏公篆书千文",浙江人民美术出版社,
2012年。
② 李日华:《味水轩日记》卷二,上海远东出版社,1996年。
③ 李日华:《味水轩日记》卷二,上海远东出版社,1996年。
④ 李日华:《味水轩日记》卷五,上海远东出版社,1996年。

第四章 收藏高潮背景下的江南藏品市场

场所。嘉靖中,徽州商人方用彬主营典当,其人喜收藏并精于制墨,与当时众多文士如汪道昆、汪道会等多有往还。在其与亲友往来的信札中,多次提及接受艺术品典押的情况,兹举数例如下:

汪道会来函:

> 沈石田、周东邨画二种愿质钱三百文为盼,犬子议婚,费出不足故也。①

方大汶来函:

> 前日蒙假之物尚不足用,深感厚情,铭刻铭刻。今有墨庄山水一幅、杨维桢字一幅,原得重价。维桢系元时名人,雪窗兰一幅,亦古名僧画。欲当银五六两,望乞俯从,足见爱厚。前数画皆弟所钟爱者,不致当绝,容来年归时必取也,幸勿吝,更感更感。②

汪道贯来函:

> 虎臣欲凑一便产,急用四十金。同袍莫逆,义当相助。不佞已为措置十数,仍三十数,自任廿,欲求足下那处十两。朋友非急不敢归足下,愿力为一处。倘足下无长钱,彼携骨董十余金当足下处,足下或以他当头转当十金以应其请也。此事虎臣专属不佞,故敢唐突,惟即为留神,至望至望!

汪道贯来函:

> 少廉昨至舍云,向以首饰数件当在宝铺,今因在彼令甥女

---

① 陈智超编:《明代徽州方氏亲友手札七百通考释》,《火册·〇九八·汪道会》,安徽大学出版社,2001年。
② 陈智超编:《明代徽州方氏亲友手札七百通考释》,《火册·〇三四·方大汶》,安徽大学出版社,2001年。

179

上头,初六日要用,俍弟代为一处。弟欲将画并窑器盌代彼压出,适画不在手边。少廉与公家通家相处,日后必不负期。倘蒙体惜,今日令彼立一领约,权将首饰付还,容弟作中,限日将本利来取,则既足以济彼之急,而弟亦有光矣。①

以物作典,这一行为本身就已超越了艺术范畴,直接将典押双方的默契建立在押品的经济价值基础上。一方面,作为承典人,方用彬虽喜爱收藏,但身为商人其必然明晓典物的市场价值及其具有的潜在交易利润。换言之,如果艺术品的经济价值在社会间缺少较普遍的认同,即便是好友相托,作为商人的方氏也很难接受;另一方面,作为出典人,因生活用度等方面的需要而将藏品典押,其本身也看重了该物在市场中的经济价值。同时,出典人在典物的过程中,遵循的不再是对艺术品时代、作者、内容等的鉴识判定,正如前引方大汶信中所提及的,出典人对书画的时代作者简单加以介绍,意在说明该物具有相当价值,并希冀以此引起承典人的注意,目的仍是尽量多获取典资。然而,这大多属于出典者的一厢情愿,典价如何无疑取决于承典人对价值利益的判断。即便真正具有较高艺术价值的藏物,一经进入典质流程,就意味着其已下降成为普通的商品,而价值衡量完全以商业典当的规则为依归。对此,出典人也只能无奈接受。著名收藏家詹景凤曾致信方用彬恳求当物换银,其在信中称:

比来欲下金陵了监事,苦无阿堵物可行。前已面言吾丈

---

① 陈智超编:《明代徽州方氏亲友手札七百通考释》,《日册·○○七·汪道贯》,安徽大学出版社,2001年。

第四章 收藏高潮背景下的江南藏品市场

蒙许,今奉上诸物,约值八十余两,当三十余两,至感至感。其利一听铺中旧规,明春夏来取。恃爱缓颏,求为委曲一处。此得应手,感不可言,无论雪中之炭尔也。①

或许,在作为藏家的詹景凤眼中,他的藏物至少价值八十余两,然则付之以当,则仅求三十余两,且须再三向方用彬致意表示感谢。可见,选择以藏品进行质押的人,多半出于无奈,他们要以藏品换回银钱,就必须忍受艺术价值与经济价值相剥离的现实。与出售相比,典押无疑所获较少,但其优点在于暂时使出典者不丧失对藏物的拥有权,如其财力稍有好转,该物主仍有机会将典物赎回。然而,有相当部分藏物一经被质即永别原主,它们或直接成为质库主人的藏物,或等待其他买家以合适价格购取。如晚明藏家萧士玮曾记其友人家藏倪云林山水一轴,后质之于熊仲舒,该友人无力赎回,特嘱萧氏可以五六十金赎取。②

在明代后期诸种与收藏相关的文献中,我们时常可以发现上述以藏品质押的事例。笔者认为,此种情况的频发并不偶然。在收藏之风炽烈的时期,大大小小的藏家虽投身此道,但其生活并非完全以藏物为中心展开。商品化的发展与奢侈世风流行,使得越来越多的人需要以更大的投入应对生活中如应酬、享乐以及经营等多种需求。然而,如项元汴这样资财雄厚的收藏家毕竟是极少数。多数从事收藏者资力相对单薄,他们一旦将有限的金钱付诸收藏,势必会影响对其他方面生活需求的投入。这又每每迫使他

---

① 陈智超编:《明代徽州方氏亲友手札七百通考释》,《月册·〇五三·詹景凤》,安徽大学出版社,2001年。
② 萧士玮:《萧斋日记》,《历代日记丛钞》,书苑出版社,2006年,第139页。

们不得不将手中的藏物或典押或出售,以弥缝资金的缺口,从而赢得周转腾挪的机会。正是在这种情境下,许多藏家常年从事着从收物、藏物到典物、赎物的过程。与之相应,一件藏物也时常经历反复出典、赎回的过程。如李日华在为所藏《颜鲁公祭伯父濠州刺史文稿》所作跋中即称,该物系他人于万历三十八年(1610)二月携来质押,至八月被赎回。数月后,此物复被质押于李氏,留其清樾堂中六月余,再次被赎归。二旬后,该物第三次来质,并最终归于日华。① 这种将藏物暂寄之他人,俟有力时再行赎回的特殊方式,无疑是商品化、市场化盛行的产物,同时也是收藏市场成熟的反映,其因而成为明后期江南收藏的一种独特现象。

除作为投资物与典押品外,艺术品还被越来越多地用于交际领域,并逐渐具有了相应特殊功能。以艺术品作为礼物相互馈赠,这本是文人交往过程中较常见的事。起初,以物赠诸友人,目的不外乎借此与同好加深感情,并显示双方高雅的情趣与情怀。其意本不在于使对方直接从馈赠中获取利益。例如天顺中,叶盛在为好友送别时,以画相赠,并题称:

> 廷臣参议将还江西,先日来别。予无以为赠,取杭僧宗华所画《六逸图》赠之,且为题数语其上,庶几廷臣特此知意不在画也。②

"知意不在画也",叶氏赠画,意在向友人表达惜别之慨与思念

---

① 高士奇:《江村销夏录》卷二《唐颜鲁公祭伯父濠州刺史文稿》,上海古籍出版社,2011年。
② 叶盛:《泾东小藁》卷一《题画送方参议还江西》,《续修四库全书》集部第1329册。

第四章 收藏高潮背景下的江南藏品市场

之情,其意图超脱于画外,而画作本身仅是寄情抒怀的载体。似此类情况,在宋元乃至明代前期文人交往中屡见不鲜。然而,明中期后,随着艺术品经济价值受关注程度不断提高,这种馈赠活动也逐渐不再"单纯",利益性的赠与逐渐取代了原本的情感表达。在较叶盛稍晚的文徵明的信中,我们已可发现这种变化的端倪。同样是以物赠别友人,文徵明在致友人的信中称:

> 容行无以将意,小诗拙画,聊为行李之赠,不直一笑也。外粗葛一端,拙书四纸,奉充途中人事,别作得小楷一纸,奉供舟中清玩,草草,不悉。①

可见,文徵明送书法作品给友人,目的并非供其收藏玩赏,而是"充途中人事",也就是供其应酬所需。这说明,文徵明很了解自己作品的价值,并且默许了其被用于交际乃至交易的可能。美国学者高居翰曾经指出,晚明时代的艺术作品实为一种"隐性的货币"。确实,出于交际应酬的需要,利用艺术创作来代替货币或其他财物的形式在明代中期已极为普遍。问题在于,这种艺术品功能的异化是以经济价值的社会认同为基础的。在商品化氛围中,这些艺术品愈来愈大程度地得到直接以货币为表现的价值定位,从而脱离了艺术本色,沦为社会普遍认可的财富形态,故而能够在一个需要财富进行填充的人际交往空间中发挥愈来愈大的作用。通过晚明文献的相关记录,我们可以显著感受到这种功能异化的极端效应。黄卬在其著作中记述的一段故事就颇耐人寻味:

---

① 周道振辑校:《文徵明集补辑》卷二七《致继之》,上海古籍出版社,1987年,第1463页。

嘉靖中,邑令卜君大有浙人也,为诸生时假读于邑之虹桥,有陶心逸者列肆而居,肆多名扇,兼设茗具、磁罍竹炉。卜君时时来与心逸谈啜茗甚得。后卜君归,且三年有新令至。过虹桥,心逸窥之,即卜君也。君亦从舆中睨陶。越数日,令遣隶谓心逸曰:令君闻汝有玉环,令汝躬致之。陶恚且惧,随隶往见,长跪请死。令急掖之起,坐握手尽布衣欢。且曰:昔日宾主之谊未能去怀,特假玉环以亲言笑耳。尽款曲乃出。令君不苟取,于玩好无当意者,独语人曰:吾尝见虹桥肆中素箑制甚雅,为我问值几何?邑中士大夫闻之,遂有操是扇以进者。令欣然受之。后有馈,多以扇俱。令独受扇。陶家扇名曰重,值倍高。邑争购以为尚。有窃其制以售者,令潜遗以小印,有馈扇验无是印即还之,故伪者无所受。陶大获利。后课最,入都,束装萧然,惟素扇二筒,呼心逸至,授之曰:贫吏无以为故人欢,愿即以此赠。陶再获倍利云。①

很显然,"陶家扇"的成名并非基于其本身的非凡品质,而是在于县令以喜好刻意对时尚导向进行左右。实际上,这一效果的达到正是借助了艺术品的"交际"功能。作为买主,"邑中士大夫"并不必然了解扇子的优劣,但他们明白唯有以扇赠县令才能够得其欢心。县令本人也未必真正喜爱收藏这些扇子,其意不过以此帮助昔日友人获利。在此过程中,没有人关注扇子本身品质的优劣,授受双方都以价值目的出发,而艺术品则仅是其中的代用符号而

---

① 黄卬:《锡金识小录》卷四《司牧·受扇》,《无锡文库》(第二辑),凤凰出版社,2012年。

第四章 收藏高潮背景下的江南藏品市场

已。随着艺术品在商品化环境中价值的不断提升,其对现实生活的干预能力也愈发显著。在下述与董其昌有关的事例中,艺术品不仅具备了沟通人际关系功能,甚至拥有了改变生死的效能。

> 仇紫瀫名时古,字叔尚,曲沃进士。为松江太守,与董宗伯善。有富室杀人,法当死,求宗伯居间。太守故不从,曲令董酹乃释之。自是往来益密。宗伯每一至署,太守辄出素绫或纸属书,无不应者,所得书不下数百幅,有无印章者,因在署时未携故耳。①

仇时古无疑是董其昌的拥趸,其对董氏书画的痴迷达到无以复加的程度。仇氏本人或许是一名精通鉴藏的专业藏家,并了解董其昌书画的艺术价值。但在整个"雅贿"的过程中,书画作品的确发挥着"隐性货币"的功能。在此类事例中,事件的主角是否喜爱艺术品、喜爱何种艺术品以及喜爱何人创作的艺术品等,均属于偶然因素,而具有必然联系的是,艺术品在其商品化程度不断加深的大背景下,已成为金银货币或其他财货的有效替代品。也正是由于其对于金银财货等具有了相当程度的对等性,艺术品才得以在弥漫着浓厚商品气息的晚明人际网络中占有重要席位。

由此,我们可以发现,明中期以后艺术品的经济价值与效能得到极大彰显,而这种变化的直接结果就是艺术品财富化程度的不断加深。在此背景下,艺术品同于财富,收藏艺术品亦同于藏富,这样的观念逐渐在藏界中流播开来,并被越来越多藏家所接受。同时,这种观念上的改变也对藏家的收藏理念及其对藏物的认知

---

① 缪荃孙:《云自在龛随笔》卷五《书画》,人民出版社,2013年。

态度构成了直接影响。在宋元以至明代前期,收藏虽也是众多文士热衷参与的活动,但究其本质仍不脱较纯粹的文化范畴。一众藏家尤其是专业藏家在倾力收藏的同时,更多地侧重于享受由赏鉴、品评等带来的美好感受,并相互切磋联结同好。相比之下,其对藏物本身的归属及背后的经济利益并不过分看重。例如,元人柯九思为江南著名藏家,其收有大量历代书画作品,然经其把玩并体味艺术神髓之后,每每举以赠同好,无所顾惜,"丹邱柯敬仲多蓄魏晋法书,至宋人书殆百十函,随以与人弗留也"。① 宋元时期,江南的专业藏家如柯九思者并不鲜见。他们虽也为藏物痴迷,但秉持"不役于物"的理念,看重欣赏藏物的过程,而看轻因藏物致生的得失。这种风气至明初仍有余响,例如永乐时期的苏州收藏家周璿,虽专事收藏,但并不吝惜藏品,每遇知己,常以物赠人,"有欲之者,辄从其持去,不吝也,人服其达"。② 又如,成化间江南著名书画家、收藏家姚绶曾记述了一段其获赠珍贵藏品的经历:

> 卅年前,余阅钱舜举山居图于璜溪沈悦梅宅……成化癸卯二月四日,悦梅之子志行以义新绶承事郎,载酒往贺,出图赠余,兼得黄子久、郑明德、琦楚石、倪元镇、仇仁近诸作。③

姚绶祝贺故友之子仕进之喜,却有了意外收获,一次竟获赠元代诸多名家的墨迹。对于藏家而言,这无疑是一种巨大的幸福。

---

① 英和等辑:《钦定石渠宝笈三编·宋苏轼墨迹》,《续修四库全书》子部第1075册,第639页。
② 徐有贞:《武功集》卷四《故中书舍人周君行状》,载《四库明人文集丛刊》,上海古籍出版社,1991年。
③ 汪砢玉:《汪氏珊瑚网古今名画题跋》卷三一"题山居图后",《文渊阁四库全书》第818册,第586页。

第四章 收藏高潮背景下的江南藏品市场

然而此种遭遇,对明中期后的江南藏家而言,无疑成为奢想。沈周的一段经历就印证了此种变化:

> 友人严道澈有周砥画一卷甚佳……旧藏海虞一士人家。沈启南见而爱玩不释手,士人捐赠之。启南感其意,为作《铜官秋色图》。启南平生落笔苍劲,故学倪云林不甚似,此则几逼真矣。后因其父追觅复索还,因装作一轴。王元美先生题云启南欲以己画作雁媒,不意并媒失之,遂成延津之合。无论得失,皆佳事也。①

根据引文,我们并不能确知这位士人之父追索藏物究竟出于何种心理。但有一点可以肯定,即其知道该物的价值。在此处,我们已看不到宋元时代藏家不为物役,轻其来去的潇洒态度。更关键的是,随着艺术品财富化程度不断加深,将藏物视如私财,攫之厉而藏之深几乎成为藏家的普遍状态。对专业藏家而言,每件藏品皆是其苦心营求而得,一旦入手,珍之宝之,甚至爱逾生命,如非万不得已绝不可能将其委于他人。对于一众非专业藏家来说,藏物不仅是其附庸风雅、装点富贵的重要物品,更意味着一笔可观的财富,其更不会轻易将其转赠。不仅不可转赠,即便借观也难以实现。原本,相互借观藏物在江南藏界中是较普遍的现象。然则利益之心起而此举亦为流俗所摒弃。万历中,王肯堂曾向友人借观米元章《天马赋》一卷,令其诧异的是,其友不仅慨然借与,更久未催还,王氏遂称此举"可为破俗"。② 可见,在当时藏界中,自私其藏

---

① 王肯堂:《郁冈斋笔麈》第二册,《四库存目丛书》子部第107册。
② 王肯堂:《郁冈斋笔麈》第二册,《四库存目丛书》子部第107册。

物已成为习惯。藏物之于藏家,惟其等同财货,故须以性命视之。对此种收藏观念,王肯堂曾评论称:

> 今人收一物与性命,俱大可笑。人生适目之事看久即厌,时易新玩两适其欲,乃是达者。柯敬仲云看画本士大夫适兴寄意而已,有力收购,有目力鉴赏,遇胜友好怀彼此出示较量高下,政欲相与夸奇斗异。今之轻薄子则不然,纵目力略知一二,见人好物故贬剥疵类用心计购至于必得,倘不得则生造毁谤,必欲此物名誉不彰。若赏鉴之士固不待说破,平常目力不定者或为所惑,已收一物妄自称誉,人或欲之,必作说阻难,得善价而后已。此皆心术不正不可不鉴。①

明中期后,越来越多的藏家以私财、商品的眼光看待藏品,"得善价而后已",其收藏心理亦随之扭曲。总的说来,在江南藏界,由于收藏风气炽盛,藏品的流通性及专有性皆得到空前加强。一件珍贵的藏品兼具高度的艺术价值与高度的经济价值。对于专业抑或非专业藏家,每件藏品一旦流入藏品市场都会赢得较大受益。在重利之心的驱使下,绝大多数藏家是不会选择将藏物以致送的形式交予他人,而这一情况,也可成为其时江南收藏事业发展状态的一类旁证。

三、市场化影响与艺术创作者的转变

古代的收藏家在记录或评价其藏品时,总是习惯于强调物品

---

① 王肯堂:《郁冈斋笔麈》第二册,《四库存目丛书》子部第107册。

第四章 收藏高潮背景下的江南藏品市场

本身的美感与观赏性,或是对其蕴含的古史信息进行揭露,极少有人会论及买卖收藏物品的经济得失。因为,在多数藏家看来,过多渲染这些内容,是对藏品神圣艺术性的亵渎,其行径无疑同于商贾操盘论价。事实上,回避或拒绝正视藏品商业信息的行为是对藏品商品化的漠视。然而,在发展迅速的晚明藏品市场中,藏品的商品化是不可遏抑的趋势所在,更不会因为藏家的刻意抹杀而遭到忽视。也就是说,无论藏品本身在艺术史或相关艺术领域中具有多么崇高的地位,一旦进入市场流通领域,其即具有了商品的属性,就要服从于市场运作的规律。

如前文所论,明中期以来藏品市场中最大的矛盾是供求的不平衡。藏者日众,而市场能够提供的藏品则相对紧缺,这就要求市场必须采取相应举措应对此种局面,缓和此种矛盾带来的藏品市场紧张。笔者认为,市场应激而生发的首要措施为"当代"艺术品的大量创制。

如果按照创作时代将明代收藏品作个最粗线条划分,其可被分为明以前的先代艺术品及明代本朝创作的"当代"艺术品。就所谓先代艺术品来说,其时间越久远则越加难得。即以书画为例,在明中后期的江南藏界,元代作家作品尚不甚稀缺,但再至宋代之前,尤其唐代甚或魏晋时期的艺术品则吉光片羽,极为罕见。例如,大收藏家王世懋往来南北数十年,欲得一部晋人法帖始终未果,至其晚年才终购得王献之《送梨帖》一部,"敬美书家当行矻矻数十年，捐资购古真迹，至兹岁乃始获此晋法书一纸耳"。① 王氏从事收藏经历不可谓不丰富，财力不可谓不厚实，然穷其一生才觅得此宝，可见其时先代尤其晋唐遗迹寻觅之难。

可以想见，经过时间的淘洗，先代遗迹得以留存的本极有限，加之相当部分为宫廷收藏，民间能够见到的就更加稀少，因此，借助先代艺术品来缓解市场的压力显然是不可能的。面对此种情况，明代藏家并未过分执拗于先人的创造，而是极富变通性地将收藏眼光转移到了元以后尤其明朝本时期的艺术作品，从而使其收藏空间得到极大拓展，其藏品选择亦由此得以更加多样化。例如，詹景凤在提到何良俊的收藏时称"云间何元朗所藏尽元人子久、仲圭、元镇、方壶诸作，合五十余幅……藏沈启南至三十余幅，无宋人墨迹，惟松雪手简一卷"。② 放弃对古人创作的执着追求，改而致力收集当代艺术品，这在某种程度上也可视为明代江南藏家对市场现状的自然回应。但对于江南藏界而言，其亦有得以成立的优势条件。明代，江南地区的艺术创作与手工制造水平始终处于领先地位。在奢侈世风的影响下，社会民众的审美标准不断提高，无论使用或收藏皆力求"精""雅"。由此，江南地区的艺术品创作出现了空前繁荣的局面。在时人看来，晚明江南的书画、瓷器、漆器、玉器等创作皆取得了足以比肩甚或超越前代的成就。其如薛冈所称，"本朝永乐、宣、成、正、嘉窑器与宣庙铜炉，数百年后，价视宋时

---

① 孙鑛：《书画跋跋续卷》卷一"大令送梨帖"，《文渊阁四库全书》第 816 册，第 113 页。

② 詹景凤：《东图玄览编》卷二，《中国书画全书》第 4 册，上海书画出版社，1992 年，第 17 页。

第四章 收藏高潮背景下的江南藏品市场

诸磁、商州彝鼎必翔。宋磁色制虽古雅,而器之精工细泽,远逊今代"。①

以数量丰富而质量上乘的艺术品应对收藏市场不断增大的需求空间,这对创作者而言既是机遇也是挑战。就手工制造者而言,他们的任务相对简单,即不断提高自身的技艺水平,为市场提供更为精美的作品。在晚明江南,许多人确实因此成名。然而,对于书画创作等与文人艺术交集甚深的领域,创作者的转变状况则更显多样性。

关于艺术创作者与其赞助人关系的问题,既有研究已十分全面,本文不多赘论。总体而言,文人作者为社会而创作的因由无外乎两种,一是基于社会应酬的需要,这通常存在于创作者及其熟人、好友的往来中。一位文人只要稍有名气(即便不是因艺术创作而闻名),往往就会有好友亲眷等向其索要书法或绘画等,例如沈周与吴宽为挚友,曾多次相伴出游,共历江南山水。其间,前者多次应后者之请创制绘画作品,以纪念二人的经历与友谊,其正如吴宽本人所说,"吴中多湖山之胜,予数与沈君启南往游其间,尤胜处辄有诗纪之,然不若启南纪之于画之似也"。② 又如,沈周的另一好友史鉴亦曾请其作画,在一通信札中,史氏称:

> 向者所睹董北苑真迹天机流动,诚希世也,足下能临一本惠及,匪独子孙永宝,而前辈典型风度得见于后矣。③

吴宽与史鉴的区别在于,前者是借沈画来为人生交谊作一纪

---

① 薛冈:《天爵堂文集笔余》,《明史研究论丛》(第五辑),1991年。
② 吴宽:《匏翁家藏集》卷五一《跋沈启南画卷》,上海涵芬楼藏明正德刊本。
③ 史鉴:《西村集》卷五《与沈启南》,《文渊阁四库全书》第1259册,第31页。

念,并以之作为"卧游"感怀的凭借,而后者则更看重沈氏著名画者的身份及其笔底功夫,更希望通过沈氏的临仿为自己的收藏增添重要的藏物。显然,对于同一画家的作品,吴、史二人的着眼点不尽相同。前者求画不像后者那样带有某种程度功利性。但是,归根结底,沈周的作品最终都将成为二人的收藏,不同程度地满足他们对艺术品追索的欲望。

文人创作者社会化创作的另一种缘由则是为交易而创作,这是典型的商品化行为。正如文人士夫为谋取润笔而给不熟识者撰著墓表、传略等一样,他们也常以艺术品创作作为营生的手段。一如前文所揭,文人创作者们在此方面经常表现得异常矛盾。一方面,在艺术品市场日益火爆的社会环境中,他们不能不为利益所动,不论出于维持基本生活需求抑或追求奢侈化享受的目的,他们都要不停创作,并以所得作为重要财源;另一方面,他们亦不愿将自己等同于单纯以创作谋生的职业画家,他们常常通过强调文人画家应有的品质特征来强化自己的艺术身份,例如,文徵明在回忆其年少追随李应桢学习书法的情景时称:

> 予少以家庭子给事李公笔砚颇久,公书不苟作,或时得意,辄穷日挥洒,不然,经月不一执笔。每每怒詈拒人,故人亦艰得之。今人家所存,往往片纸数字,又多古人诗,若其自作及大书累幅者盖少。①

又如,文氏在评论明初无锡画家王绂时称:

---

① 周道振编校:《文徵明集补辑》卷二二《跋李少卿书大石联句》,上海古籍出版社,1987年,第1312页。

第四章 收藏高潮背景下的江南藏品市场

> 友石先生画品,在能之上,评者谓作家士气皆备,然其人品特高,能不为艺事所役,虽片楮尺缣,苟非其人,不可得也。①

从引文中我们可以理解,"不为艺事所役""不苟作"是文人创作的理想化特征,也是历代创作者追求的目标。其蕴含的因果关系在于,文人创作应从单纯的艺术性、个性出发,而不顾及任何旁的因素,故而其作品不仅具有高度艺术性且倍加稀有,一般人很难得到,除非是那些被画家引为知己者,才可能有幸获赠作品,"苟非其人,不可得也"。从文人作者角度而言,这不仅是带有自珍自重意味的创作期许,同时,也体现着作者对自身、作品高自标持的意愿。在理想状态下,其所作越是难为收藏者所得,也就越能说明作品的价值以及创作者一丝不苟的态度。对此种理想状态的认知及践行程度通常成为区分文人画家与职业画家的标志。甚至在一些关于画家画作的艺术评论中,我们也不难发现此种思想的影响。例如,何良俊即基于此种理念对苏州著名画家谢时臣表示了极大不屑:

> 苏州又有谢时臣,号樗仙,亦善画,颇有胆气,能作大幅。然笔墨皆浊俗品也,杭州三司请去作画,酬以重价,此亦逐臭之夫耳。②

谢时臣之所以为何氏蔑视,原因在于他为杭州官府作画收了钱,将高尚的艺术创作下同于低俗的职业劳动,于是画家本人便是"逐臭之夫",画作也就成为"浊俗品"。在今日看来,不论为谁作

---

① 周道振编校:《文徵明集补辑》卷二二《跋王孟端湖山书屋图》,上海古籍出版社,1987年,第1313页。
② 何良俊:《四友斋丛说》卷二九《画二》,中华书局,1997年,第265页。

画，付出劳动而收取相应报酬本无可厚非，但此种将创作劳动及作品作为商品的情况却与文人画家的理念格格不入，因此谢氏的行为才招致何良俊如此大的反感。事实上，与文人创作理念无法兼容的还有明中期后的收藏市场发展状况。面对越来越大的市场需求与盈利空间，文人如再继续坚持艺术的纯粹性与作品的稀缺性显然不合时宜。事实上，越来越多的文人创作者开始转型，为响应收藏需求而进行创作。如果，我们需要突出文人画家此类创作的特点，而又必须与职业画家加以区分，则不妨称之为"经营性创作"。从资料提供的信息来看，那些明代文人书画的领军人物往往也是经营性创作的最重要参与者。例如，作为明代文人画坛的扛鼎人物，文徵明曾备受包括何良俊在内的文人士夫的推崇。然而，文徵明除应酬作画外，在经营性创作方面亦表现得十分投入。例如，他在写给友人王曰都的信中称：

> 画已作得八幅，付补之带去。补之行，余适有溧阳之行，故不及作书，想已检收。要扇十柄，该银一两二钱，适区区无银在手，一时不曾办得，续后并二画寄来也。今寄张昆仑扇一柄，亦是草草展限耳，别当作一画奉寄，决不食言。①

引文中并未明确交代此位友人的身份，但从所述内容来看，其应为代替文徵明销售书画作品的中间人。文氏一次性向其提供了画作八幅，并允其题扇十柄（由文徵明与友人来往通信可知，文氏为他人题扇多由自己准备扇具，即所谓原料采购及艺术加工皆由

---

① 周道振编校：《文徵明集补辑》卷二七《致子美》，上海古籍出版社，1987年，第1482页。

第四章 收藏高潮背景下的江南藏品市场

文氏一人包办。例如,他曾向一名友人一次性订购扇骨八把,空面十个,以备题扇之用。此外,他还曾因题扇笔误而向一名友人致歉,并允诺重新买扇进行题写)。从此情状看,其举动绝非一般友人间的书画馈送,而明显带有商品批量发送的意味。

在绘画领域与文氏齐名的仇英,更是经营性创作的代表。从创作特点与作品风格来看,仇英更接近职业画师。据称,其拥有专业的绘画团队,为市场提供艺术品。其本人亦多次接受邀请,为他人创作或临仿,并从中获得好处。例如,文嘉在所著《钤山堂书画记》中记仇英临摹赵伯驹所作《桃源图》时称:

> 此画旧藏宜兴吴氏,尝请仇实甫摹之,与真迹无异、其家酬以五十金,由是人间遂多传本,然精工不逮仇作矣。①

该书还记仇英绘制《子虚上林二赋图》的经过:

> 昆山周六观所请,经年始就,酬以百金,复请先待诏小楷书二赋于后。②

无论五十金还是百金,其对于创作者而言均已颇为优渥,且远高过职业画家的创作所得。同时,仇氏此种为人作画直接收取酬劳的方式,其实已与前文谢时臣的行径相同,绝然脱离了文人创作的理想化模式,甚至都已不具有"赞助"意味,而是赤裸裸的交易行为。文嘉在后一段记录中还称乃父亦曾在画后楷书题赋,至于是否收取了费用没有交代,但通过仇英的情况可以推断,其必然也获得了数额不菲的酬劳。

---

① 文嘉:《钤山堂书画记》,《丛书集成初编》,商务印书馆,1937年,第15页。
② 文嘉:《钤山堂书画记》,《丛书集成初编》,商务印书馆,1937年,第22页。

应藏家需求进行创作,这是创作者在市场因素调动下的反应。在此过程中,他们无须过多计较求索者的身份目的,而是尽所能进行艺术品的"生产"。例如,吴其贞所述走访家乡歙县汪氏的一段经历就颇令人回味:

(歙之西山汪氏)余向闻之已久,故特去访之。登其堂,堂曰:西麓,是祝枝山题者。余询其由,主人曰:曾祖号西山,延祝先生在此榻二载,其堂额是此时所取也。所以余到溪南见祝字甚多。至寿文、寿诗,自二旬以及七八旬者皆属祝书,原来地近西山,求甚便故多耳。①

虽然,文中并未说明汪氏邀请祝枝山留住两年的原因,但我们有理由相信,其应是出于对祝及其作品的喜爱与欣赏。引文作者对祝氏在其家中的主要生活经历并未加以交代,而是将笔墨主要用于对其从事艺术创作的回顾。祝氏在溪南两年,得到其作品者不计其数,"自二旬以及七八旬者皆属祝书",很显然,作品的获得必然不会无偿。我们甚至可以推想,祝氏在歙两年,其艺术品创作带来的收获一定是颇为丰盈的。在这个过程中,我们已找不出文人创作者与职业创作者太大的区别。

为社会需求而进行创作,这从根本上改变了明后期江南文人艺术的发展趋向及创作心态。这种发展倾向也往往使创作者倍感痛苦。例如,文徵明曾应约赴杭州,居杭期间因索画人太多其几欲跳楼;又如,董其昌亦曾指出这种需索令人烦厌,"余在山中先后六

---

① 吴其贞:《书画记》卷二"王叔明幽谷读书图小纸画一幅",人民美术出版社,2006年,第134页。

第四章 收藏高潮背景下的江南藏品市场

年,虽自闲远,每苦笔墨征索者无宁日,不能作铁门限之也"。① 然而,在抱怨的同时,他们均未能抵制此种要求,而是在无奈中继续创作。在此种情况下明中期后江南的书画作品的创作量极为可观,詹景凤就曾提到,他平生所见沈周的画作不下二百余幅。② 可以想见,此类创作在一定程度上满足了社会对艺术品的渴望,缓解了收藏市场的供求矛盾。

---

① 董其昌:《容台别集》卷四,西泠印社出版社,2012 年,第 684 页。
② 詹景凤:《东图玄览编》卷二,《中国书画全书》第 4 册,上海书画出版社,1992 年,第 15 页。

第五章
赝品的创造、流播及影响

一、晚明江南收藏领域中的赝品

明代江南地区民间收藏浪潮的不断高涨不仅促进了藏品市场的发展,也带动了赝品的制造与流播。可以说,自有收藏活动以来,赝品即始终相伴真品而生。早在收藏活动发轫时期,有关赝品创作的情况即已载之史籍。如东晋羊欣专好仿习王羲之书法,近肖酷似。其多摹王氏书以乱真,时人称"买王得羊,不失所望"。① 宋元以降,随着收藏活动在民间的日益勃兴,赝品的创作与流播也渐变而成独特的收藏文化现象。各式赝品伪作也开始堂而皇之地进入收藏市场,厕身于各色藏品之列。北宋时,李伯时画作风靡一时,其家"小史"赵广因侍伯时,故渐通其绘画要领,后善仿伯时画,多能乱真,"士大夫所藏伯时观音,多广笔也"。② 又如元代,江南藏家钟爱文同所绘墨竹,然据柯九思称,其生平所见文氏墨竹数百

---

① 张怀瓘:《书断》卷中,浙江人民美术出版社,2012年。
② 陆游:《老学庵笔记》卷二,三秦出版社,2003年。

第五章 赝品的创造、流播及影响

本,而真者不过十余。① 由此可见,元代时收藏领域中的制赝现象就已十分普遍。

迨至明代,在更多人开始专注于收藏的同时,制赝活动更得以大行其道,赝品蜂拥进入藏品流通的各个领域。早在明代前期,赝品充斥于收藏领域的现象就已比较突出。弘治中,李东阳在为友人题识画卷时称"近吴人所携赝本充人事",而真本佳品已颇为难见②。至明后期,赝品极度泛滥,以往历代作品被仿摹殆尽,一些名家名作更难以幸免。例如在书画领域,米芾书法备受藏家喜爱,其赝品遂流布江南,难以胜数,"如米氏者,江南伪本不知其几"③。与米芾情况相仿,赵孟頫书法绘画为藏家所深爱,因而江南各地仿其作者颇多。元明之际,杭州俞和早年得观赵孟頫笔法,后行草学赵最为逼真,有得其书者伪作款识,假充真品。④ 弘治中,詹仲和亦学赵氏笔法,"往往乱子昂真迹"。⑤ 明代中期后,随着江南收藏业的火爆,一些在收藏市场中炙手可热的名家作品成为赝品创制的主要对象。至晚明,赝品已成为收藏市场中的主流,远远超乎真品的存世数量。以精鉴著称的李日华曾数日内连观多幅画作,而俱属伪迹,无一真者,以至其慨叹称:"近日贾客连舻溢舰,纨绔游从,逐逐相往来者,率此物也,为之三叹!"⑥

---

① 吴升:《大观录》卷十三"文湖州竹枝图卷",《中国书画全书》第 8 册,上海书画出版社,1992 年。
② 李东阳:《李东阳集·文前稿》卷二一《书杨侍郎所藏沈启南画卷》,岳麓书社,1984 年,第 313 页。
③ 汪砢玉:《珊瑚网》卷六"米南宫诗翰",《文渊阁四库全书》第 818 册,第 88 页。
④ 夏时正:(成化)《杭州府志》卷四十四《德业》,西泠印社出版社,2011 年。
⑤ 田汝成:《西湖游览志余》卷十八《艺文鉴赏》,上海古籍出版社,1958 年。
⑥ 李日华:《六研斋二笔》卷一,凤凰出版社,2010 年,第 93 页。

赝品虽被历代藏家所厌弃、排斥,但其发展规模及影响范围却直接受藏品市场的影响。可以说,赝品的不断出现乃至泛滥,是藏品市场化加深的表现,是艺术品在民间流动加剧的一种异化体现。毫无疑问,赝品层出不穷的根本原因在于利益的驱使,而藏品交易市场的过热过快发展则是造成这一状况的助推剂。藏品的过快升值,不仅容易造成交易价格逐渐虚高,更在无形中扩张了赝品创造的利益空间。在藏品市场中,赝品与真品的价格不相上下,而前者的制作成本往往颇为低廉。因此,在交易价格数倍、数十倍的翻涨过程中,赝品交易的利润被一再提升。如娄东范姓曾购阎立本《醉道士图》真迹,后为大古董商王越石看中,以廉价胁迫购得。范姓事先花费十金托吴人张元举临摹一本,"形模仿佛",其将真本留己,而将伪本予王。王未辨真伪,复标价千金向外出售。① 此则故事为明代江南收藏界一段有名公案。虽然王越石并不知所得系伪本,但这并不会影响赝品的实际买卖。事实上,故意制假、售假以攫取暴利的事例比比皆是。以十金的成本制造赝品,而将其作为真品以百金乃至千金的价格售出,赝品带来的获利可高达百倍。在巨大的利益诱惑下,赝品制造销售之风只会愈演愈烈,难以得到有效的遏制。

随着收藏热的不断升温,民间社会对藏品的需求将不断加大。然而,真品数量有限,其在不同藏家间的流传速度可能加快,而总量却难有大的变化。因此,在不断增长的收藏需要与相对稳定的真品数量之间就会形成落差。随着落差的加大,其间的空洞亟须

---

① 沈德符:《万历野获编》卷二六《玩具》,中华书局,1959年,第653页。

第五章 赝品的创造、流播及影响

填补,而赝品也就获得了充斥其间的机会。在此,我们需要注意的是,一些艺术创作者在赝品流播中也起了推波助澜的作用。在收藏业兴盛背景下,一些名家作品在市场中不断走俏,求其作品者与日俱增。这种情况使得创作者从事真正艺术创作的机会越来越少,而应酬性的创制则有增无已。一些创作者对此情况既感厌烦,又无法摆脱,故对一些冒己名创作的赝品采取了默许态度,以此缓解自身的创作压力。其如沈周的事例:

> 沈周,字启南,号石田,姑苏人,博学有奇思,为诗清新,皆不经人道语,字亦古拙,学黄大痴,法其善处,略其不善处,遂自名家。因求画者众,一手不能尽答,令子弟模写以塞之,是以真笔少焉。①

此外,江南民间收藏活动中兴起的奢伪浮躁风气亦有助于赝品的流播。明中期后,江南"重奢"之风渐盛,一切服用玩好皆为世所推崇,古董收藏也因而成为社会时尚。获得社会的高度关注,对民间收藏的发展不可谓不是一件好事。然而,当收藏由严肃的文化活动蜕变成为流行的奢靡时尚,其极容易被导入非理智状态,其间自然难免滋长攀比炫富、重名轻实的不良风气。江南收藏界历来有"赏鉴家"与"好事者"之分。所谓"赏鉴家",即指精于鉴赏,熟悉藏品文化源流、艺术特点且从中有所体悟的高水平藏家,"其为赏鉴家者,必其笃好,遍阅记录,又复心得,或自能画,故所收皆精品"。②"好事者"则成分较为复杂,其虽均以汲古为好尚,但其

---

① 韩昂:《图绘宝鉴续编》,《中国书画全书》第 3 册,上海书画出版社,1992 年,第 837 页。
② 谢肇淛:《五杂俎》卷七《人部三》,上海书店,2001 年,第 137 页。

中鱼龙混杂,有相当部分人并不真正了解藏品,不过附会时尚而买充门面,假扮风雅,"今富贵之家亦多好古玩,亦多从众附会,而不知所以好也。且如蓄一古书,便须考校字样伪谬及耳目所不及见者,真似益一良友;蓄一古画,便须少文澄怀观道卧以游之;其如商彝周鼎,则古人制作之精,方为有益,不然与在贾肆何异?"①更有甚者,一些人于收藏之道了无所知,不过依仗财势横索滥收,其行径较"好事者"更为不如,"今之纨绔子弟,求好事而亦不可得,彼其金银堆积,无复用处,闻世间有一种书画,亦漫收买,列之架上,挂之壁间,物一入手更不展看,堆放橱簏,任其朽蠹"。② 这些伪藏家对藏物本身并不在意,而是在藏品交易中一掷千金炫耀富贵,并借收藏来自我炒作"意作标韵"。他们将购得的物件"置锦囊玉匣,以为珍秘",却对藏品本身的真假优劣毫不挂怀。嘉兴人李良年曾提及其在京师古董铺见到的一种情况:

> 忽忆曩在都下,见市中黄鹤山樵画,其画真也,袭以敝褐。又有市营丘画,袭之古锦。其古锦真也,画则赝也。无何并得善价以去,是后之收藏家不免为袭所惑矣。③

可见,在当时收藏市场浮奢之风的影响下,一些"藏家"根本不计较艺术品本身的真伪优劣,而简单以装裱包装的情况作为衡量的标准。其浮躁愚昧于此可见一斑。可以说,正是因于这种奢伪浮躁的收藏风习,正因有了唲名媚俗的"好事者"流,赝品才能得以大行其道。

---

① 莫是龙:《笔麈》,《丛书集成初编》,中华书局,1985年。
② 谢肇淛:《五杂俎》卷七《人部三》,上海书店,2001年,第137页。
③ 李良年:《秋锦山房外集》卷三《与王令贻》,上海古籍出版社,2011年。

第五章　赝品的创造、流播及影响

明代古董赝品在很多地方均有制造,如古印伪造多集中于关中,①宣炉伪造多见于河南,②但论及赝品制造之多、技巧之精当首推江南。李日华曾于南京遇一桂林好友,并于该友处见一古画,题为王安石所绘。李日华在证其为伪的同时亦为广西竟也出此赝品而颇感诧异,"信意妄指,以诳昂直耳,此三吴人饶为之,黔、楚淳朴,何以有是"。后经该友解释,此画系其任职杭州时所购,李氏方才恍然,"询之,果先生榷武林南关时所得也"。③ 可见,在时人心目中,三吴两浙江南之地已是造假贩假的中心,赝品如非出自江南反倒令人感到奇怪。

赝品制造与贩售之事江南之人"饶为之",此种情况的出现首先与江南世风有一定关系。其时,江南一些主要城市商业不断发展,在其过程中亦孕育出造假的不良风气。其中,以苏州为最甚。叶权在《贤博编》中即曾对苏州的造假之风痛加指责:

> 今时市口货物奸伪,两京为甚,此外无过苏州。卖花人挑花一担,灿然可爱,无一枝真者。杨梅用大棕刷弹墨染紫黑色……大抵都会往来多客商可欺。如宋时何家楼故事。若吾乡有伪物,行市中一遍,少刻各指之矣。④

作为江南的商品贸易中心,苏州的造假之风极为炽烈。其对象不仅为一般商品,即如古书、族谱等亦无不有假。其如李延罡

---

① 张应文:《清秘藏》卷二,《美术丛书》初集第八辑,浙江人民美术出版社,2013年。
② 项元汴:《宣炉博论》,《中国古代美术丛书》第二集第四辑,国际文化出版公司,1993年,第245页。
③ 李日华:《六研斋二笔》卷四,凤凰出版社,2010年,第147页。
④ 叶权:《贤博编》,中华书局,1987年。

所称：

> 今阊门内天库前聚众为之姓各一谱，谱各分支，欲认某支则捏造附之。贵显者则有画像及名人题赞，无不毕具，且以旧绢为之，或粉墨剥落，或字画糊涂，示为古迹。喜之者尝用数十金得之，以为若辈衣食。此古来所无，而今始有之。①

族谱、像赞尚可以新作旧，以假为真，其他如书法、绘画等艺术品更无疑成为造假者的主要致力对象。造假之风的盛行，除社会风气使然外，江南地区日益发达的制赝工艺与技术手段也同样发挥着重要作用。万历中，服官吴县的江盈科在谈及苏州盛行的古董造假之风时称：

> 姑苏诸技艺皆精致甲天下，又善为伪古器，如画绢之新写者，而能使之即旧；铜鼎之乍铸者，而能使之即陈。系以秦汉之款，摽以唐宋之记。观者为其所眩，辄出数百金售之，欣然自谓获古物，而不知其赝。②

综合以上因素，江南制赝风气的盛行有着十分复杂的社会背景。但究其根源，奢浮世风对于收藏领域的影响，以及由此引发的藏家群体对艺品价值评判标准的偏移，才是其中根本原因。在民间收藏不断升温的同时，各种制赝造假的手段也随之甚嚣尘上，各类伪品、仿品堂而皇之地进入了藏家视野，扮演起"李鬼"的角色。

---

① 李延罡：《南吴旧话录》，《瓜蒂庵藏明清掌故丛刊》，上海古籍出版社，1985年。
② 江盈科：《雪涛小说·伪古书》，上海古籍出版社，2000年，第46页。

第五章 赝品的创造、流播及影响

二、赝品制造的方法手段

明代江南人喜好"时玩"的风气推动了藏品制作的发展。不断改进的手工技艺在造就众多美轮美奂的艺术精品的同时,也有助于赝品的孳生泛滥。为使赝品达到以假乱真的效果,制造者往往耗费心思,穷极工巧,其制作方法更是花样百出,不胜枚举。根据藏品类别,赝品制作大体可分作如下两类:

(一)书画

书画丹青为历代文人所喜好,江南士人文采风流,更加酷爱此道。明代江南人文荟萃,涌现了一大批善书法、精绘画的名家。他们不仅善创作也善描摹,仿效前人笔法,临摹前人画作也成为这一时期江南艺坛的普遍现象。有此得天独厚的条件,书画赝品的制作更加便捷。依照前人作品或根据相关记载,对名作加以仿造自然也就成了江南书画制赝的最主要手段。由于制赝者水平参差不齐,其所制赝品也存在很大差异,其中不乏笔意粗浊、制作低劣的劣品,但亦有神形具备、逼真刻肖的高仿精品之作。例如成、弘间,江南士人白麟善造假书画,颇能乱真,其"专以伉壮之笔,恣为苏、黄、米三家伪迹,人以其自纵自由,无规拟之态,遂信以为真。此所谓居之不疑而售欺者"。① 《濯缨亭笔记》记白麟摹写之事甚详,从中可见其技艺之精湛:

---

① 李日华:《六研斋三笔》卷四,凤凰出版社,2010年,第243页。

苏长公书《醉翁亭记》真迹在绍兴小儿医方氏家，后为士人白麟摹写赝本，以售于人。见者不能辨，往往厚值市之。或以一本献工部侍郎王佑，佑奇之，自云家藏旧物，以夸示翰林诸老。方共啧啧叹赏，学士王英最后至，熟视之，曰：艺至此，自书其名可矣，何必假人哉？众愕然，问其说。英曰：宋纸于明处望之，无簾痕，此纸有簾痕，知其非宋物也。众方叹服其博识。①

白麟书法造诣已达到无须"假人"而自成一家的境界，其水平显然已超越一般的书画伪造者。在明代江南，如白麟者还有很多。嘉兴人朱宝，摹古有绝技，最善临摹古人法书名画。与其同时的董其昌号称"法眼"，为众所公认的鉴古名家，但也时常为其所惑。②又如徽州人王仲嘉，出身古董商人家庭，其本人"涉猎经史，讲究超人，善摹祝枝山行楷，可以乱真"。③ 明中期后，随着市场需求的不断增加，文人创作者往往需要应对多方求索，以至其时常应接不暇，由此倩人代笔之事愈益普遍。代笔之人或为职业画家，或为其他名头较小的文人画士，更有可能即受代人的弟子亲友。其中最有名者当属朱朗。其师从文徵明，所作酷似乃师手笔，故文徵明应酬之作多出朗手，以致出现有人误向文徵明求朱朗赝作的可笑事。④ 又如董其昌矜慎个人笔墨，有请乞者，多请他人代笔，乃至他

---

① 戴冠：《濯缨亭笔记》卷三，《续修四库全书》子部第 1170 册，第 446 页。
② 黄承昊等：(崇祯)《嘉兴县志》卷一四《词翰》，《日本藏中国罕见地方志丛刊》，书目文献出版社，1991 年。
③ 吴其贞：《书画记》卷一"谢葵邱春江别思图绢画一幅"，人民美术出版社，2006 年，第 16 页。
④ 周晖：《金陵琐事》卷二《画谈》，南京出版社，2007 年，第 89 页。

第五章 赝品的创造、流播及影响

人以假画易其真作也并不在意,"或点染已就,僮仆以赝笔相易,亦欣然为题署,都不之计"。①

无论摹古抑或仿笔,无论技艺多么高超,其作品与原作相比总难免会有些许不同,仍会在伪作中留下漏洞。为求得伪作与原作纤毫不差,制赝者又常使用拓描的方法,在薄纸上将原作线条拓下,再在拓本上进行着色。例如,王世贞、世懋兄弟曾不惜重价购求历代名帖。苏州人卢某觅得泉州本《淳化阁帖》,随即雇人制成伪本,并将其以三百金的高价售予王世懋。王得之甚喜,未能辨出其为赝品。② 王世懋与其兄皆以博古精鉴著称江南,而竟也被骗过,由此可见伪本的逼真程度。此赝品的制作即是采用了拓描的方法,"用极薄旧纸蝉翼拓之,装之以法锦",因而其与真品不差毫厘,最终使买家上当。

除拓描外,"双钩"是另一主要手段。本来,双钩之法是对书法原作进行摹写的一种主要手段,然在造假盛行的江南藏界,其亦成为制造赝品的主要方法,且其所作同样具有相当程度的欺骗性。例如,某古董商曾持所谓王羲之作《采甘帖》出售,该物实为双钩廓填,然王世懋以为真迹,并以五十两高价购得。③

对作品本身的仿造,并非书画赝品制作的全部。正如前例所体现的,伪品画技虽已达到足以乱真的境地,但画纸等材料的虚假

---

① 周亮工:《读画录》卷一,《清代传记丛刊》第 71 册,台北明文书局,1985 年,第 11 页。
② 沈德符:《万历野获编》卷二六《玩具》,中华书局,1959 年,第 653 页。
③ 詹景凤:《东图玄览编》卷二,《中国书画全书》第 4 册,上海书画出版社,1992 年。

207

还是会使伪作露出马脚。如何将纸张等材料做旧,使其与原作时代相符,同样是书画制赝中需要解决的重要问题。明代江南的书画赝品制造者在此方面也颇有心得,例如在仿造前代法帖时,围绕纸张做旧已形成了一套系统方法:

> 吴中近有高手赝为旧帖,以竖帘厚粗竹纸,皆特抄也,作夹纱拓法,以草烟末香烟熏之。火气逼脆本质。用香和糊,若苦帖嗅味,全无一毫新状。入手多不能破。其智巧精采反能夺目。①

除草末外,桦皮也是常被用以熏纸作旧的主要原料:

> 桦皮,画家以其皮烧烟熏纸,作伪古画字,故名木畫,俗省作桦字也。②

一些制赝者为使赝品更具欺骗性,往往采用割裂真迹题跋将其附于伪作,或磨去原作作者名姓,假充名家作品等手段以求瞒天过海。例如万历中,秀水冯梦祯曾藏有王维所作《江山雪霁图》,经董其昌定为"摩诘真笔",并题跋近千言,倍加赞誉。梦祯故后,其长子请人临摹制成一赝本,以八百金的高价售予徽州吴心宇。为使吴氏相信所得为真迹,冯氏将董其昌题跋全副割下,褫于伪作之后。吴氏得之果然"喜慰过望"而坚信不疑。③ 相比之下,"拓描""双钩"等方法虽属造假,但对原作本体尚未构成过大损伤,而此割裂之法是对原艺术品赤裸裸的伤害。其不仅割裂了原作作为艺术

---

① 屠隆:《帖笺·赝帖》,《中国书画全书》第 4 册,上海书画出版社,1992 年,第 765 页。
② 谷应泰:《博物要览》卷十,《丛书集成初编》第 1560 册。
③ 沈德符:《万历野获编》卷二六《玩具》,中华书局,1959 年,第 653 页。

第五章 赝品的创造、流播及影响

的整体性,更对艺品本身构成难以挽回的伤害。因此,江南一些专业藏家对此举深恶痛绝。例如,詹景凤在评析刘松年画作时即曾提到:

> 刘松年《卧看南园十亩春》一卷,约长丈余,亦宜谦摹来。云真本在吴门。后十余年,于嵇职方文甫处见后段,想流落被人前后折为二卷也。吴人鬻古书画往往如此,可恨也!①

然而,在巨大的利益驱使下,制赝者对此法却颇为青睐。他们借此张冠李戴,以真证假。在其荼毒下,江南为数众多的书画皆面目全非,而收藏者、鉴赏家除表示愤慨外,也只得每每对之浩叹。如陈继儒就曾提到,其曾与董其昌一道欣赏赵孟頫所作《渊明故实》以及画后倪瓒、张伯雨、宋濂、刘基等名贤跋语。同时,董其昌为该画引首写作标题。然而,二十年后陈氏再睹此画,其已全非旧时样貌,"展卷而文敏标题、诸贤手跋俱为乌有"。对此,陈继儒也只得表示遗憾,并慨叹"聚散之无常,题咏之难再"。②

值得注意的是,此种方法在苏州地区书画造假中极为流行,以至一些著名文士也参与其中,为谋利而不惜名誉亲身制赝。文徵明长子文彭(寿承)为吴地著名文士、艺术家,其画作秉承家学,为时人所推许。然其亦曾受人金钱伪造怀素《自叙帖》,詹景凤记其事称:

> 怀素自叙,旧在文待诏家。吾歙罗舍人龙文幸于严相国,

---

① 詹景凤:《东图玄览编》卷二,《中国书画全书》第 4 册,上海书画出版社,1992 年。

② 英和等辑:《钦定秘殿珠帘三编·元赵孟頫画渊明故实》,《续修四库全书》子部第 1075 册,第 639 页。

欲买献相国,托黄淳父、许元复二人先商定所值。二人主为千金,罗遂致千金,文得千金,分百金为二人寿。予时以秋试过吴门,适当此物已去,遂不能得借观,恨甚!后十余年,见沈硕宜谦于白下,偶及此。沈曰:此何足挂公怀,乃赝物尔。予惊问,沈曰:昔某子甲从文氏借来,属寿承双钩填朱上石。予笑曰:跋真乃自叙却伪,模奥为者?寿承怒骂:真伪与若何干?吾模讫掇二十金归耳。大抵吴人多以真跋装伪本后系重价,以真本私藏不与人观,此行径最可恨。①

由詹氏所记可见该种做法在吴下泛滥之甚。此类做法固不为人所齿,其中除古董商人牟利因素外,也与一些收藏家自私狭隘的心态有很大关系。这些藏家如文彭等,自身藏有真品,同时利用该物制作赝品以牟利,这种行径实在有悖文人收藏的精神内涵,反较纯粹的商贾更有不如。由此亦可观明后期收藏市场化、藏物商品化对藏家的影响。

(二)器物

江南的器物造假之术由来已久。明初,曹昭所著《格古要论》中就已记有关于古铜器的伪造技法:

> 用酽醋调砒砂末匀傅新铜器上,候成蜡茶色或漆色或绿色,入水浸,后用糯稻草烧烟薰之以新布擦光或棕刷刷之,伪朱砂斑以漆调朱为之,然俱在外不能入骨,最易辨也。②

---

① 詹景凤:《东图玄览编》卷一,《中国书画全书》第 4 册,上海书画出版社,1992 年。
② 曹昭:《格古要论》卷上《伪古铜》,《文渊阁四库全书》第 871 册,第 87 页。

第五章 赝品的创造、流播及影响

至明中后期,各类器物造假之术已极完备,所造之器多可乱真,其如高濂所称"近日山东、陕西、河南、金陵等处,伪造鼎彝壶觚尊瓶之类,式皆法古,分寸不移,而花纹款识,悉从古器上翻砂,亦不甚差"。① 高氏在其《遵生八笺》中详列古器物作伪的诸种方法,从剔光摹刻到以硼砂等物冲洗烘灼再到窨埋泼染烟熏点色,其法至为繁复,所造之器足可惑众,以致高氏亦慨叹"若此做法,技妙入神"。又如伪造玉器,其法亦出自"南中",即江南地区,其如谷应泰所指出:

  南中良工伪造古玉器法,以苍黄杂边皮葱玉或带淡墨色玉,如式琢器物,以药薰烧斑点,作血浸尸古之状,每用乱真,以得高价。②

除瓶尊等用以观赏的器物外,一些兼具实用性质的器物如砚台等亦成为造假的主要对象。众所周知,砚墨等皆为文人士夫文房中必不可少的用具。随着文人阶层对生活用具精细化、雅致化追求程度的不断加深,文房器具被赋予了更多的需求内涵。除质地外,其是否为古器,是否具有一定观赏收藏价值也成为重要衡量标准。故而,搜罗古砚,收藏古砚在文士间蔚然成风。相应的,伪造古砚之法也自然层出不穷。王肯堂即曾在著作中详细介绍了伪造古砚的方法:

  古物之所以贵者,以今人尽技为之不能仿佛其什一。如古铜彝鼎、官窑、哥窑器物之类是也。若砚石则生于山中久

---

① 高濂:《遵生八笺·燕闲清赏笺》,巴蜀书社,1992年,第520页。
② 谷应泰:《博物要览》卷七《新铸伪古器颜色》,《丛书集成初编》第1560册,第13页。

矣,特取有先后而石无古今,但当论其材之美恶,不当论其砚之新旧。自昔之谱砚者皆然。今俗子闻是古砚则宝重之,闻是新砚则不顾。至使射利之徒,取顽石草草斲之刊刻残缺取旧铭刻其阴,束草熏之,使其色变然后曝之烈日中,渴燥之极,饮以墨浆,积以岁月,洗涤不去,售之辄得重价。闽人、苏人业砚者藉此温饱……古砚黑渍处涤不可去,谓之墨锈,购古砚者必以此辨之。此三家村小儿强作解事者之见耳。余在京师时,数见古砚有锈者,绝少有若初未受墨者,盖古人谓砚不可一日不涤,初未尝使点墨停留,安得有锈?今市贾欲以新为旧,故爇草熏之,磨墨渍之,以变其色。而或有病古砚之无锈,亦如前法修治者,真烧琴煮鹤手也。①

与伪造书画不同,在制造器物赝品的过程中,文士极少参与,其主要通过一些手工匠人来完成。明代江南"赏玩"之风兴盛,手工艺品的市场销路因之大为拓宽,各领域内的制造名匠辈出,赝品制造技艺亦因其利而大为发展。一些制造名家因精于仿造、伪造古器而博盛名、获厚利。如徽州吴龙就擅长伪造多类器物,其"聪明多技艺,皆出自己意,未尝学于人,若临摹宣铜炉,接补汉玉颜色,制琢灵璧、假山石,修补青绿铜器,一一皆有瞒过有见识者"。其因技艺精湛而被称为"溪南神手"。②

在明代江南,许多工匠既是制造名家,又是伪造高手。他们将高超的手工技法引入赝品制造中,故所造之器不仅外观与真品绝

---

① 王肯堂:《郁冈斋笔麈》第二册,《四库存目丛书》子部第107册。
② 吴其贞:《书画记》卷二,人民美术出版社,2006年,第120册。

第五章 赝品的创造、流播及影响

少差异,神韵亦差相仿佛。隆、万之际的制瓷名手周丹泉即为其中代表。他伪造唐氏定窑鼎一事最为脍炙人口:

> 定窑鼎,宋器之最精者,成、弘间藏于吾邑河庄孙氏曲水山庄,嘉靖间为京口靳尚宝伯龄所得,毘陵唐太常凝庵负博雅名,从靳购之,遂归于唐。唐虽奇玩充牣,此鼎一至,诸品逊席。自是海内评窑器者,必首推唐氏之白定鼎云。吴门周丹泉巧思过人,交于太常,每谒江西之景德镇仿古式制器,以眩耳食者。纹款色泽咄咄逼真,非精于鉴别鲜不为鱼目所混。一日,从金阊买舟往江右,道经毘陵晋谒太常,借阅此鼎,以手度其分寸,仍将片楮摹鼎纹袖之,旁观者未识其故,解维以往,半载而旋,袖出一炉,云君家白定炉我又得其一矣。唐大骇,以所藏较之,无纤毫疑义,盛以旧炉,底盖宛如辑瑞之合也。询所自来,周云,余畴昔借观以手度者再,盖审其大小轻重耳,实仿为之,不相欺也。太常叹服,售以四十金,蓄为副本,并藏于家。①

许多技法高超的器物制造者已超越了普通匠人的范畴,他们具有较高的文化修养,于诗词、绘画等无不稔熟,故所造之器虽系赝品亦颇为精雅,因而深受文人士夫们的欢迎。例如万历中景德镇人昊十九精于制瓷,且"文雅好吟,喜绘画"。他与李日华等文士过从甚密,曾根据要求仿制前朝瓷器,"所作永窑、宣窑、成窑,皆逼真"。② 这些制造精美的赝品、仿品,本身同样具有较高的艺术观赏

---

① 姜绍书:《韵石斋笔谈》卷上《定窑鼎记》,《文渊阁四库全书》第 872 册,第 99 册。

② 李日华:《味水轩日记》卷三,上海远东出版社,1996 年,第 253 页。

价值。在收藏之风盛行的江南,由于真品数量有限,这些高级的仿制品也往往成为人们竞相购藏的对象。如宣德炉最为藏家所珍爱,而真品存世极少。万历末年,南京甘文堂、苏州周文甫皆以善仿铸宣炉而著名。其中周氏技法更为精湛,其所造鱼耳炉、蚰耳炉足堪以假乱真,同样得到一众藏家的追捧,"今亦为好事者购尽,见亦稀逢,价亦半侔宣铸矣"。①

在器物赝品制造中,除全部仿造外,制赝者也常利用一些成器,对其进行加工,以甲作乙,以此充彼,从而达到混淆真赝的效果。例如,针对江南收藏界对宣德炉的购藏热望,一些制赝者在景泰、成化年间烧纸的狮头彝炉上雕刻"宣德"名款,以"李鬼"代替"李逵",从而博取高价。② 总的说来,器物较之书画种类更为多样,凡陶瓷铜玉之属、砚石琴剑等物皆为明代江南藏家所钟爱,而其制伪技法、造假方式也相应更为复杂。

三、赝品流播对藏品市场的影响

至明朝晚期,各类赝品充斥着江南收藏市场,"吴门、新都诸市骨董者,如幻人之化黄龙,如板桥三娘子之变驴,又如宜君县夷民改换人肢体面目,其称贵公子、大富人者,日饮蒙汗药而甘之如饴"。③ 赝品制作此时已成规模化发展,其不仅在藏品市场中形成

---

① 项元汴:《宣炉博论》,《中国古代美术丛书》第二集第四辑,国际文化出版公司,1993年,第248页。
② 孙承泽:《砚山斋杂记》卷四,《文渊阁四库全书》第872册,第189页。
③ 沈德符:《万历野获编》卷二六《玩具》,中华书局,1959年,第653页。

了较为稳定的利益链,且已拥有了相当稳定的从业群体。晚明江南文士多从事书画赝品的创作,制赝所得成为其赖以谋生的经济来源,"骨董自来多赝,而吴中尤甚。文士皆借以糊口"。① 至于各类器物则伪造者更众,不仅从业者多且已形成地域性的生产特色,例如青铜多由河南、金陵、姑苏等地土窑烧造,②瓷器则苏州、景德镇伪造较多,淮安等处伪造古鎏金器皿,技法已自成一家,所做小鼎炉等"做旧颇通,人不易识",③至于假砚则多来自福建,其流布极广,以至形成"宋端砚满天下,皆莆中赝物"的局面。④

赝品的大量流播最终导致明代江南收藏市场"消化不良",大量伪造品充斥市场,使收藏者深受其害,从积极交易转为畏避观望,藏品市场也因之数度出现萎靡。例如,万历四十年(1612)十一月,一古董商在造访李日华时就言及其时藏品市场之萧条,"贾从金陵来,云近日书画道断,卖者不卖,买者不买。盖由作伪者多,受绐者不少,相戒吹齑,不复敢入头此中耳"⑤。

市场低迷,古董商人自然蒙受损失,但追根溯源,大大小小的古董商人实为造成这一状况的始作俑者。赝品被制造出来后,绝大多数将被投向市场,而在产销环节中起最主要作用的,无疑是形形色色的古董商人。他们将自己制造或从他处购得的古董赝品通过多种方式向外兜售。在这个过程中,除赝品本身质量外,古董商

---

① 沈德符:《万历野获编》卷二六《玩具》,中华书局,1959 年,第 653 页。
② 项元汴:《宣炉博论》,《中国古代美术丛书》第二集第四辑,国际文化出版公司,1993 年,第 245 页。
③ 高濂:《遵生八笺·燕闲清赏笺》,巴蜀书社,1992 年,第 520 页。
④ 沈德符:《万历野获编》卷二十六《玩具》,中华书局,1959 年,第 653 页。
⑤ 李日华:《味水轩日记》卷四,上海远东出版社,1996 年,第 283 页。

人的经销手段也是赝品能否顺利售出的关键因素。一般,古董商人都具有一定藏品知识与鉴赏能力,他们会根据社会风尚及购买者喜好对赝品进行一番定位宣传,使购买者相信面前的物件确系难得的珍品。例如,李日华曾言及嘉兴有徐海门者,往来湖海间专觅残碑断碣,并精研拓墨之道,将其所收镌成十卷,伪造为《宝晋斋法帖》,其效果几于夺真。① 又如,一夏姓古董商人曾向李日华推销一件琴形玉器。该商人信誓旦旦地对李宣称此系一枚玉圭,且属三代之物。然而,精于鉴藏的李日华当场即分辨出,该器物系拾入七碎玉片琢制而成,形制与玉圭绝不相符,"圭形锐首平底,典重之极,岂硗薄若是,又何用肖为琴形耶"。其不过是供一般人消遣的把玩之物,价值不高,"盖好事者用为臂搁之玩耳"。经过此事,古董商人的诈伪多端给李日华留下了深刻印象,他在日记中感叹"自士大夫搜古以供嗜好,纨绔子弟翕然成风,不吝金帛悬购,而猾贾市丁任意穿凿,架空凌虚,几于说梦"②。

"穿凿附会""架空凌虚"是古董商人在推销赝品时最常采用的伎俩,购买者往往为其所惑而坠其彀中。然而,赝品愈多,其对于正常的收藏鉴识干扰就愈大。即便是古董商人,其鉴识能力稍弱或稍不留神就有可能坠入局中受到蒙蔽。例如,一位老古董商人即曾受骗购置赝品,并因而遭到徐渭诟病:

> 沈征君启南画,大约如伯阳初生,便堪几杖,是谓稚中藏老,又如谢道韫,虽是夫人,却有林下风韵,是谓秀中现雅……

---

① 李日华:《味水轩日记》卷三,上海远东出版社,1996 年,第 167 页。
② 李日华:《味水轩日记》卷五,上海远东出版社,1996 年,第 298 页。

第五章　赝品的创造、流播及影响

因知评别启南如此则真,不如此则赝,而此卷者固已如此矣,诬以赝得乎?董丈某,老古董也,高直收之,讵堕误赏?①

面对赝品,藏家们自然嗤之以鼻,避之唯恐不及。李日华曾记述其与友人同游虎丘,而"鹜古者"竞相持物求售,而其中极少真者。对此,李氏表示了极大厌恶,乃至称目睹赝物"不胜呕哕"。②可以想见,作为晚明江南最负盛名的藏家之一,李日华与众多古董商人往来密切,其接触赝品的机会自然很多。虎丘之行后不久,李日华再度被赝品所困扰,然则此次他却以一种诙谐幽默的方式表现对赝品的无奈情绪:

> 犟古老人之仆负四画来观。一郭熙,绢旧墨浮,树石亦荒乱无绪;一王叔明《张公洞图》,枯燥无味;一文征仲,乃稀绢蒙真本而脱出者;一陈白阳米山,笔笔俗恶,无一点空圆之趣……急闭户取予所藏郭河阳《秋山行旅图》、王叔明《山居图》、陈白阳《五湖田舍》、文征仲《小沧浪》等轴,张素壁饱之,更瀹上茗引吸,以助清真之趣。笑谓客,赖有此洗涤胜具,不然滓秽我神识矣。③

李日华此举看似有趣,然其实质则是以观看真品来强化自身意识,从而消弭因接触赝品而致生的鉴识偏差。事实上,江南藏界赝品流播已无可避免,一众藏家对此也渐习以为常,并相应生发出达观的处置态度。如王世贞对赝品的态度就较为独特:

> 弇州翁见人售古玩,惟恐其不真不能长价。王世周观戏

---

① 徐渭:《徐文长三集》卷二十《跋书卷尾二首》,中华书局,1983年。
② 李日华:《味水轩日记》卷四,上海远东出版社,1996年,第283页。
③ 李日华:《味水轩日记》卷四,上海远东出版社,1996年,第283页。

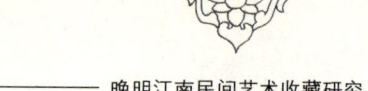

法恐人言其非信多敛容焚香而后观之。此皆前辈至诚恻怛，非独好事者之性也。人有晚弇翁之藏者曰奇而赝。翁笑曰：人慕弇翁而来，安有弇翁也。而不听真赝之数，弇翁岂不知之。其人愧谢而退。①

不仅如此，一些藏家更因顾念赝品制造为相关人众衣食所系，故而采取了不以揭露，默许其存在的态度。例如，李日华称其乡人朱肖海伪造文徵明画作，每每以赝品售人获利，然念及其赖此谋生，故"不忍攻也"。② 在对待赝品的诸种认识态度中，较为难得的是，一些人善于披沙沥金，发现赝品蕴藏的艺术价值，如李日华称其遇到赝品无不反复谛视，遇有佳作也曾连声赞赏，其原因在于赝品伪作皆仿自真品，是在一定程度上对真品的再现，透过赝品仍可或多或少学习到古人一些技艺特点或创作气韵，"赝迹虽浮浅可笑，然未尝不依傍古人精神而运。画则失气韵，而布置自存；书则乏风神，而骨骸或在。以我寸灵默游其间，未尝不遇古人之百一也"。③ 然而，具备如此眼界与胸襟的人毕竟是少数。绝大多数藏家在对赝品深恶痛绝的同时，又无法回避与赝品的频繁接触。因此，提高自身的鉴别能力就成了藏家们规避风险的主要方法。

---

① 张大复：《梅花草堂笔谈》卷九《前辈》，《中国文学珍本丛书》第十一辑第十五种。
② 李日华：《味水轩日记》卷二，上海远东出版社，1996年，第283页。
③ 李日华：《紫桃轩又缀》卷二，凤凰出版社，2010年，第350页。

第五章　赝品的创造、流播及影响

四、辨赝与防伪

鉴藏古物,其经验方法古已有之,且历代皆不断有所增益。如元代王恽就曾提出鉴别诸种艺术品的不同方法。其于鉴别古器物称"看古器物,当解其刀刻,碾刻者,刀刻为上,碾与刀盖相去甚远",于鉴别绘画则称"看画当观其气,次观神,而画笔又次之。用漆点睛,朱砂红,石绿者皆唐画也"。① 至明代,鉴定古物之法亦不断更新,一些饶有经验的藏家纷纷著书立说,向社会传递相关的藏品知识,帮助更多人免遭欺骗。例如,张应文在《清秘藏》中对多种藏品的辨伪方法有着详细介绍,其于古铜器称:

> 古铜声微而清,新铜声浊而闉,古铜并无腥气,惟新出土尚带土气,久则否。伪作者试热磨手心以擦之,铜腥触鼻可畏。②

其于书法作品称:

> 欲观古法书,当澄心定虑勿以粗心浮气乘之。先观用笔,结体精神,应次观人为,天巧真率,造作真伪已得其六七矣;次考古今跋尾相传来历;次辨收藏印识、纸色绢素而真伪无能逃吾鉴中矣。③

---

① 王恽:《玉堂嘉话》卷二,中华书局,2006 年。
② 张应文:《清秘藏》卷一,《美术丛书》初集第八辑,浙江人民美术出版社,2013 年。
③ 张应文:《清秘藏》卷二,《美术丛书》初集第八辑,浙江人民美术出版社,2013 年。

然而，藏品鉴赏毕竟需要丰富的阅历，需要长时间积累的实践性经验。因此，理论的充备并不意味鉴识水平的必然提高，对真品"意韵"的体察更难于一蹴而就。对待古物，除关注其本身的艺术特点外，其所蕴含的历史信息也往往成为专业藏家的鉴别线索。事实上，虽然制赝手法层见错出，然囿于知识水平，造假者难免会在伪品中留下破绽，鉴赏者只需具备一定知识素养即不难看出。例如，徐渭即曾谈及以官名判定书画真伪之事：

> 阅吴子所藏红梅双鹊画，当是倪元镇笔，而名姓印章则并主王元章，岂当时倪适王所，戏成此而遂用其章耶？近世有人传虞世南草书，大径五六寸，绝不类世南，其所书诗又是李白、杜甫所作，去世南时远甚，而其印文十字，乃是"华盖殿大学士虞世南书"，夫唐时何尝有此殿名？又何尝有此官？又印内文从来何尝有结一字者？并大可笑也。此盖本朝夏阁老言书耳，夏阁老亦号能书，然比于世南，奚翅丑妇效西子颦，若元镇之效元章，则南威偶效西子也。阅画时，适人以夏书来评，并记之。①

可见，赝品绝非无懈可击，其判别须看鉴赏者专业功力是否精湛，相关学养是否深厚。在赝品大行其道的同时，收藏界中也渐兴了一股"格古"之风。一些具有丰富学识的专业收藏者或鉴评家通过考察艺术品历史信息是否对称，以及传续经历逻辑是否合理等因素来判别其真伪。例如，在前文曾引事例中，福建某商人以众多古砚售与文徵明等文士。据该商人称，这些砚系南宋灭亡时，宋帝

---

① 徐渭：《徐文长三集》卷二十《书吴子所藏画》，中华书局，1983年。

第五章 赝品的创造、流播及影响

携以自随,并因船覆而沉入海中。此段事迹在明代江南收藏界中有着不小影响。然而,薛冈却对商人之说大不以为然:

> 好古当格古,不得妄求其说以实之。赵宋宣和物,入虏中,高宗仅以身免,后从临安迎祖宗神主于汴,尚有遗失者,而况古玩?南宋末,帝匿山中数日,始遇残兵为航海计,安得从容携贡砚无数沉海中?闽中今制贡砚,动称宋时航海所沉,而为渔人得者,此出诸鬻古牙侩之口则可,文人习之,亦皆不察,可笑也。①

如果说,薛冈对于艺术品来源的判断是一种基于情理的推敲,那么,一些专业藏家则是直接利用确凿的历史信息对艺术品的真伪加以判断,从而得出令人信服的结论。例如,王肯堂即曾基于人物装束的历史时代特点而对著名画作《游春图》提出了质疑:

> 韩先生出示一卷,宋徽宗题云展子虔《游春图》。余谓是唐以后人笔。先生不怿,问:子何以知之?曰:子虔北齐人,何得作唐衣冠?先生乃服。今宣和画谱中亦未载。②

任何艺术品,除去其遵循的一般性艺术规律外,总难脱其所属时代的文化印记。因此,"格古"即是从发见探求这种印记出发,与历史的真相相印证,从而以超乎艺术本身的历史方法判别艺术品的属性。在晚明江南藏界,这种方法被越来越多具有较高历史修养的专业收藏家或古董商所利用。明末著名书画商人顾复为所谓李思训画作证伪亦属此种情况:

---

① 薛冈:《天爵堂文集笔余》,《明史研究论丛》(第五辑),1991年。
② 王肯堂:《郁冈斋笔麈》卷二,《四库存目丛书》子部第107册。

新安吴氏世传大李将军《明皇幸蜀图》立轴,二尺六绢本,
什袭甚谨,索价甚昂。携至广陵王长安所,斯时也,宾朋满座,
如瞻景星庆云,未开展,即有赞叹其妙者。及纵观,颂美若蚊
聚声,卷轴后指摘佳善,犹聚讼。询之于予,予哑然曰:谚所谓
宋板《大明律》,今始见之。举座骇然。予曰:是非无征之说,
试以李北海《云麾将军帖》视之,思训卒于开元初年,而画天宝
以后事耶?宾朋之黠者掩口葫芦,顾左右言他而退。然用笔
细而不板,克肖贵贱人意象,峰峦峻拔,迳道逶迤,水泉林木,
点缀皆好,大抵五代、宋初高手之所为也。①

由前例可见,藏品鉴识对鉴赏者的经验及文化底蕴都有着较高要求。随着赝品的流行泛滥,如何辨识赝品就成了江南众多藏家最关注的问题。请名家鉴古无疑是解决问题的首要方案。尤其对于缺乏相应鉴识能力的藏家而言,请一些富有经验、公认可靠的名家"掌眼"不失为最稳妥的方法。随着明代收藏的日渐活跃,藏品鉴定活动也愈加频繁。今天,我们仍能从李日华、张丑等收藏名家的著作中找到大量他们为人鉴定藏品的记录。在鉴定活动中,多数名家皆能本着实事求是的精神,不谋财不徇情不苟且,以认真负责的精神对待藏品。如张丑曾为友人鉴定法书,直指其为仿书而非真迹。友人大为不悦"怫然见于辞色",而张丑仍坚持己见,并指出其本身纸质即存在很大漏洞,足以辨其为伪。友人最终心悦诚服,"首肯而退"。②

---

① 顾复:《平生壮观》卷六《李思训》,上海古籍出版社,2011年。
② 张丑:《真迹日录》卷一,《文渊阁四库全书》第817册,第521页。

第五章 赝品的创造、流播及影响

在此，还须指出的是，晚明江南藏界对"名家"的推崇达到了无以复加的程度。如文徵明、董其昌等，皆被目为藏品鉴定的"法眼"名家。他们的鉴评直接关乎藏物的真伪以至身价，而其意见则被江南藏家奉为"金科玉律"，一经其品评则如定"铁案"，几乎再无他人质疑置喙的空间。此风气自明中期形成以来，对藏界影响极为深刻，直至清代亦相沿未改，如清初书画商人吴升在评论文徵明对书法作品收藏的影响时就称"明正、嘉之际崇尚风雅，魏晋法书一经衡山品题便增声价，二百年来相师成风犹未敢异同也"。① 事实上，"名家"在鉴定方面经验、知识固然大大超乎常人，但以一人识力对众多艺品，难免会有其见不到处，受蒙蔽被欺骗的情况也在所难免。例如，詹景凤就曾记述一段文徵明受欺的有趣事例：

> 乙酉长安灯市，予同沈太常纯甫往，见唐伯虎一细绢小幅山水。又有吴仲圭一小幅墨菜……皆真。予助纯甫购得之。其年秋，莫廷韩入京。纯甫以示廷韩，廷韩谓为伪作。纯甫即以赠其故人。予昔闻云间莫廷韩、顾汝和、汝修三人，赏识并具大法眼，而廷韩二画则如此。汝和于丁丑年灯市自买二巨幅刘松年，大喜，夸示友人，以为奇货。予闻急从借观，不但赝而浊俗。汝和问，何谓赝？予具道所以，乃大服。余因语汝和：以伯兄之精赏而买赝物，何也？汝和笑曰：岂惟弟也。如文太史非吾乡所谓法眼者耶？太史尝买沈启南一山水幅悬中堂，予适至，称真。太史曰：岂啻真而已，得意笔也。项以八百

---

① 吴升：《大观录》卷二，《中国书画全书》第 8 册，上海书画出版社，1992 年，第 157 页。

文购得,岂不便宜?时予念欲从太史乞去,太史不忍割。既辞出,至专诸巷,则有人持一幅来鬻,如太史所买者。予以钱七百购得之。及问,鬻太史亦此人也。间以语太史,太史好胜,卒不服。太史且然,兄何少弟之失二画哉?①

可见,精于鉴赏如文徵明尚难免遭欺骗,更何论其他藏家。也正因如此,某位"名家"之论虽可为鉴定的重要参考,但实不足以成为判定的唯一证据。事实证明,后世的一些专业藏家对名家鉴定即采取了极为审慎的态度,并提出前辈定论亦有颇值得商榷之处。例如,吴升就曾因一幅传世所谓王羲之书作而对文徵明的鉴定意见提出了质疑:

> 余惟此帖虽入宣和御府,然大观帖所刻波拂有锋芒,结体有劲力,而此真迹纸太白不能淳古,字画一笔,波靡竟成油熟,较之刻帖反觉气韵消乏,颇疑此本为唐人所摹,数百年后子夏西河视同尼父,传至祐陵亲加标识,衡山先生又起而疏其本末,袁生一帖声价遂重。独自晋至明,历代擅书者不一家,何乃遗其题识,寥寥然止一祐陵之标签,待诏之审定,不可晓也。②

除文徵明外,另一大家董其昌也成为吴氏质疑的对象:

> (虞永兴摹兰亭序)本身及前后宋绫隔水宋元玺印鲜奕,绍兴、天历俱经进御。淳熙间有魏昌、杨益题识,及明宋金华、

---

① 詹景凤:《东图玄览编》卷二,《中国书画全书》第4册,上海书画出版社,1992年。
② 吴升:《大观录》卷一"王右军袁生帖",《中国书画全书》第8册,上海书画出版社,1992年,第157页。

第五章 赝品的创造、流播及影响

张南安诸公鉴赏,不过叹为唐人妙笔,未尝凿指谁何也。迨董宗伯始定为永兴所临,但字画一色淡墨不分浓纤轻重,视之惝恍……百余年来,以文敏论定遂成金科玉律。余生孤陋,何敢与前辈执拗,然亦何敢附和?①

作为清初著名书画鉴藏家。吴升在艺术品鉴定方面有着较深造诣,对书画亦有其独到见解。故而,他并未如普通藏家那样对前辈名家盲从盲信,而是根据艺品的存续情况及艺术特点作出合理分析,并以此为基础,对名家鉴定提出了不同意见。应该说,鉴赏"名家"地位的不断提升是江南收藏热造就的必然结果。在赝品充斥的氛围中,"名家"的存在意义固然不言而喻,然对其过分尊崇与依赖则易于将藏品鉴定导向负面。除那些公认的"名家""巨眼"外,由于赝品流播侵害程度不断加深,收藏领域亦相应出现了一批专事鉴定者。相较于"名家",此类人并无显赫的声名,但其大多从事收藏且在某领域内见多识广具有丰富经验。因此,他们常被一众藏家引为"座上宾",其评定甲乙,判别真伪之事迹亦多为人所称道。其如李日华笔下所记"草汀隐君""爱荆居士"等即皆属于此类人物:

  隐君姓盛,讳龙升,字德潜……贾武林,居奇精算,尽七策之秘,期年大昌矣……不数年贾资悉尽。君亦不复贾,更为鲍冠紫褐,以逸老自命,往来诸好事家,所至皆倒屣迎之。君性简质而有奇思,见古文奇迹,宝玩尤物,辄能定其甲乙,或满座

---

① 吴升:《大观录》卷一"虞永兴摹兰亭叙",《中国书画全书》第8册,上海书画出版社,1992年,第157页。

谨哗聚讼,君初不言,已复淡然出数语,极中窾会,故挟珍者雅服君善鉴,而袭燕石者或自摄君,愿君直任其衡,无所低昂,其间人弗能难也。①

爱荆居士姓汪,讳继美,字世贤,秀之莲花溪人……盖世以殖善隐修联其子姓者……性喜披览传记,遇异书精刻,辄厚值购之,与古名贤书画奇迹杂置满楼,风雨闲暇,即登楼手抚卷帙,咿哦自快。又或设供乌斯,藏诸秘妙佛大士像,对之默坐团蒲,寂无音响……性又善鉴古,鼎彝環玦陈列左右,居恒摩挲玩绎,若有深味。时流薄恶,巧作赝物中人。居士一见,得其情,顾每含意不吐,惧以是发人覆而因以媒嫉也,以故庄人韵士钦挹相引,有同调之契,而憸夫儇子亦熙然于光尘之混泯也。居士前所交游项子京、钱沧州、周服卿、张伯起、王百穀、孙雪居、项贞玄、郁伯承、朱君升,近则董玄宰、陈仲醇、俞羡长、高元雅、万盖卿、释舷公,皆得图咏品题,盈箱溢笥。每一展阅,又疑居士为古人,即胜国倪元镇、顾仲瑛、曹虚白诸公不啻也。②

根据引文,盛龙升、汪继美等皆为经商出身,本人喜爱收藏,并于鉴赏之道颇具心得,故得到一众藏家的信赖。其中,汪氏经历更为曲折,其不仅于鉴定之际颇具慧眼,且立身藏界更有自全之道。为免疑忌甚或报复,汪氏不得不依违于真伪之间,和光同尘,故而得以周旋于专业藏家及赝品制造者等不同人物之间。由汪氏经历

---

① 李日华:《恬致堂集》卷二五"草汀盛隐君传",上海古籍出版社,2012年。
② 李日华:《恬致堂集》卷二五"汪爱荆居士传",上海古籍出版社,2012年。

第五章 赝品的创造、流播及影响

亦可见其时鉴定之难,以及赝品制作之泛滥。在收藏界中,如盛、汪者大有人在,其中不少仅是出于喜好,而一部分人则专以鉴定为职业,赖此谋生。如冯梦祯曾记徐忠其人:

> 吴人徐季恒名忠,余父客,自负赏鉴家,晋唐以来诸书名画一过其目真赝了然,旁引曲证虽巧市赝者不能惑……季恒尝挟其目游京师。颇得意,所入金钱即付酒家,故老而贫自若。余尝勉之,再至京师,赀装垂就而复散如是者数四。今益老且困,而不能下人,不合辄掉臂去……①

无论收藏名家或专业鉴定人,其相对于数量庞大的江南收藏家无疑是较小的部分。对相当多的藏家而言,他们无法事事依赖专门鉴定,其自身渴望掌握一些便于理解且用之有效的鉴定"法门"。于是,在长期从事收藏过程中,江南收藏家们逐渐总结出了一些艺术品的验证方法。例如,清初著名学者姚际恒就曾总结出自晚明以来流行于拓本收藏领域中的一些"诀窍":

> 近世有名陕拓必以宋本为佳,然考古之家皆有验法:怀仁《圣教序》以首行晋字不断为验;欧阳信本《醴泉铭》以光字补凿痕为验,后来拓久补凿痕隐矣;颜平原《争坐位稿》以"辄有州对"四字清楚者为验;智永《千文》以后有"侄方纲摹"四字为验,后拓者无。予初得智永千文一本,周锡禹所藏,周自记有此四字,验是宋拓,以二十缗得之。予后复得一本,末又有李寿永寿明刊六字一行。此则生平仅见。正如学问之理无

---

① 冯梦祯:《快雪堂集》卷三一《跋朱元介太史为徐季恒于书杂咏十二章跋》,《四库存目丛书》集部第164册。

穷，愈求其精者愈出耳。①

在各种窍门方法中，最为藏家们所依仗并频繁使用的，当属对艺术品名款或题识的判定。众多藏家往往依赖这些标志性信息作为藏品鉴定的法宝。事实上，款识题跋最易被伪造，赝品制造者也往往投藏家之所好，在此方面做足功夫。例如前文所述制赝者在景泰、成化彝炉上刻以"宣德"款识，伪充宣炉的做法即属此类。此种情况的发展助长了收藏界中"重名轻实"之风，许多藏家只认款识，而忽视藏品本身。例如一些宣炉藏家因过于看重款识反与真品失之交臂，"今世偶有一二真宣之铸，其款式尽合图谱惟底无印款，反疑其伪，殊不知凡进呈样炉例不填款，俟选中特铸方许写款，今人不审往往错过不取，然亦有伪铸无款样炉者以之欺世愚人，其制度铜质鉴家一见分明"。②

在书画收藏界，这种名实倒置的现象更为严重。明代江南题画之风颇盛，文人学子遇画作则一概题之，"比年后生小子一有卷轴，不问画之珍秘，经何人品题，遽尔大书乱道，厕于其间，污人好画，恬不知愧，大可畏也"。③ 这些书画题跋虽不免滥渎，但往往记有该画的流传经过及题识人的鉴藏意见。因而，其常被视为鉴别书画真伪的重要依据。尤其是一些书画名家，他们对书画作品的鉴赏本身就包含对其真伪的辨识，其所作题跋更无异于作品的"品

---

① 姚际恒：《好古堂家藏书画记》，《中国书画全书》第 8 册，上海书画出版社，1992 年。
② 项元汴：《宣炉博论》，《中国古代美术丛书》第二集第四辑，国际文化出版公司，1993 年，第 245 页。
③ 镏绩：《霏雪录》卷下，《文渊阁四库全书》第 866 册，第 680 页。

质证明"。因此,书画作品一经名家题识如被贴上了防伪标志,身价顿增。在这种风气影响下,书画持有者大多积极邀请名家为其藏品题跋,致使一众名家应接不暇。李东阳就曾提及其并不从事收藏,而要求题识者殆无虚日,"平居未尝费一钱之购,无寸纸尺素之藏。凡持以求题识者无虚旬月,至辄悬之斋阁,坐卧其间,后先相代,而吾家未尝无画"。① 诚然,书画题识有利于后人了解其收藏过程,对作品鉴定也有一定帮助。但是,对其过度看重则难免失去收藏的真正意趣,更为赝品的制作创造了可乘之机。如前文所述,在赝品上伪造或嫁接名人题跋为制赝者惯常使用的手段。正因得到江南收藏界"重名"之风的扶持,此类做法才得以肆行其道,屡试不爽。

综上所述,在明代江南社会,随着财富的积聚与赏玩之风的兴起,收藏逐渐成为全社会的普遍风尚。这一改变加速了藏品的市场化、商品化转型,更使藏品交易活动日益为市场规则所左右。收藏热度的有增无减造成社会对藏品产生了巨大的渴求与消费潜力,而不断扩展的市场空间与数量相对稳定的藏品间又形成了供求矛盾。最终,这一矛盾的加剧不仅造成藏品交易价格的翻涨攀升,更为大量赝品的创造与流播创造了条件。可以说,赝品是藏品社会化、市场化的必然产物。它的出现填充了藏品市场的空缺,满足了相当部分人的收藏心理需要,更为制造者和经销者带来了巨大收益。非理性的消费与不健康的市场使得赝品泛滥成为可以预

---

① 李东阳:《李东阳集・文前稿》卷二十《题括苍陈氏画》,岳麓书社,1984 年,第 301 页。

见的发展趋势。不断发展的民间手工技艺更为造假推波助澜。赝品与真品间的差距不断缩小,藏品的鉴定辨识也随之活跃起来。然而,由于收藏数量与藏品知识的明显不对称,众多藏家的鉴古活动也多蹈入"重名轻实"的歧途,反为赝品行销打开方便之径。在此背景下,更多藏家的鉴别活动往往流于程式化,因而致生误区,最终促生了收藏界中的虚浮风气。"假作真时真亦假",明代江南赝品的造作与流播不仅是存在于收藏领域的个体现象,同时更可折射出商品市场的运行轨迹与社会风尚的发展趋势。

第六章
藏家、古董商与藏品交易网络

在江南,收藏浪潮的不断高涨推动了更多艺术品进入市场。在此背景下,藏家们获取艺术品的渠道也相应不断拓宽。一方面,古董摊、铺等经营实体不断增多,其广泛分布在江南主要城市的商业文化中心地带。一些商品经济发达的区域中心性城市已产生发展出较为成熟的艺术品营销体系。此类城市也因藏品、藏家的集中而成为明代后期江南民间收藏业的中心;另一方面,基于传统文人交游及古董商人活动而建构起的民间藏品流通网络发挥着积极作用,并在参与人众、流通数量等方面得到极大拓展。此种密集交织的网络成为江南艺术品流转的"捷径",并向江南以外地域延伸,最终其发展成为藏品交易中巨大的"隐形市场",在明后期江南的艺术品收藏过程中发挥着重要影响。

一、晚明江南古董市场的地域空间分布特点

在收藏领域中,"骨董"摊、铺为销售各类艺术品、玩好器物的经营实体。其起自何时,现已难考。然就文献所载,至迟在北宋时,专销图画、古玩的摊铺就已出现。孟元老所著《东京梦华录》专

记北宋末年汴梁的繁华盛况。其中,潘楼东街巷又名"竹竿市",专卖"衣服、图画、花环、领袜之类"。① 南宋初,邯郸人李廷瓘在为友人藏画题写跋语时,忆及其父早年游历汴京,于大相国寺资圣阁后画肆,购获吴道子所作《天龙八部》的部分图卷。② 可见,北宋晚期汴京已有出卖图书绘画作品的固定市集场所。南宋时,杭州成为江南文物荟萃之地。宋末元初的著名收藏家周密曾著《云烟过眼录》,其中提及其父在杭州收买古书画的情况:

> 先子向寓杭收奇异书,太庙前尹氏尝以粉画《三辅黄图》求售,每宫殿各绘成图,甚精。后为衢人柴氏所得。③

"尹氏"当为其时专事古书、图画等交易的商人,其姓氏前冠以"太庙前"似意指其拥有的古董铺户地点,这较之那种零散机动的艺术品买卖摊贩显然有所进步。除杭州外,在江南其他城市,也存在着大小不一的古董商铺。例如,嘉兴华亭市中有古董小常卖铺,贩卖内地甚至远方奇珍。④ 湖州骆驼桥一带亦有不少古董摊铺,除售前代古董外,还售卖当代艺术作品。赵孟頫的友人田良卿因爱赵氏法书文字,即曾于此购得赵所写《千字文》,并请作者本人题跋。⑤

明代,由于收藏之风的盛行,古董摊肆等在数量与规模等方面

---

① 孟元老撰,邓之诚注:《东京梦华录注》卷二"潘楼东街巷"条,中华书局,1982年,页70。
② 吴升:《大观录》卷十一"吴道子天龙八部图卷",《中国书画全书》第8册,上海书画出版社,1992年。
③ 周密:《云烟过眼录》卷四,《文渊阁四库全书》第871册,第78页。
④ 周密:《志雅堂杂钞》卷上,《粤雅堂丛书》本。
⑤ 董斯张:《吴兴备志》卷二五《书画》,民国嘉业堂刊本。

第六章 藏家、古董商与藏品交易网络

皆有了较大发展。尤自明中期后,古董销售借由城市贸易的兴盛进一步发展,甚至成为名著天下的标志性商业景观。在时人笔下,"京师城隍、灯市之古董"与"无锡之米""浮梁之瓷""广陵之姬"等并负盛名。① 其时,艺术品收藏的北方中心在京师,城隍、灯市两处庙会的古董摊肆久为藏家所推重。文徵明、詹景凤等江南著名藏家皆曾游历于此,并有所斩获。在江南,古董铺肆密布于各主要城市,且因庙会等而设的流动性古董摊也所在多有。例如,李日华曾在其日记中提及"内臣孙隆于昭庆寺两廊置店肆百余,容僧作市,鬻僧帽鞋履蒲团琉璃数珠之属。而四方异贾亦集,以珍奇玩物悬列待价,谓之摆摊"。② 又如,徽州歙县龙宫寺每逢八九月间则"四方古玩皆集"。③ 除随庙会等出现的带有流动性的古董摊外,固定的古董店铺也在各主要城市中有着愈加广泛的分布,并在长期发展中形成了城市空间分布上的一定规律。

(一)学宫、贡院等文化教育机构附近

收藏是以知识阶层为主体的活动,官绅士夫也是最常光顾古董铺的群体,因此,古董铺、肆的选址无疑要重点考虑士夫的活动特点。学宫、贡院等是地方士子们时常出没、频繁往来之处,因此,其周遭自然成为古董铺、肆聚集地带。在现存明后期画作《皇都积胜图》中,我们可以清楚地发现,其时北京贡院前有多个古玩摊,其

---

① 王士性:《广志绎》卷一《方舆崖略》,中华书局,2006年。
② 李日华:《味水轩日记》卷四,上海远东出版社,1996年,第283页。
③ 吴其贞:《书画记》卷二"黄山谷行草残缺诗一卷",人民美术出版社,2006年,第48页。

中罗列古器书画,更有士人往来问津。江南的情况与北京相同。在南京,朝天宫为官员习仪会议之所,一些古董铺也因而据此地展开经营。据冯梦桢所记,其曾在该地附近邵氏古董铺中购去"古玩数事"。① 此外,李日华也曾提到,杭州贡院前有出售古玩的"列肆",李氏本人曾在此购倪云林画作等物。李氏的故乡嘉兴,同为晚明民间收藏之重镇,其地古董摊铺亦多依试院等而建。例如,万历四十年(1612)三月间,李氏曾记与友人在试院前"阅市"的经历:

> (三月)十六日,与虚缘步至试院前阅市,甚少珍异。止见扇三柄,一为侯夷门画,极得子久苍秀法;一为王仲山草书,夭矫雄健,林藻、孙虔礼之流;一为项墨林写殷红宝珠茶花一枝……②

(二)著名风景名胜区

明中期后,旅游作为另一种消费现象也渐成社会时尚,各阶层广泛参与其间。江南地区山水灵秀,历来为人们乐游之所。其中,苏、杭更是出游的首选地。当时,虎丘、西湖为天下闻名的游览胜地,其地游人如织,往来不绝。此种状况本身就为消费行业的存在和发展提供了极为有利的条件。更关键的是,士人阶层亦时常光顾这些地区。对古玩销售行业而言,名胜之区无疑具有得天独厚的位置、环境优势。在杭州,环西湖"风光带"自南宋以来就是店铺商户分布密集的地区,至明代,其情况更为突出。李日华在日记中

---

① 冯梦桢:《快雪堂日记》卷十三,凤凰出版社,2010年。
② 李日华:《味水轩日记》卷四,上海远东出版社,1996年。

第六章 藏家、古董商与藏品交易网络

就不止一次提到在西湖边市肆购买古玩的经历,例如其曾于岳坟旁古董铺中一次性购买"暹罗钟磬""文螺""黑髹酒鸥"等多件艺术品。① 又如,苏堤附近的六桥有"项老儿店",专售书画。李氏居杭时曾多次往来其处。晚明西湖商业的繁华以"香市"最具代表性,每逢开市则百货萃集,而古玩艺品多汇聚其间,其情景如张岱记述:

> 西湖香市,起于花朝,尽于端午。山东进香普陀者日至,嘉湖进香天竺者日至,至则与湖之人市焉,故曰香市。然进香之人市于三天竺,市于岳王坟,市于湖心亭,市于陆宣公祠,无不市,而独凑集于昭庆寺。昭庆寺两廊故无日不市者,三代八朝之古董,蛮夷闽貊之珍异,皆集焉。

据张岱所记,西湖香市以昭庆寺为中心,其两廊古董汇聚且"无日不市"。另据李日华所记,"督理织造内臣孙隆于昭庆寺两廊置店肆百余,容僧作市,鬻僧帽、鞋履、蒲团、琉璃数珠之属。而四方异贾亦集,以珍奇玩物悬列待价,谓之摆摊"。② 两种记载相印证,昭庆寺一带确应为晚明杭州古玩销售的中心。

在苏州,虎丘无疑是最为著名的名胜,无论平民百姓抑或文人士夫皆喜在此盘桓,正所谓"虎丘乃天下名山,客商仕宦聚集之处"。自明至清,虎丘地区的古玩销售始终保持兴盛,"虎丘山塘吴中游览之地,春秋为盛,冬夏次之……其间花市则红紫缤纷,古玩

---

① 李日华:《味水轩日记》卷六,上海远东出版社,1996年。
② 李日华:《味水轩日记》卷四,上海远东出版社,1996年。

则金玉灿烂"。① 有趣的是,虎丘因旅游业之兴盛而滋生出一批专事陪游的"清客",陪赏玩并代买古董则为其服务的主要内容。此类人专倚虎丘、山塘名胜之地讨生计,闲时则"虎丘二山门下茶馆上,骨董摊边,好象折腿鹭鸶立在沙滩上的光景",一遇有人欲买古董,此辈即环伺趋奉,丑态百出。明末世情小说《豆棚闲话》中记有一则故事,称万历间江西官员刘谦致仕回乡,道经苏州,"要买些文玩骨董,置些精巧物件"。此消息被虎丘清客贾敬山得知,一心钻营,欲从中获利。他邀某徽商向刘一力推荐,然却在主家对他进行考验时大露马脚:

> (徽商)极口称扬道他技艺皆精,眼力高妙。不论书画铜窑器皿,件件懂入骨里。真真实实,他就是一件骨董了。刘公笑了一笑,叫书童卷箱内,取那个花罇来与敬山赏鉴。那书童包袱尚未解开,敬山大声喝采叫好。刘公道:"可是三代法物么?"敬山道:"这件宝贝,青绿俱全,在公相宅上收藏,枉少也得十七八代了。"刘公笑道:"不是这个三代。"敬山即转口道:"委实不曾见这三代器皿。晚生的眼睛,只好两代半,不多些的。"刘公又取一幅名公古笔画的雪里梅花出来与看,四下却无名款图书。敬山开口道:"此画公相可认得是那个的?"刘公道:"宋元人的,不曾落款,倒也不知。"敬山道:"不是宋元,却是金朝张敞画的。"刘公又笑一笑道:"想是这书画骨董,足下

---

① 沈德潜等:(乾隆)《元和县志》卷十《风俗》,《中国地方志集成·江苏府县志辑14》,江苏古籍出版社,1991年。

第六章 藏家、古董商与藏品交易网络

不大留心。"①

小说虽或有虚构夸张,但虎丘一带如贾敬山不懂装懂,专事以古玩坑蒙者必不在少数。万历四十年(1612)六月间,李日华即曾与友人偕游虎丘,而甫一登山,兜售古玩者竞相持物求售,而其中极少真者,以至李氏有"不胜呕哕"之感。② 可见,虎丘旅游业的繁盛带动了古玩销售的发展,也因而孳生出"清客""赝品"等怪胎。

(三)著名商业区

作为商品销售的一种,古董买卖自然主要出现在商业中心地区。宋代,"坊市"中的古董铺、肆已见诸记载。如南宋初,高宗遗失玉扇坠一枚,十年后复见于张俊之手,询系"于清河坊铺家买得"。③ 至明代,城市商业中心更成为古董铺最主要的分布区域。其中,最显著者非苏州阊门莫属。明代,阊门地区是苏州乃至江南最为繁华的水陆码头、商业中心,"金阊一带,比户贸易,负郭则牙侩凑集"。④ 此地各类商品毕集,自然不乏古玩艺品之属。明代江南诸多藏家皆有自阊门访求、购藏艺品的经历。如李日华即曾多次因途经阊门而购买古玩、花卉等物。万历三十八年(1610)四月十四日,其即在阊门一次性购买了"精磁"四五十件,并在当日日记中愉快地表示将以这些瓷器点试"惠山空寒之泉"与"虎丘无色之

---

① 艾衲居士:《豆棚闲话》第十则《虎丘山贾清客联盟》,上海古籍出版社,1983年。
② 李日华:《味水轩日记》卷四,上海远东出版社,1996年,第283页。
③ 田汝成:《西湖游览志余》卷二《帝王都会》,上海古籍出版社,1958年。
④ 《古今图书集成·职方典》卷六十七《苏州郡风俗考》。

237

茗"。① 万历四十年(1612)四月间,其又在此地购得王羲之《实际寺碑》、米芾《天马赋》各一本。②

阊门一带不仅是苏州古玩藏品汇聚的中心,亦是赝品制造的中心。阊门外专诸巷专营玉器及各类赝品,其在明代收藏界中颇具声名。专诸巷中所出赝品往往极为逼真,詹景凤即曾记文徵明为其所骗的一段经历:

> 太史尝买沈启南一山水幅悬中堂,予适至,称真。太史曰:岂啻真而已,得意笔也。顷以八百文购得,岂不便宜?时予念欲从太史乞去,太史不忍割。既辞出,至专诸巷,则有人持一幅来鬻,如太史所买者。予以钱七百购得之。及问,鬻太史亦此人也。间以语太史,太史好胜,卒不服。③

在江南藏界,文徵明以"巨眼"精鉴著称,且曾师从沈周学习书画,应对沈氏画作的鉴赏最为精审,然竟为所骗,可见其时专诸巷赝品制作水平之高。又如,万历四十年(1612)九月初,李日华与友王丹林往菩提寺访僧宗朗,并于该处获见《淳化阁帖》一部。日华见其虽完好,然"墨法无古韵",故疑系赝品。经月余,王丹林告知日华,此本果系专诸巷内叶氏所造,日华之推测得到印证。④ 由此可见专诸巷所出泛滥之甚及影响之巨。除苏州阊门外,南京的秦淮河沿岸亦为当时江南繁华鼎盛之区。故宫博物院现存《上元灯

---

① 李日华:《味水轩日记》卷二,上海远东出版社,1996年,第101页。
② 李日华:《味水轩日记》卷四,上海远东出版社,1996年,第233页。
③ 詹景凤:《东图玄览编》卷二,《中国书画全书》第4册,上海书画出版社,1992年。
④ 李日华:《味水轩日记》卷四,上海远东出版社,1996年,第274页。

彩图》，即描绘晚明南京秦淮两岸上元集市之景。按图中所绘，秦淮以北三山街内桥一带，街衢两侧铺户鳞次栉比，且以书肆、古玩铺居多。其中所售者，除古籍、书画外，钟鼎、彝器、瓷器、玉器、乐器、盆景、花木、奇石、家具、佛像等无不毕具。顾客则熙熙攘攘，或手捧器物观赏，或与货主谈论价钱。由该幅画作，我们尚可领略晚明南京商业的繁华及古玩销售的兴盛。①

在实现城市空间中心分布的同时，一些古董铺本身格局也在进行着调整。以往，不论是"常卖铺"或"古董铺"，多以出售供人把玩的各类玩物为主，商品内容庞杂，其内部则有如杂货铺，"今卖杂玩宝货肆曰骨董铺"。② 然而明中期后，随着收藏事业的发展，古董铺成为愈来愈多文人雅士造访之所。为接近文人的审美要求，使其乐于驻足并进行赏购，古董铺也渐改以往杂货堆积陈列的格局，在空间上讲求清雅的氛围营造。李日华即曾在日记中记录了杭州古董商"项老"店内情景：

> 项老，歙人。初占籍仁和为诸生，以事谢去，隐西湖岳祠侧近。老屋半间，前为列肆，陈瓶盎细碎物，与短松瘦柏、蒲草荆枝堪为盆玩者。率意取钱籴米煮食。有以法书名画来者，不吝倾所蓄易之。支床堆案，咸是物也。其中不能无良楛，而意自津津也。③

根据李氏记述，"项老"实则以店为家。其家居环境算不上奢

---

① 沈振辉：《明代民间收藏品市场和藏品买卖》，载《学术月刊》1999年第4期。
② 田艺蘅：《留青日札》卷十五《骨董》，《瓜蒂庵藏明清掌故丛刊》，上海古籍出版社，1985年。
③ 李日华：《味水轩日记》卷四，上海远东出版社，1996年，第255页。

华,甚至有些寒酸简陋,然其中有"短松瘦柏、蒲草荆枝",且床案间多蓄法书名画,如此布置貌似寒俭却别具雅趣,因而在李氏眼中主人"项老"不再同于一般商贾,而更像一位专业的文人藏家,从而在情感上与之更加亲近。在内部营造方面具备文人雅趣,这成为晚明越来越多古董铺极力追求的目标。《豆棚闲话》曾记当时一首题为《骨董摊》的小诗,极尽描摹之态:

> 清幽雅致曲栏干,物件多般摆作摊。
> 内屋半间茶灶小,梅花竹笪避人看。
> 外边开店内书房,茶具花盆小榻床。
> 香盒炉瓶排竹几,单条半假董其昌。①

除空间氛围的营造外,文人旨趣对古董摊铺的经营内容也发生着影响。如前文所论,晚明江南士人着意经营"闲雅"的生活状态,并因此生发出多种类的需求。为迎合此种需要,一些古董铺在经营古玩的同时亦兼营如盆景、花卉、香料、纸墨等同属"闲雅"生活所需的物品。例如,晚明李渔在所著《十二楼》中称,时人以"花铺""书铺""香铺"为"俗中三雅",而古董铺并未名列其中,其原因在于"古董铺中也有古书,也有名花,也有沈檀速降,说此三件,古董就在其中,不肯以高文典册、异卉名香作时物观也"。②

综上所述,晚明古董售卖业在一些主要城市中有了较大发展,古董摊、铺亦在各类商业区中占有一席之地,且其分布呈现出一定程度的规律性。须特别指出的是,前论所述皆是以"骨董"为名专

---

① 艾衲居士:《豆棚闲话》第十则《虎丘山贾清客联盟》,上海古籍出版社,1983年。
② 李渔:《十二楼·萃雅楼》,华夏出版社,2015年。

门销售各色艺品的专门性摊铺商肆。事实上,一些其他类型的商家如书铺、当铺、裱画铺等,它们在一定条件下皆可能兼做古玩生意,因而兼有古董铺的意味。例如,詹景凤曾向南京一典铺借观元代画家赵雍所作《勒马看山图》。① 又如,嘉靖中,浙江著名文士丰坊曾嘱友为其在苏州物色古帖,并指明寻访对象"住盘门内开元寺前,有书铺在府前"。② 毫无疑问,这些兼职性商家的存在,扩大了古董摊铺的外延,丰富了民间收藏的来源渠道。无论古董铺抑或书铺、裱褙铺,其氛围营造与经营内容方面均逐渐出现"雅化"趋势,借此迎合消费主体文人阶层的审美意趣。此种状况的出现,一方面说明江南民间收藏活动日益频繁,古董摊铺在得到越来越多人光顾的同时,逐渐趋向城市中商业或文化的中心位置,而另一方面则表明收藏在以士人圈子为主要消费对象的同时,也日益成为社会广泛参与的活动。

二、藏品交易中的"隐性网络"

作为一种文化消费对象,古玩艺品在商品领域中表现出特殊的性质及价值,同时也衍生出商品交换方面特有的方式。如前所论,晚明时期古董摊、肆有了长足发展,并成为相关商品在城市中贸易的主要媒介。然而,就其时艺术品贸易的整体而言,古董摊、

---

① 詹景凤:《东图玄览编》卷二,《中国书画全书》第 4 册,上海书画出版社,1992 年。
② 丰坊:《丰南禺书画目》,《历史文献》第十三辑,上海古籍出版社,2009 年,第 3 页。

肆此类实体性媒介的表现并不突出。在江南,藏家与藏家间,藏家与古董商人间分散性、随机性的交游、交易活动发挥着更为显著的功能。其构成的"隐性网络"成为艺术品交易的主要渠道。一些既有研究认为,"游贾"在城乡各色藏家间穿梭往来进行艺术品贸易,此种行为是"城里的商肆和集市贸易之外的补充"。① 此种论断实则颠倒了"实体性媒介"与"隐性网络"二者在晚明艺术品贸易中的主次位置。关于两者功能影响的对比情况,我们可以从现有资料作出清楚判断。例如,李日华所著《味水轩日记》详细记载了其八年中购藏艺术品的经历。根据日记所载,李氏虽有过数次在杭州、嘉兴、苏州等地古董摊、肆购物的经历,但无论造访频率抑或购买数量都无法与居家期间因"隐性网络"而致生的情况相比。根据今人的研究,八年间造访李氏的古董商多达十余人,其访问频率更令人惊叹,仅"夏贾"与"方樵逸"二人来访数就分别达到43次与49次。② 又如,豫园主人潘允端在其《玉华堂日记》中亦详细记载了购置古玩的经历。据记载,潘氏十六年间共购置文物古玩近80次,其对象包括书画、瓷器、砚、佛像等多类。其中,除小部分购自同乡"顾研山家"外,大部分皆由古董商贩来。与之交往最密,向其售卖最多者,则有"杜凤林""沈圩村"等数人。③ 根据李、潘二人的记录可见,在绝大多数情况下,文士鉴赏、购买古玩艺品是在与古董商

---

① 沈振辉:《明代民间收藏品市场和藏品买卖》,载《学术月刊》1999年第4期。
② 万木春:《味水轩里的闲居者:万历末年嘉兴的书画世界》,中国美术学院出版社,2013年,第95页。
③ 张安奇:《明稿本〈玉华堂日记〉中的经济史资料研究》,载中国社会科学院历史研究所明史研究室编《明史研究论丛》第五辑,江苏古籍出版社,1991年。

第六章 藏家、古董商与藏品交易网络

或其他藏家交往过程中实现。其发生地往往就在主人家中,而非城市的古董摊、肆。我们由此可窥见"隐性网络"在晚明收藏市场中发挥的主体作用。关于此种情况的出现,笔者认为有以下两点原因:

首先,无论古玩抑或当代艺术品,本身的特殊属性决定其无法依赖商铺等实体媒介作为主要销售平台。艺术品与衣、食或基本生活器用等不同,其无法实现批量生产。这也就意味着,收藏家的收藏意愿无法在本地实体市场得到根本性的满足。虽然,江南地区藏品的保有量很大,但相对于特定地域的个体藏家而言,其仍具有相当程度的稀缺性。以相对稀缺之商品,应对为数庞大的具有潜在消费意愿的人群,其间商品必须保持较高速的"流动性"。正如前文所论,一件藏品在不多时间内可能多次易主,其正是这种市场条件造成的"应激效果"。例如,根据李日华所记,八年间经其寓目者单绘画一项即达 691 件,可见其时江南艺术品"流动"之速。欲实现此种流动,单靠实体性的古董店铺很难完成,其需要依赖频繁的人际间交往。在此方面,董其昌得董源所作《溪山行旅图》的事例就颇能给人启示。董氏称:

> 余求董北苑画于江南不能得。万历癸巳春,与友人饮于顾仲方第,因语及之。仲方曰:公入长安,从张乐山金吾购之。此有真迹,乃从吾郡司马耆清和尚往者。先是,予少时于清公观画,犹历历在眼,特不知为北苑耳。比入都三日,有徽人吴江村持画数幅谒余,余方肃客,倦甚,未及发其画。首叩之曰:君知有张金吾乐山否?吴愕然曰:其人已千古矣。公何谓询之亟也?余曰:吾家北苑画无恙否?吴执图以上曰:即此是。

余惊喜不自持。展看之次,如逢旧友,亦有冥数云。①

据此例可见,董氏在获得该画过程中,并未依赖古董店铺。其信息得自于友人,而画作则得之于古董商人,全过程皆在与不同人的交往中进行。对藏家而言,此种方式既便于获得收藏信息且更易于获取藏物;对古董商而言,如此则最快实现了藏物在藏家间的转换,甫出张氏之手即转入董氏之藏,其从中牟利的目的也在最短时间内得以实现。可见,与古董店铺相比,依赖人际交往形成的"隐性网络"在信息与藏物的获取方面都具有明显的优越性。正是有了藏家与藏家之间、藏家与古董商人之间"高密度"的交往,艺术品才得以实现不间断地在江南藏界中流转,正常的藏品贸易也才得以不断推进。

其次,文人藏家的生活方式亦决定了藏品交易中"隐性网络"的主导作用。明中期后,由于江南城市经济的发展,相当多官绅富商钟情于城居生活。他们修筑甲第庭园,在享受城市生活种种便捷条件的同时,过着相对独立而野逸休隐的生活。在这种为时人崇尚的隐居化生活中,自家庭园成为其主要生活空间,一应文化休闲活动多依此展开。虽然,在众多晚明文人藏家的记录中,我们尚可见到他们"阅市"或于古董铺购买艺品的记录,但基本是其外出赴试、访友等的附属性活动。如前文所论,士夫精英们刻意营造家居环境,并将古玩艺品置于重要位置。这实则传递着一种意念,即其对古物艺品的赏评玩味应在一种诗化的美好氛围内进行,而购

---

① 高士奇:《江村销夏录》卷一《五代董北苑溪山行旅图》,上海古籍出版社,2011年。

第六章 藏家、古董商与藏品交易网络

买交易也仅是此种活动的延续。相较之下,古董摊、肆虽货物琳琅,然其主人往往满口生意经,极尽推销之能事,其间充斥着浓厚的商业气息,自然不为追求"文雅"的士夫们所喜。明末,王铎记述了其在北京古董摊上的一段遭遇,正可为此方面的印证:

> 昔予过北都庙市,观百货所旅,既感而叹。贾人不知予不豫于此也,授 文犀刻为异兽诡谲,予不之顾;捧 瓷器曰某为官,某为定,某为柴,予不之顾;又诧 拱璧螭玦大圭弓瓒曲壶雕莘及……①

在多数文人藏家看来,赏物、藏物是"闲雅"生活中的重要组成。在此名目下,即便是藏品的交易也不能同于其他一般性的货物买卖,而应在同一环境内进行。基于此种心态,一众藏家更青睐艺品出售者的"上门服务",如此则宾主可在一种闲雅、宽松的气氛中,完成对艺品的赏鉴与交易。由是,"隐性网络"必然会在藏品交易过程中发挥主要作用。

应该说,晚明江南地区官绅士商各阶层间的频繁而广泛的交际接触是"隐性"交易网络发展的基础。尤其在文人藏家间,借由交往而相互酬唱品题,不仅可以加深交谊,且对彼此的藏物有了深入了解。同时,藏家们在身份兴趣上的趋同,又使其在出售藏物时,往往以平日相交者为首要对象,以期藏物所付"得人"。例如,董其昌记其获米南宫墨迹之经过:

> 甲辰五月,新都吴太学携真迹至西湖,遂以诸名迹易之。时徐茂吴方谒吴观书画,知予得此卷,叹曰:已探骊龙珠,余皆

---

① 王铎:《拟山园选集》卷十七《教·黜细玩教》,《四库禁毁丛刊》集部第87册。

长物矣。吴太学书画船为之减色。然复自宽曰:米家书得所归。太学名廷尚,有右军《官奴帖》真本。①

  此段故事在晚明江南藏界颇为著名。吴廷尚与董其昌俱为一时鉴赏收藏之名家,二人以物易物,其虽与一般交易不同,但可见藏家间的交往确乎为藏品的交易转换提供了便捷的条件。必须指出的是,这种藏家间的收售,仍是以自身财力及对艺品价值的判断为基础,双方交往的情谊深浅在其中并不发生主导性的作用。在董氏的描述中,其所引以为骄傲者,在于获取了心仪的珍品,并被他人称许物得所归,从而在藏品与心理两方面得到了满足。然而,我们从中察觉不到任何他与吴廷尚友谊加深的迹象。事实上,藏家之间的交往虽然为藏物的交易搭建了现成的平台,但也正因其间裹挟着"情面"等感情因素,而使这种交易往往成为一种无奈乃至痛苦的过程。例如,万历二十五年(1597)岁末,冯梦桢寓居南京。其友徽州汪仲嘉因"逼除欲偿逋",特登门请求冯氏购买自己所藏画、砚等物,以变金还账。冯氏于无奈下,只得倾囊出十金购取,以解好友燃眉之急。② 如果说,汪、冯此次交易尚属为朋友排忧纾困,尽帮扶之义,那么另一徽州藏家汪道会的遭遇则纯属因顾及友情而割爱。其事据道会之兄汪道昆所记如此:

    余故有淳化帖,莫为雁行。家弟得此帖于京师,庶几可当鲁卫。子愿善家弟,见之邸中。往年挟家弟之弇山,子愿方在行部,偶谈及此帖,子愿津津然,请购之。家弟抗声:此可以赠

---

① 高士奇:《江村销夏录》卷一《送王焕之彦舟》,上海古籍出版社,2011年。
② 冯梦桢:《快雪堂日记》卷九,凤凰出版社,2010年。

第六章 藏家、古董商与藏品交易网络

使君,即使君不可购。顷之,子愿还楚,发一介行李讨诺责于肇林。时方大会肇林共作佛事,家弟将出箧中致子愿,犹著爱于眉睫间。余笑曰:只此未断爱根,异日者安能入箧?家弟唯唯。余就牍尾纪其言。①

据此,汪道会所藏之《澄清堂帖》为友人看中而欲购,道会不舍,故为大言称举以相赠,实则欲借此推脱。然而,其友却必欲得此物而甘心,道会为符前言,只得以物付之。由此可见,"友情""交谊"在为藏家进行藏品交易提供便利的同时,也时或走向反面,成为藏家的一种负累。此类经历对藏物获取者无疑是愉快的,但对出让者而言,却很可能成为一段不愉快的回忆,甚至为日后双方的交往蒙上阴影。

除直接进行藏物的交易交换外,藏家间的交际网络还发挥着另一种功效,即因藏家相互荐引,提供信息,推荐藏品,为藏品交易提供"中介"性服务。在收藏界中,利用交际关系居间牵合促成交易的事例久已有之。宋代米芾即曾赖友人撮合以砚山换取宅地,其事传为佳话:

江南李氏后主宝一研山,径长尺逾咫。前耸三十六峰,皆大如手指,左右则引两阜坡陀,而中凿为研。及江南国破,研山因流转数士人家,为米元章所得。后米老之归丹阳也,念将卜宅,久勿就。而苏仲恭学士之弟者,才翁孙也,号称好事,有甘露寺下临江一古墓,多群木,盖晋、唐人所居。时米老欲得宅,而苏觊得研山。于是王彦昭侍郎兄弟与登北固,共为之和

---

① 汪道昆:《太函集》卷八六《澄清堂帖跋》,《续修四库全书》集部第1346册。

会,苏米竟相易。米后号"海岳庵"者是也。①

由上引文可见,苏、米二人应无甚交契,但又颇觊觎对方所有之物。在此情况下,王彦昭兄弟利用与双方皆为好友的特殊身份,居间联络,并以"和会"这种文人交易的特殊名目,促成了双方交易的顺利完成。事实上,"和会"这种独特形式并非宋代独有,即在晚明亦毫不鲜见。董其昌就曾利用此种形式而获购著名的《富春山居图》:

> 忆在长安,每朝参之隙征逐周台幕,请此卷一观,如谒宝所,虚往实归,自谓一日清福,心脾俱畅。顷奉使三湘,取道泾里,友人华中翰为予和会,获购此图,藏之画禅室中。②

很明显,由于"第三方"的参与,藏品交易已不再限于前述仅藏家双方参与的单向度模式,而真正呈现出人际网络关系结构。在此网络中,第三方的主要作用在于弥补交易双方关系链断裂或缺失的状况,从而为藏品交易搭建顺利进行的桥梁。在明代中期后,这种情况愈发普遍。每一名藏家交游范围有限,而藏品则分散于江南地域众多藏家之手,因此,即便某藏家倾注全力,亦不可能获知藏品所在的全部信息。退一步而论,即便其获知相关信息,也不可能与原藏者皆建立稳固的联系。在此过程中,除古董商人的居间作用外,友朋间的相互荐引亦为信息传递乃至促成交易的一种重要途径。例如,在前文所引董其昌获得《溪山行旅图》事例中,虽董氏最终由古董商人手中购得珍品,但关于该画的相关信息却为

---

① 蔡绦:《铁围山丛谈》卷五,中华书局,1983年。
② 英和等辑:《钦定石渠宝笈三编·元黄公望富春山居图》,《续修四库全书》子部第1075册,第639页。

董氏由好友顾仲方处得来。

同时,由于明后期艺术商品化的加剧,藏品交易日益频繁,一些藏家因各类原因而急于将藏物出售,并需要为之广泛寻求销路。其间,他们往往选择经朋友推荐的方式,利用交际网络辐射范围广的优势,向外界传递其销售信息。例如,茅坤即曾受友人周某之托,向另一友人张澄斋荐售藏品:

> 邑有友人周生某者,少孤而力学,其所当敝郡刘清惠公南坦、参政陈公楝塘、司马蔡公白石辈所赠诗歌文章之什可见也。其解母之囊装也近千金,然不治产,独好古鼎彝及法书名画而于画事尤甚。间睹吴下公卿家所散唐宋来赵伯驹、米南宫及范宽、王大痴诸旧缣所遗辄倾母氏橐贮以求之,故其家无半亩之宫,往往借庐以贮图书。予数过之,家特四壁立而所共宾朋徜徉其间者,香一柱,茗一瓯,则出所贮图书相品书而已。甚矣,其癖且迂也。数年来,岁既侵,米价日翔,归,而午炊或不继,故不得不移故所贮以鬻之士大夫家,而世之士大夫必知且好,即知且好抑未必其力之给否也。顷者,范司成特为移书孙太史,太史固辞。知且好者而其力之给与否,吾亦不知其何如也。语曰:青萍长价于薛卞之门。公得无怜之,而倾橐中装以资且给之否乎?公即力或不给,贵郡固多素封,倘蒙不惜齿牙鱼目燕石皆为隋珠和璧矣。惟留神焉。①

通常,就嘱托者而言,多是碍于情面,不得不如是,其效果如何

---

① 茅坤:《茅鹿门文集》卷八《与张澄斋宪副书》,《续修四库全书》集部第1344册。

则很难说。就受嘱托一方而言,其所受直接影响就是获得了一些有关藏家藏物的信息。然而,在藏物价格日昂的晚明,收购古玩艺品不同于一般的柴米接济,其意味着较大的经济开支,对绝大多数人而言都难以因朋友的嘱托而轻率承诺或付诸行动。正因如此,在多数此类情况中,所谓"请托"难以奏效,而终以尴尬收场。例如,茅坤即曾提及,他并非第一个为周某作书荐售者,其先已有"范司成"请托于"孙太史",而结果却是"太史固辞"。又如,徽人汪大成曾向其同乡儒商方用彬求荐藏物,而方氏则未能有所助益,故而在信中吐露无奈之情:

> 承翰喻,敢不闻命,但不佞此时囊甚羞涩,郑兄故高雅,无以应之。里中有一二好事者,为非佳品,不能一一如指,冀亮而不罪,幸甚!①

在今传方氏与友人交往的书札中,我们可以发现多处此类有关藏物售卖的请托事例。其中,方氏不仅曾作为受托方,且时常充任"请托方",亦代人求售。例如,他在给友人汪弘泽的信中提到:

> 近一相厚者以画卷托为雠易。且不欲售敝里诸家,我以公高人,又擅一时鉴赏,故尔奉去,价请尊裁,彼不琐琐较也。②

综上可见,借助友人间的交际网络进行藏物荐售,这在晚明江南藏界并不鲜见。然而,其间的问题在于,在一个藏品交易异常活跃的时期,上述藏家为何没有选择现成且成功率更高的商品销售

---

① 陈智超编:《明代徽州方氏亲友手札七百通考释》,《月册·〇七一·汪大成》,安徽大学出版社,2001年。
② 陈智超编:《明代徽州方氏亲友手札七百通考释》,《金册·一二二·汪弘泽》,安徽大学出版社,2001年。

第六章 藏家、古董商与藏品交易网络

渠道？换言之，在江南的主要地域，大大小小的古董商人充斥其间，其奔走往还，扮演着联络藏家、收售藏品的主要角色。然而，在前述"请托"事例中，我们却看不到藏家与古董商人打交道的迹象，其原因何在？笔者认为，其一方面应与藏家的个性倾向有关。在一些藏家看来，其所藏物或为"祖遗"或系自身辛苦得来，虽不得已出售，但也望将其转卖于懂得收藏并珍视藏物的专业藏家。因而，其对收购者存在一定的"心理定位"，如前引方用彬给汪弘泽信中即称，所托友人之画卷"不欲售敝里诸家"，而请售于汪氏，亦是因其"擅一时鉴赏"。显然，对于购者情况的把握，无法通过唯利是图的古董商来帮助实现。以友人为中媒，利用其对潜在购物者的了解认知，或可起到一定程度的"过滤"作用。

另一方面，江南藏品市场自身的"不平衡"，也是造成"请托"现象不断出现的原因。在江南，民间收藏活跃与藏品市场火爆皆为不争的事实，然而，这种市场表象背后亦隐藏着不平衡性。通常，在藏家与藏物都较为集中的城市，如苏州、南京、杭州、嘉兴等，古董商人的活动最为活跃。由于交通的便捷以及本地需求的不断增加，这些城市逐渐形成了成熟的藏品交易网络。古董商人日逐奔走于富贾官绅之门，与各藏家密切接触。在此情况下，一旦出现藏品收售的机会，古董商人往往捷足先登，根本不用待他人荐引。例如在嘉兴，李日华曾应其戚"沈甥"所邀，赴其祖宅检视先世所遗书籍等物。然因消息外传，李氏等人抵达时，发现书籍多已散落浥烂，而如金石、绘画、秘玩之物，则皆已被古董商人抢购一空，"悉入胠箧手无子遗矣"。① 可见,对于商业"嗅觉"极为灵敏的古董商而言,这些收藏中心城市中有哪些藏品资源可为收售经营,基本都在掌控之间。然而,除此类城市外,尚然存在着一些位置相对较偏,且藏家较少,藏品交易亦不甚活跃的地区。如张大复在其《梅花草堂笔谈》中曾称叙其乡昆山周于舜多买法书名画,樽罍彝鼎,并筑凝香、云谷、梦芝、六观等堂馆,以贮藏物,其收藏之盛倾动乡里。然而,据该书所记,周氏身后,昆山收藏之势渐微,民间好此道者绝少,"自后物力渐绌,亦绝无好事之家"。② 昆山毗邻苏州,其情状尚如此。可见,因风尚变迁,以及财力赢绌的变化,一些地区可能成为江南收藏事业的"边缘"性地带,并进而发展为藏品交易网络中的"弱环"与"末梢"。可以想见,身处此类地区的藏家,如从事藏品的销售,不太容易得到古董商人的帮助,难以在短期内对藏物形成有效的推销。因此,其利用日常交际网络作为此方面缺失的一种补充,也自然在情理之中。

三、"古董商"的角色意义

在因人际交往而铸就的藏品"隐性"交易网络中,古董商无疑是除藏家外最重要的参与群体。据史载,此类角色人群至迟在唐

---

① 李日华:《味水轩日记》卷一,上海远东出版社,1996年,第40页。
② 张大复:《梅花草堂笔谈》卷十三《何上舍》,《中国文学珍本丛书》第一辑第十五种。

代即已出现,并以"牙""驵"名称参与书画等艺品的交易。① 例如,唐人李绰所著笔记中记有"孙盈"者,其职业为"京师书侩"。其父子两辈皆精于鉴赏书画,常为"豪家"所聘为其鉴定,同时亦经营书画交易。② 宋以后,有关此类人群的称呼时有变更,但角色基本固定。至明代,随着民间收藏的不断升温,此类人群的作用也愈加明显。明中期后,古董商人几乎成为藏家生活中不可或缺的角色。同时,在古董商人群体内部,因资力、识鉴等方面存在差异,其阶层分化也愈加明显。就中下层商人而言,其大多出身寒微,且不具有较高文化修养,只为生计而从事此业。例如,弘治中,鄞县朱杲出身贫民,仅粗识文字且无其他才能,唯"货骨董为业"。③ 又如,据李日华所记,平素与其往来最为密切的古董商人"夏贾"等,资力较单薄,遇有为钱财所困周转不灵时,还须以物为质向李日华借贷。再如,与李日华相交的杭州古董商人"项老",其生活亦十分惨淡,"老遂独居,朝起或懒炊,即汲西湖水盥面,出数钱买炉饼食之,率此度日"。④ 然就上层古董商人而言,其往往挟巨资,往来公卿之门,与主人抗礼品第甲乙。晚明,藏品交易的繁兴对古董商人的综合实力提出了更高要求。除有过人的鉴赏能力外,其还须有富厚的资本作为支撑。如此,其方能在诡谲变幻的收藏界中收售随心,谋取厚利。晚明世情小说《鼓掌绝尘》曾对商人等级与经商资本有过生

---

① 李万康、谭丹莉:《中国古代书画经济人考论》,载《南京艺术学院学报》2012年第3期。
② 李绰:《尚书故实》,上海古籍出版社,2000年。
③ 余永麟:《北窗琐语》,《丛书集成初编》,中华书局,1985年,第27页。
④ 李日华:《味水轩日记》卷四,上海远东出版社,1996年,第255页。

动描述:

> 主人家道:我杭州做生意的高低不等,那有巨万本钱的,或做盐商,或做木客,或开当铺,此是第一等生意。本钱也大,趁钱也稳。其次或贩罗缎,或开书坊,或锡箔,或机坊,或香扇铺,或卖衣铺,本钱极少,恰要数千金。外行人不识其中诀窍,便要折本。①

虽然,此段文字中并未直接出现古董商,但其间"书坊""香扇铺"等皆与古董交易有所关联,且其经营之道往往有相似之处。据引文,经营书坊等虽"本钱极少",但亦须千金。由此可推想,晚明上层古董商人的资力也必然较为雄厚。且如经营书坊、扇铺等,须具备丰富经验及过人的鉴识能力,否则"不识其中诀窍,便要折本"。正是在此背景下,徽州古董商人虽出现稍迟,然其依仗雄厚资本,得以驰骋于晚明藏界,成为大多藏品交易领域中的"执牛耳者"。

在晚明江南收藏领域,古董商人的存在意义毋庸置疑。从表象上看,此类人群无非起着贸易居间的作用,或收购甲方之物转售乙方,或受藏家委托代觅藏物。然而,抛开这种简单的利益关系,古董商人与藏家间的交际关系实则还有更为丰富的内涵,而这恰往往成为双方往来的基础。笔者认为,除去交易联系外,古董商人与藏家之间至少还具备如下三种关系类型:

1. 师友。因于销售商品的特殊,古董商人成为整个商人群体

---

① 古吴金木散人:《鼓掌绝尘》第十三回《耍西湖喜掷泥菩萨　转荆州怒打假神仙》,华夏出版社,2012年。

第六章 藏家、古董商与藏品交易网络

中的较特殊部分。他们日日与士夫交往,更以其为主要生意往来对象,故而商人们无可避免地需要研究如何制定恰当的"营销策略"。固然,相当多古董商都采取"短平快"的推销方式,即携物上门向藏家荐售。然而,此种方式带有很大的"随机性"。毕竟,贩卖古董与其他商品零售不同,其须以较稳定的潜在购买群体为基础,并依赖此群体长期对某古董商形成关注并参与交易。因此,古董商们需要与藏家建立一种具有持续性的有效联系机制。很显然,如每次商人对藏家纯讲交易,那么在文人士夫眼中此类商人难免同于市侩,俗不可耐,其人的生意也自然难以做成。一些精明的古董商人深明此理。他们自觉地不断对自身进行打磨包装,以期从外观到内涵皆更接近士大夫的身份特征与审美标准,并借此缩短两阶层之间的距离。例如,祝允明笔下所记孙衡就是此类代表:

> 孙衡字功权,以字行,其父自江阿避世来苏,酸苦造家,功权继之。动辄勤确,务生居积,书绘文玩,今古珍器,物迁易为殖,故所交接多大夫士。间然务是者,大率辅以谀说求射中,功权动辄以庄直为词,质质然如老宿,尝语人曰:吾胜冠便戴此平定巾。历壮老,不肯一日以小帽自亵。①

据此,古董商孙衡试图进行身份特征的重塑,通过言谈与外观淡化商人本色,努力向士夫阶层靠拢。这样做一方面或许是出于孙衡心理的"文化自觉",表露其渴望跻身更高阶层的意愿。同时,我们亦不可否认,如此做法必然会为其经营活动提供直接便利。相比诸多同类商人,其以"庄直""老宿"的形象更易取得士人的信

---

① 祝允明:《怀星堂集》卷十九《孙功权墓志》,西泠印社出版社,2012年。

任,从而在经营竞争中占据先机。事实上,此种心态广泛存在于古董商人群体之中。他们在与士人交往中,虽以取值为目的,但往往相伴品鉴、赏评乃至对学问加以探讨,努力扮演"朋友"的角色。例如,徐渭就曾记其与古董商董某的一段"游戏"经历:

> 董丈尧章一日持二卷命书,其一沈征君画,其一祝京兆希哲行书,钳其尾以余试。而祝此书稍谨敛,奔放不折梭,余久乃得之,曰:"凡物神者则善变,此祝京兆变也,他人乌能办?!"丈弛其尾,坐客大笑。①

在此段记述中,我们丝毫看不到古董商与士人间的交易痕迹,而纯是文人间的游戏过程。在不断接触中,古董商人也渐渐摸准了文人的习气,并学会如何使双方在一种近乎讨论切磋乃至游戏的氛围内加深交谊,并利用这种情感上的融合与默契维护长期的交易关系。经过长期在藏界中的浸润,一些古董商人具备了较高文化修养和深厚底蕴,得以与文人藏家在更多层面拥有共同话题,进而不再为后者视作一般商贾,而目之为"友"。同时,古董商人虽以经营为主,但亦往往钟爱收藏,对艺品的鉴定、赏评等活动乐此不疲。正因如此,他们易于在交易之外,寻找到与藏家交往的更多契合点。基于在藏品鉴赏方面共同的兴趣与需要,古董商人与专业藏家不仅可为意趣相投之伙伴,更可为相互砥砺之"师友"。在交往中,古董商人时常需要以专业收藏名家为师,请其进行鉴定,评定艺品的真伪高下。例如,万历四十年(1612)八月间,古董商王丹林请求好友李日华对一批书法作品进行鉴定:

---

① 徐渭:《徐渭集》卷二十《跋书卷尾二首》,中华书局,1983年。

第六章 藏家、古董商与藏品交易网络

> 十九日,小雨。王丹林以靖、隆来诸公手赠羽流娄道人诗卷近百余幅,浼余铨择佳者。余仅为存莫中江、陆敬斋、莫云卿、吴明卿、王元美、茅鹿门、张灵虚、张吴梁、周公瑕、王宸玉、董思白、陈眉公、王伯谷、沈嘉则、屠纬真、余君房、陆伯达诸公,而汰其余者。①

对多数古董商人而言,其所见虽不少,但识鉴经验往往仍逊于第一等的专业藏家。因此,古董商人在从事经营的同时,更利用友人身份虚心求教,而专业藏家也出于开阔眼界增长见识之目的而多乐于提供帮助。更有趣的是,一些新入行的古董商往往因缺乏经验,在鉴定方面急切需要大名家的提携扶助。李日华在日记中就曾记述称:

> 十六日,余生持赵子昂《秋林听琴图》横卷来鉴定……余生,方樵逸之内侄,以炼墨闻于吴中。作书画估,乃新参耳。余为购得右军书嵇中散《绝交书》石刻一本,较停云刻有异趣。②

据此,李日华不仅帮助这位古董新手校定书画,更助其购置高水准的艺术品。此种关照已超乎了普通藏家与商人的交际关系,完全是出于顾念友人而对其晚辈加意扶持。虽然此种事例并不多见,但就古董商与收藏家交往的总体情况而言,随着双方交往程度的加深,朋友关系中的"功利"意味也会相应减退。更为重要的是,通过与藏家建立"师友"关系,古董商人成功地突破了身份界限,以

---

① 李日华:《味水轩日记》卷四,上海远东出版社,1996年,第255页。
② 李日华:《味水轩日记》卷四,上海远东出版社,1996年,第267页。

及因交易而可能招致的藏家情感上的抵触,进而极其自然地融入了藏家的文化生活,并在此种背景下努力寻求着实现利益的机会。

2. 竞争者。毫无疑问,古董商人依赖形形色色的藏家而存在。在藏品交易活动的"下游",即销售环节中,双方往往围绕艺品的价值、价格等产生争议,而并未有根本性的矛盾冲突。但在交易活动的"上游",即对艺品资源的占有方面,双方却有可能成为竞争的对手,甚至引发较为尖锐的矛盾。虽目的不尽相同,但在尽可能占有优秀藏品资源方面双方的意愿无疑是一致的。在江南商品领域中,艺术品属于较为稀缺的资源。对于那些具有较高艺术收藏价值的珍品,无论是藏家抑或古董商人皆充满希冀,必得之而后快。因此,在针对一些因优秀藏品而引发的争逐中,藏家与古董商人往往就具有对立的竞争地位。例如,詹景凤就曾记述其与古董商人吴治之间的纠葛:

> 予在豫章时,过宗侯贞吉,见米海岳云山一纸幅,上有倪迂题。后复过其人,借观三日又题,予时几得之,盖贞吉欲售急也。索值,不过四两。议定,将遣人往取,而卖骨董吴治踵至,立与五金去矣。豫章王孙家有持旧拓绛帖一部来易者,于中缺名臣数章,余俱全。装潢仍是原装,索值仅三两,予立与三两,其人得之喜过望去。而鬻骨董吴治适过予,予出示之。吴惊曰:此百金物,从何得来? 予与语其人,吴遽辞出,遂踪迹其人,与六两,诡令来取,曰:家奴窃出属予易,今事露,主人方操之急,愿见还。予即还之。其人径送吴所,适刘贾叔在。贾叔过予,具言吴得古帖。予告以其故,刘乃切责吴,予竟置之

不复问。①

虽然在记述中,詹氏尽力表现出宽宏的气度,对吴治所作所为"置之不复问",但字里行间仍流露出对错失珍物的惋惜与遭受愚弄的愤怨。在江南,由于民间收藏的快速发展,一些优秀的艺术品在具备较高艺术价值的同时,亦具备了较大的升值潜力与投资空间。前例中,詹氏以三两购入《绛帖》,而对市场行情极为敏感的吴治登时即看出"此百金物",对该藏品潜在的巨大交易利润作出明确判断。可见,此类艺术品无论对专业藏家抑或古董商人均具有相当诱惑性,并因而成为他们竞相猎取的对象。然而,在此类征逐中,古董商人往往成为赢家。一方面,古董商人手段多样,其为达到目的甚至不惜使用卑劣手段,如前例中吴治所为。而专业藏家多为文人才士,其碍于体面,限于情面,往往无此鬼蜮伎俩。同时,古董商人赖经营艺品为生,其绝大部分资金无论多寡皆投入其中。相比之下,专业藏家往往因生活面临多类开销,所费颇多,故而能用以购藏之相对资金即较为有限。其一般因财力的短绌而在竞争中败下阵来。例如,曾有人向董其昌荐售颜真卿《祭季明文》,董氏亦对其颇为喜爱。然虽存其斋两月,但终因无力购买,而"遂落贾人手"。② 另一方面,古董商人职业嗅觉灵敏,对何人有何物、何人收何物以及何人欲售何物等信息往往了如指掌,因而每每能先于藏家接触艺品。余永麟《北窗琐语》中曾记一事,可足证古董商人对艺品信息的掌握程度:

---

① 詹景凤:《东图玄览编》卷一,《中国书画全书》第 4 册,上海书画出版社,1992 年。

② 董其昌:《容台别集》卷二,西泠印社出版社,2012 年。

哥窑,宋时旧物,流传虽久,真赝相杂,人间颇多求其真宋而精美者绝少。秀之嘉善巨族曹琼获一香炉,高可二寸余,阔称是。以美玉镂海东青捉天鹅为盖,真绝美者也。渐闻于镇守麦太监,麦囚琼索之,其子良不得已而献焉。后为司礼监之有力者所夺。正德间,盗窃得之,复货于吴下。上海澉山张信夫好骨董,以二百金易得之而归。后至南京游都市遍陈窑器无甚奇玩,虽千金不吝,务索其绝美者。市家云止闻苏人得一内府哥窑,价可数百金,为上海张信夫所得。此其最者舆。然此物为内府所重,得之者终不能为已物耳。市家不知其为张信夫云然。信夫闻之大惊,归而潜货于吴之好事者。①

张信夫于"吴下"购得哥窑香炉,归藏上海,而南京市家却对其购藏情况乃至藏品来源一清二楚,其对藏物的了解远超收藏者本人。由此可见,在江南藏界,在艺术品信息的掌控方面,古董商人实超越于诸多藏家之上。因此,在双方的竞争中,藏家居于下风也自然在情理之中。

综上所述,藏家、古董商人彼此间出于各种需要而频繁进行着交际往来。通过他们织就的繁密关系网络,晚明藏品的转换、交易得以较快速而有序地展开。由于此交易网络附着于交际网络而存在,故其也具有了相当延展性。这种"张力"不仅使该网络足以覆盖江南的绝大多数地域,其更因之得以与江南域外的地区发生紧密的联系。其中,江南地区与京师间的藏品交易流通现象最为突出。

---

① 余永麟:《北窗琐语》,《丛书集成初编》,中华书局,1985年。

第六章 藏家、古董商与藏品交易网络

北宋后,在江南民间收藏逐渐盛行的同时,北京作为北方收藏中心的地位也逐渐发展稳固。一方面,两宋、宋元之际的征伐战争,使原保存于北宋、南宋内府的大量艺术珍品成为金、元等新王朝的秘藏。例如,据王恽所记,元灭南宋,将其所存图书、礼器、典章文物等送北京,其中仅书画即达二百余幅。① 这些艺术品的到来,不仅充实了北京的宫廷收藏,且更因其中相当部分逐渐散入民间,而又为民间收藏的发展奠定了基础。以至元明时期,一些珍贵的艺术品在江南藏界已几乎绝迹,而在北京则尚存一二。例如,董其昌在论李成、范宽、董巨等宋代画家作品时,即曾提到"宋人画如李范董巨辈,江南所少。京师犹存什一,盖金元有章宗、文宗收入内府时有阑出"。②

早在宋元之际,京师与江南地区间的藏品流通就已十分频繁。一些北地文人藏家往往远涉江南,赏鉴藏品,而一些身居江南的藏家其藏品亦往往得自京师。例如,赵孟𫖯曾于"都下"见王羲之墨迹本《洛神赋》,目之为"神物",遂托集贤学士陈颢代为购之。延祐七年(1320),赵孟𫖯已辞官归江南。某日,一僧突到访,称受陈公之托,为赵氏赠此物。③ 可见,如非依靠交际网络的帮助,赵氏亦无可能获此珍物。明代,江南与京师之间因经商、任官、访友、游历等引起的人员往来、交际更加频繁密切。更重要的是,江南为人才渊薮,因科举而入仕者大有人在,相当多人曾居官京师,充任各等级

---

① 王恽:《玉堂嘉话》卷二,中华书局,2006年。
② 吴升:《大观录》卷十九"董香光仿范华原山水轴",《中国书画全书》第8册,上海书画出版社,1992年。
③ 赵孟𫖯:《松雪斋集》卷十《洛神赋跋》,西泠印社出版社,2012年。

官员,其中有不少喜爱文艺,雅好收藏者。一些具有相同爱好的江南官员,时常聚集共同品赏藏物,以作雅集。如,韩世能居京时曾与一众江南翰林共赏李唐所作《文姬归汉图》,并记其事:

> 余每携至公署教习督课之余,常披玩之。时同观者门人陶望龄、焦竑、王肯堂、刘日宁,为余和墨作字者黄辉,焚香从事者董其昌,执笔者世能也。时万历辛卯十月十五日,礼卿学士韩世能书于翰林院之瀛洲亭。①

这些居京的江南藏家对于藏品同样有着迫切的寻求欲望。他们除在京师本地搜寻外,更需要来自江南市场的"补给"。因此,他们往往利用家人、朋友以至奴仆等在地区间往来机会,嘱托其代购艺术品。例如正德初,王鏊受命入阁,其曾致信家人,在表示自励的同时亦未忘代购艺品之事,称"如有古书古墨迹,看得真正,为我买些来"。后家人为购赵孟頫墨迹,而其在家信中称系赝作,表示不满。② 与此相反,一些身处江南的藏家也时刻以北京藏品市场为念,并借助各类关系,转托他人代购。如丰坊就曾托友人为其在京购书籍、碑帖,并言明购物地址,"碑帖数种亦于黄茂甫、沈子行及北京城隍庙夹道等处可访"。③ 可以说,京师与江南士、商间频繁的人际往来,较大程度促动了两地收藏市场的对外延伸。正是在此种背景下,一件藏品有可能往来京师与江南诸多藏家之手,倏忽南

---

① 英和等辑:《钦定石渠宝笈三编·宋李唐文姬归汉图》,《续修四库全书》子部第 1075 册,第 639 页。
② 王鏊:《王鏊集·补遗》,上海古籍出版社,2013 年,第 542 页。
③ 丰坊:《南禺书画目》,《历史文献》第十三辑,上海古籍出版社,2009 年,第 3 页。

第六章 藏家、古董商与藏品交易网络

北,成为藏界一种独特现象。例如,吴宽在记述米友仁所作《大姚邨图》的流传过程时称:

> 玉汝(陈璚)既得元晖三诗,他日过赵给事良度,壁间有云山图,题曰作于大姚邨妹家,顾而叹曰:此又吾里中故物也。良度乃亦归之玉汝,因令其子镒与诗迹并藏,仍乞予题其后。此图自吴中转徙京师,今复归其里人,其事又益奇也。①

这种状况的存在对江南藏界而言格外有益。一方面,由于多数江南籍官员最终都要离任归乡,故其所拥有的藏品也大率得以同归江南,从而融入江南藏界。其如王铎在述及其在京师的鉴藏生活时认为,都下为车马攘逐的功名之场,不利于静心收藏,而他日返归江南方能乐享其中雅趣,"据石于仙花澄潭之间,千丈群松两两野麋饮清泉而歌紫芝。脁后展玩徜徉,庶几不辱此丘壑耳"。②另一方面,江南与京师间"隐性"交易网络的存在无疑增强了江南藏品市场的活力,推动了更多艺术品在广阔地域间的流转,无形中为江南藏品交易提供了更为广阔的市场。

---

① 英和等辑:《钦定石渠宝笈三编·宋米友仁大姚邨图》,《续修四库全书》子部第 1075 册,第 639 页。

② 王铎:《拟山园选集》卷三十八"跋李成蜀山图",《四库禁毁丛刊》集部第 87 册。

第七章
晚明江南收藏与古董商人
——以徽州古董商为中心*

明清时期的徽商,被人誉为"一支有文化的商帮",①在诸多地域商帮中,体现出较为浓郁的文化气息。学界对于明清时期徽州商人的研究,已经取得丰硕的成果,举凡盐商、木商、茶商、典商或棉布加工商人等,均有精深的研究,而对于最为体现徽商文化素养的书画商人的研究,则相对薄弱。故而,本书特设此专章,拟对晚明徽商在艺术品收藏领域中的作用、影响加以浅析。

一、歙县吴其贞家族

吴其贞(1607—1678?)字公一,号寄谷,出身于歙县的书画收藏之家,家有怡春堂。其父字豹韦,"笃好古玩书画,性嗜真迹,尤甚于扇头,号'千扇主人'",实则收集扇头不止千数。收藏有元人

---

* 本章内容系笔者与南京大学历史系范金民教授合著,业已发表于《安徽史学》2014年第1期。
① 张海鹏:《徽商———一支有文化的商帮》,《东方讯报》1995年3月22日,第6版。

第七章 晚明江南收藏与古董商人

无名氏《野草图》等五画。① 吴其贞本人自成年后即收购书画,直到其《书画记》记事截止时的康熙十六年(1677),前后四十五六年间一直在从事书画经营活动。其长兄名幼文,与歙西方公瓒是琴友,方家有马麟《雪梅图》等,②幼文、公瓒时相过从,古书画之道相互砥砺。其长子名振启,次子振男,则跟随他或独立从事收藏。吴其贞一家,至少前后三代都是书画古董商。

仅据《书画记》记录,吴其贞的族人很多人经营书画。族伯"带河伯",有季子名明铎,字元振,乃其贞之族兄信叔之从叔,"为人风雅,善诗画",吴其贞从其手中得到马远《鸂鶒图》等三幅画。③ 族伯"在竹伯","业骨董者"。族伯瀮水伯,其子仲坚。瀮水本人有别业在上海,"嗜古玩"。吴其贞于崇祯十一年(1638)九月在仲坚兄处见到《三朝宝绘图》并《耕织图》。按吴其贞的说法,顾氏所刻《印薮》并秦汉铜玉图章,悉为吴瀮水所得,"复增数百方,集为一书,共八卷,颜曰《印统》。王百公为之序,罗王常所刻也"。④ 族叔名民,称茂真叔,颖悟过人,仿造前代各种窑器,咄咄逼真,世呼为"民窑"。⑤ 兄伯生,收藏天宝鼎,有季子道锜,字信叔,有乃翁风,

---

① 吴其贞:《书画记》卷一"元人无名氏《野草图》纸画一小幅"条,人民美术出版社,1992年,第2页。
② 吴其贞:《书画记》卷一"马麟《雪梅图》小绢画一幅"条,人民美术出版社,1992年,第11页。
③ 吴其贞:《书画记》卷一"马远《鸂鶒图》小绢画一幅"条,人民美术出版社,1992年,第3页。
④ 吴其贞:《书画记》卷一"《三朝宝绘图》册子四本计一百则"条,人民美术出版社,1992年,第36页。
⑤ 吴其贞:《书画记》卷一"王元章《梅月图》小纸画一幅"条,人民美术出版社,1992年,第4页。

"嗜古,好陈设"。① 兄道铉,为信叔之兄,有闻远斋,收藏宋徽宗《春辞》单条。族兄明宸,号秋蝉,称中玄兄,家有"丘园"。能临池,好古玩,家有雷琴名"秋蝉"。吴其贞从其手中得到宋人小画图册一本。兄明本,称师利兄,家有南楼,供奉佛像,皆镀金乌思藏者,大小不计其数,"惟准提像为新铸,系万历年间藏经内检出,始行于世"。吴其贞曾随父在其家观赏到马和之《豳风图》,该图"画法工致,飘逸秀嫩,如行云流水,脱尽近体,盖得李龙眠传授,为逸品上画"。② 兄明远,称伯征兄,善诗辞,尤长于五言,与嘉兴李日华知厚,家藏宋拓字帖甚多,有一白定大士瓶,"为希世佳玩"。吴其贞曾在其家观赏过钱舜举《石勒参禅图》等三幅。③ 兄元振、素臣,家有至德堂。吴其贞从其处得到《秋山游骑图》,观赏过夏禹玉《秋山竹亭图》等四画。兄怀敬,称德聚兄,由国子生为中书,好收藏古玩,尤嗜汉玉器,得三百余件,故名其斋曰"思玉",书画则尚宋元。吴其贞曾在其家见过"笔法精细,甚有秀色,为神品"的黄筌的《古木幽禽图》。④ 族兄邦庆,称怀孺兄,有"天香堂","闲居以古玩自娱,至老不倦。崇祯十年(1637),吴其贞曾在其家观赏赵千里《山

---

① 吴其贞:《书画记》卷一"王叔明《竹石图》纸画一小幅"条,人民美术出版社,1992年,第2页。
② 吴其贞:《书画记》卷一"马和之《豳风图》纸画一卷十则"条,人民美术出版社,1992年,第6页。
③ 吴其贞:《书画记》卷一"钱舜举《石勒参禅图》小纸画一卷"条,人民美术出版社,1992年,第11页。
④ 吴其贞:《书画记》卷一"黄筌《古木幽禽图》绢画一幅"条,人民美术出版社,1992年,第10页。

水图》。① 隐之兄,家有承德堂,藏有唐人《孝经图》,又有一琴,"亦世之罕有者"。② 敬枢兄,吴其贞于崇祯十二年从其手得到李唐《风雨归牛图》。③ 翼明兄,曾从嘉兴项氏处以七百两银购得周文矩《文会图》。④ 公木兄,为歙县"以骨董见称于一时者,目力虽高,书画尚未精究耳"。⑤ 有仲坚兄。有从弟亮生。有尊生侄,名道荣,受知于曹能始先生,与闽徐𤊾、徐熥兄弟并称。伯昭侄,有肯堂。吴在其家观看过马远小画图册子等十四种。⑥ 龙媒侄,名家驹,"好摹秦汉图章,所收书画甚富",其中有"用笔圆健,气韵深厚,为神品上乘"的宋复古《崇山茂林图》大绢画。⑦ 长孺侄,名祚,藏有罗稚川《村庄牛羊图》,敦尚礼义,崇祯末年,荒乱之际,赈息一方,人多赖之。⑧ 象之侄,名甲先,少逸兄长子,家有"宝善堂","为人谨言谦退,好临摹及玩器,有父风"。象之二弟文仲侄,家有"思齐堂",收藏赵昌

---

① 吴其贞:《书画记》卷一"赵千里《山水图》绢画一卷"条,人民美术出版社,1992年,第32页。
② 吴其贞:《书画记》卷一"唐人《孝经图》绢画册一本"条,人民美术出版社,1992年,第38页。
③ 吴其贞:《书画记》卷二"李唐《风雨归牛图》绢画一幅"条,人民美术出版社,1992年,第41页。
④ 吴其贞:《书画记》卷二"周文矩《文会图》大绢画一幅"条,人民美术出版社,1992年,第43页。
⑤ 吴其贞:《书画记》卷二"廓填王右军《去夏帖》一卷"条,人民美术出版社,1992年,第47页。
⑥ 吴其贞:《书画记》卷一"马远小画图册子计十六页"条,人民美术出版社,1992年,第24页。
⑦ 吴其贞:《书画记》卷一"宋复古《崇山茂林图》大绢画一幅"条,人民美术出版社,1992年,第9页。
⑧ 吴其贞:《书画记》卷一"罗稚川《村庄牛羊图》绢画一卷"条,人民美术出版社,1992年,第38页。

《折枝桃花图》,"为宋代折枝花图神品第一"。① 尔白侄,吴其贞从其手得到"画法高简,有自然意趣,妙品也"的王辉《散花罗汉图》;②子云侄,名维翰,与吴其贞为髫年交,"举止率真,平居好读书,博古",在杭州有"靡盈堂"。还有易三侄、于庭侄、子开侄、从先侄等。有子含侄孙(名闻诗),有"谈房",去非侄孙(名闻礼),以及斌文侄孙、长公侄孙等。这些伯、叔、从弟、侄、侄孙等,大约均是吴其贞的族人,一族三十几人从事古董收藏或经营,堪称难得一见的徽州古董收藏家族。

吴其贞收藏书画家学渊源,又颇具学养,广交友人,与诸多收藏赏鉴家是莫逆之交,利用家学、血缘、地缘等优势,几十年间活跃于藏品最为丰富和集中的江南和淮扬一带,在各地簪缨望族后裔处观赏历代珍品,不失时机地频频出没于收藏赏鉴家之门,奔波于苏州、杭州和扬州等藏品交易大城,欣赏、鉴别、记录以至买卖古董,见多而识广,积累起丰富的藏品知识和经验,成为出色的古董特别是书画鉴赏收藏买卖商人。他通过收购、买卖、交换乃至受赠等途径,积累起丰富而出色的书画藏品。

吴其贞收藏丰富,不乏珍品异品,搜集途径十分广阔。倪瓒《景物清新图》,"纸墨微黑,精彩尚佳",吴得到后,"入于高头大册子内"。③ 王蒙《幽谷读书图》,藏在歙西汪氏处,吴闻之已久,崇祯

---

① 吴其贞:《书画记》卷二"赵昌《折枝桃花图》小绢画一幅"条,人民美术出版社,1992年,第69页。
② 吴其贞:《书画记》卷三"王辉《散花罗汉图》小纸画一幅"条,人民美术出版社,1992年,第84页。
③ 吴其贞:《书画记》卷二"倪云林《景物清新图》小纸画一幅"条,人民美术出版社,1992年,第51页。

第七章 晚明江南收藏与古董商人

十四年(1641)二月特意前去拜访,购得珍藏。① 马远《宫苑乞巧图》,"画法工致,气韵浑厚",是马远"神品之画",顺治二年(1645)吴从王尔吉手得到,"入高头大画册中"。② 黄公望《富春山居图》,顺治七年藏卷主人宜兴吴洪裕病笃时火焚后,分为两段,后段长三丈,原为丹阳人吏部尚书张捷子张范我所得,顺治九年五月二十四日吴其贞偕武进庄应会仲子冏生借观,虽日西落,吴"犹不忍释手",此段辗转诸多公私藏家,现藏台北故宫博物院。前段即烧焦部分,尚存一尺五六寸,"而山水一丘一壑之景,全不似裁切者",大约同时或稍后几日,即由吴所得,名为《剩山图》。康熙八年(1669),吴为富宦王廷宾购得《三朝宝绘图》,慨然以此《剩山图》"见惠"。王兴奋地说:"余览之觉天趣生动,风度超然,曰:'是可与《三朝宝绘》诸图共传不朽也。'"③2011年,《富春山居图》前后二段在台北合璧展出,轰动一时。吴真《竹溪泛艇图》,苍秀浑厚,效董源,"神品也",吴从武进世家子弟陆家达手得到,"今入高头大册内"。④ 顺治十四年(1657),从擅长欧楷,"为今时独步"的吴门沈古诚之手购得陈闳《文会图》绢画一卷。⑤ 先后从绍兴世宦后裔知名收藏赏鉴家朱子祐及其族人处购得米芾《朝议大夫诗帖》、赵孟

---

① 吴其贞:《书画记》卷二"王叔明《幽谷读书图》小纸画一幅"条,人民美术出版社,1992年,第70页。
② 吴其贞:《书画记》卷二"马远《宫苑乞巧图》小绢画一幅"条,人民美术出版社,1992年,第82页。
③ 吴其贞:《书画记》附录一,人民美术出版社,1992年,第291页。
④ 吴其贞:《书画记》卷三"梅道人《竹溪泛艇图》小纸画一幅"条,人民美术出版社,1992年,第112页。
⑤ 吴其贞:《书画记》卷四"陈闳《文会图》绢画一卷"条,人民美术出版社,1992年,第151页。

频《古木竹石图》《泛舟追凉图》《杨宇公墓志》、郭河阳《雪霁运粮图》、梅道人《洞庭钓艇图》、王蒙《林亭晚酌图》《停琴看鹤图》、马文璧《山水图》、关仝《泉口图》、马麟《梅花图》、盛子昭《秋江垂钓图》、唐松元横板大画册(《千金册》)、宋元人小画图册子等。仇斗垣是歙西华田人,博古且具功力,"为骨董中白眉,其人绝无市井气"。吴从其处购得《叱石为羊图》和《秋风辞》二种。① 宋元人画册一本,中有李营丘《飞雪出游图》、赵仲穆《三马图》《二牛图》、盛子昭《秋月夜船图》、徐熙《铜嘴山果图》、赵千里《栈道行骑图》、高克明《雪舟捕鱼图》、赵幹《雪溪群雁图》等十二图,均系宋元真迹,"皆神品至精之画",顺治七年四月从斌文侄孙处获得。② 张伯雨《雨竹图》纸墨并胜,原在雁塘吴君庸家,因其嗜书画,特意持赠。③ 崇祯九年(1636),从万历时大学士许国曾孙许霞远手中得到高房山《雨竹图》。④ 此卷得于溪南程元胤。元胤为郡名医,寓吴其贞家乡有年,"闲时喜讲究法书名画,人亦恬雅"。⑤ 苏汉臣《击乐图》等三图,得于苏城裱褙匠王子慎手,该匠还能仿宣、成窑器。顺治十

---

① 吴其贞:《书画记》卷一"张樗寮《楷书秋风辞》一卷"条,人民美术出版社,1992年,第3页。
② 吴其贞:《书画记》卷三"宋元人画册一本计二十则"条,人民美术出版社,1992年,第87页。
③ 吴其贞:《书画记》卷三"张伯雨《雨竹图》小纸画一幅"条,人民美术出版社,1992年,第87页。
④ 吴其贞:《书画记》卷一"崔子西《竹兔图》小纸画一幅"条,人民美术出版社,1992年,第29页。
⑤ 吴其贞:《书画记》卷二"朱晦庵《祖帐帖》"条,人民美术出版社,1992年,第59页。

第七章 晚明江南收藏与古董商人

年二月,从王仲嘉之手得到李伯时《疏松水阁图》,"今入高头大册内"。① 顾闳中《韩熙载夜宴图》绢画一卷,此卷在杭城一匠人手,吴托契友何石公于康熙十一年(1672)八月为其购得。② 赵孟頫《松溪钓艇图》由其次子振明于康熙十二年(1673)四月购于湖州竹墩沈氏家。③ 同年九月数日间,吴其贞连得张樗寮字二幅,兴奋地说:"何其幸也。"④同年十月,从杭城"好事之人"杨仲琛手获得赵仲穆《春山游骑图》等二图。⑤ 康熙十四(1675)年五月从嘉兴王氏之手购得倪瓒《松林亭子图》。⑥ 康熙十五六年间,先后从嘉兴王江江陶氏家购得苏米蔡诗翰三则合一卷黄大痴《云收月空图》。⑦ 康熙十五年(1676)八月从绍兴钱圣宇手购得钱舜举临王晋卿《梦游瀛山图》青绿绢画。⑧ 从嘉兴老裱褙岳子宜手购得钱舜举《戏婴

---

① 吴其贞:《书画记》卷三"李伯时《疏松水阁图》小纸画一幅"条,人民美术出版社,1992年,第118页。
② 吴其贞:《书画记》卷六"顾闳中《韩熙载夜宴图》绢画一卷"条,人民美术出版社,1992年,第247页。
③ 吴其贞:《书画记》卷六"赵松雪《松溪钓艇图》纸画一小长幅"条,人民美术出版社,1992年,第254页。
④ 吴其贞:《书画记》卷六"张樗寮《行书皇恐帖》"条,人民美术出版社,1992年,第258页。
⑤ 吴其贞:《书画记》卷六"赵仲穆《春山游骑图》绢画镜面一张"条,人民美术出版社,1992年,第257页。
⑥ 吴其贞:《书画记》卷六"倪云林《松林亭子图》纸画一小幅"条,人民美术出版社,1992年,第265页。
⑦ 吴其贞:《书画记》卷六"苏米蔡诗翰三则合为一卷"条、"黄大痴《云收月空图》纸画一小页"条,人民美术出版社,1992年,第282、288页。
⑧ 吴其贞:《书画记》卷六"王晋卿《梦游瀛山图》青绿绢画一卷"条,人民美术出版社,1992年,第283页。

图》。①康熙十六(1677)年十一月从扬州汪氏之手得到从收藏家吴如铭家散出者高克恭的《烟江水阁图》。② 由上记述,可知吴其贞搜罗书画古玩的来路极为广泛:市肆书画铺以外,举凡贩卖同行、居间商人、收藏名家、鉴赏巨眼、世宦后裔、佛门僧人、羽士医家,乃至家族后辈、老古董之铺、裱褙匠之手等,或直接,或辗转相托,或收购,或转让,或受赠,见赏历代珍藏至宝,经手无数名迹神品。

在书画收藏界,宋代以来向有"赏鉴家"和"好事者"之分,到清中期,钱泳又认为"收藏书画有三等,一曰赏鉴,二曰好事,三曰谋利"③。吴其贞鉴赏水平高超,但不像其时代稍前的王世贞、李日华、董其昌、张丑等人,或同时代的钱谦益等人和稍晚的高士奇等人,不入赏鉴家之列,又不像他提到的扬州通判王廷宾,不能算好事者,而应该像书籍收藏方面的掠贩家,旨在谋利,是一个精于鉴别的书画贩卖商人。作为书画商人,如果只进不出,停滞不动,就难以周转。吴其贞虽也不停地收藏,屡屡将珍品神品放入"高头大册子"中,但其宗旨不在收藏,而是有进有出,从中获利。这一点,在吴其贞的早期书画收卖生涯中就显示出来了。吴曾于崇祯九年(1632)四月为侄孙子含从仇斗垣手购买到杨无咎《雪竹梅花图》。崇祯十二年,又从吴本文家得到宋徽宗《大白蝶》图,以及赵孟頫二

---

① 吴其贞:《书画记》卷六"钱舜举《戏婴图》纸画一卷"条,人民美术出版社,1992年,第285页。
② 吴其贞:《书画记》卷六"高房山《烟江水阁图》"条,人民美术出版社,1992年,第290页。
③ 钱泳:《履园丛话》十《收藏》"总论"条,中华书局,1997年,第261页。

第七章 晚明江南收藏与古董商人

赋,不久复曰子含①。子含,名闻诗,其人"坦衷直谅,高节自持,与人交,始终不渝。幼能文,举笔千言立就。若辨古玩真赝,一见洞然"。②其弟去非,名闻礼,不但"聪悟亦然",而且"美容仪,翩翩然有才子之风。读书之暇,好临池,玩赏古器,目力超迈,余亦服膺之"。③当时吴其贞里中竞以好古相尚,而此兄弟二人尤为著名。兄弟俩对书画的玩赏能力,为吴其贞所佩服。崇祯十三年(1640)七月,吴从仇斗垣手购得崔子西《秀竹画眉图》,随即连同赵孟頫《兰竹图》、方方壶《雪山图》、汉远《野草图》、倪云林《竹梢图》、赵希远《杜诗卷》等"尽归于去非"。④林君《江南八景图》一向藏在净慈寺,"传代之物",吴为子含得之,后来又从通三处收回。⑤此子含、去非兄弟俩,崇祯十四年(1641)春曾极力怂恿钱谦益游览黄山。⑥顺治九年(1652)三月八日,吴在武进庄冏生吴门园上,观赏董源《风雨归庄图》大绢画,而主人为顺治四年进士,"长于临池,丹青,雅好古玩,家多收藏,大都得于旧内者",吴其贞由此处购得李唐《风雨归牛图》、萧照《瑞应图》、盛子昭《烈妇刺虎图》、钱舜举

---

① 吴其贞:《书画记》卷二"宋徽宗《大白蝶图》小绢画一幅"条,人民美术出版社,1992 年,第 59 页。
② 吴其贞:《书画记》卷一"杨无咎《雪竹梅花图》绢画一卷"条,人民美术出版社,1992 年,第 26 页。
③ 吴其贞:《书画记》卷二"梅道人《竹梢图》小纸画一幅"条,人民美术出版社,1992 年,第 48 页。
④ 吴其贞:《书画记》卷二"崔子西《秀竹画眉图》绢画斗方一幅"条,人民美术出版社,1992 年,第 68 页。
⑤ 吴其贞:《书画记》卷二"林君《江南八景图》纸扇面八张为一册子"条,人民美术出版社,1992 年,第 79 页。
⑥ 钱谦益:《初学集》卷四六《游黄山记序》,《钱牧斋全集》第二册,上海古籍出版社,2003 年,第 1147 页。

《兰亭图》。① 洪迈七言绝句一首,顺治十七年(1660)五月吴得于于庭侄,后连同倪云林《江岸望山》、陈惟允《仙山图》、赵松雪《六简》一起归之收藏家江孟明。② 在长期的经营过程中,吴其贞适时收进抛出,当是获利不赀的。

吴其贞经营的同时,往往受托代人收购书画。《书画记》记录下来的,就至少有二人。一是扬州通判王廷宾。此公为陕西生员,入旗出仕,官至山东按察司,因故降为扬州通判。吴其贞说他"为人刚毅正直,士庶无不推重"。见时俗皆尚古玩,也要在古董界有所作为,但水平不够,"尚未讲究也"。康熙七年(1668)某日,突然对吴其贞说:"我欲大收古玩,非尔不能为我争先。肯则望将近日所得诸物及畴昔宅中者先让于我,以后所见他处者仍浼图之,其值一一如命,尊意如何?"生意场中竟有如此好事,吴连忙一口应允。于是没有几天,"所得之物皆为超等,遂成南北鉴赏大名"。吴其贞也不禁感叹其如此"可谓捷径者矣"。③ 仅此一笔,吴其贞大概赚钱不少。吴其贞当时即为王廷宾从陈维仁手中购得胡廷辉《金碧山水图》一大幅,该图"丹墨如新,画法工细,丘壑丰满"。④ 康熙九年(1670),吴又为王廷宾从王尔吉手购得王晋卿《致到帖》、小李将军《桃源图》、陈闳《八公图》、方方壶《云山图》、米元章临《兰亭卷》、

---

① 吴其贞:《书画记》卷三"董北苑《风雨归庄图》大绢画一幅"条,人民美术出版社,1992年,第97页。
② 吴其贞:《书画记》卷四"洪容斋七言绝一首"条,人民美术出版社,1992年,第169页。
③ 吴其贞:《书画记》卷五"宋元人翰墨十二则为一卷"条,人民美术出版社,1992年,第232—232页。
④ 吴其贞:《书画记》卷五"胡廷辉《金碧山水图》绢画一大幅"条,人民美术出版社,1992年,第232页。

第七章　晚明江南收藏与古董商人

黄山谷《残缺诗字卷》苏迈题跋等,"为通判王公得于王尔吉手"。①康熙十六年(1677)十一月底,在镇江张氏处,吴为王廷宾购得马远《琴鹤图》,要让其"集大册之内"。② 但其时王逝世,未能如愿。如此,则吴其贞前后整整十年间,一直在为王廷宾物色代购书画,不用说,为这样一个并不讲究、连价钱也不讲的好事者收购书画之物,获利一定是不会少的,以至于吴氏感动全体将无比珍贵的黄公望《富春山居图》的《剩山图》也送给了王廷宾。二是姚友眉。此人"聪明颖悟,书窗之暇,留心玩物,尤甚于书画,及见物时速,是非洞然,洵风雅中人也",也是个好事者。吴其贞为其购物不少。康熙十二年(1673)十月十八日,吴在杭州朱子式手中见到赵孟頫《李苏泣别图》,即为姚友眉购买。③ 二十二日,吴又在杭州杨氏手购得马和之《毛诗图》,随即连同黄大痴《群耸翠图》、范文正《义田》二帖和《动止帖》、苏东坡《村店夜归诗帖》、黄大痴《访友图》、僧巨然《山庄鼓琴图》等一起,转卖给姚友眉。④ 十二月六日,仍在杭州从嘉兴沈尧夫手为姚友眉购得传胡瓌《沙漠打围图》。该图"用笔工细,气韵浑厚",虽不能定为胡画,但"为唐人画无疑"。⑤ 次年,吴

---

　　① 吴其贞:《书画记》卷五"王晋卿《致到帖》"条,人民美术出版社,1992年,第239页。
　　② 吴其贞:《书画记》卷六"马远琴鹤图绢画一小幅"条,第290页。
　　③ 吴其贞:《书画记》卷六"赵松雪《李苏泣别图》绢画横披一幅"条,人民美术出版社,1992年,第259页。
　　④ 吴其贞:《书画记》卷六"马和之《毛诗图》绢画一页"条,人民美术出版社,1992年,第259页。
　　⑤ 吴其贞:《书画记》卷六"胡瓌《沙漠打围图绢画一幅"条,人民美术出版社,1992年,第259页。

275

又为姚购得赵门《竹石兰花图》。① 十五年（1676）五月，又为姚购得元无名氏《崔徽听琴图》等三图。② 赵子固《水仙花图》，"天真烂漫，各得形势，皆人迎风吸露之态，气韵如生。且用笔清瘦，逼似春蚕吐丝，一气画成，无轻无重，尚于苍秀"。此卷向藏嘉兴项氏，吴访求数十年不见踪迹，忽然康熙十六年有洞庭山沈子宁携到杭州，欲出售给吴。索值一百二十两银，吴屈其半而购之。未几，同柯丹丘《寒林耸翠图》、井西道人《隐居图》、高房山《携琴访友图》、赵善长《桃花书屋图》、倪云林《松林亭子图》、宋元小画图册子六十页，一起"归于姚友眉矣"。③ 同年九月，曾在苏城浦二哥处见过的刘静修《秋江垂钓图》，由吴之长子振启从杭州获归，不久即归于姚友眉。④ 十一月底，原为王廷宾购买而未出手的马远《琴鹤图》，也为"姚友眉得之"。前后四年多时间，吴一直为姚友眉物色书画，将所购书画及时转让。此二位"好事者"，吴其贞为其搜罗书画的时间均在吴离世前十年的康熙早期，似可推论出吴其贞愈到晚年，书画功夫愈是纯熟，鉴别名声愈盛，托其代为寻觅收购的好事者也日多，而吴的获利自然日益丰厚。因为水平高超，吴其贞的书画投资是赚了大钱的。

书画成交，充斥了买卖双方的长期访求、等待观望、讨价还价，

---

① 吴其贞：《书画记》卷六"赵门《竹石兰花图》纸画三则合为一卷"条，人民美术出版社，1992年，第261页。
② 吴其贞：《书画记》卷六"元无名氏《崔徽听琴图》绢画斗方一张"条，人民美术出版社，1992年，第283页。
③ 吴其贞：《书画记》卷六"赵子固《水仙花图》纸画一卷计纸八张"条，人民美术出版社，1992年，第289页。
④ 吴其贞：《书画记》卷六"刘静修《秋江垂钓图》小纸画一幅"条，人民美术出版社，1992年，第289页。

第七章 晚明江南收藏与古董商人

甚至是尔虞我诈的复杂过程。康熙五年(1666)七月,吴其贞终于在杭城九曲巷施四老家获得宋徽宗《金钱鹦雀图》绢画一小幅,踌躇满志,"今既获此,不日装潢,岂不压到世间画册耶"。① 李伯时《莲社图》,则早于康熙五年六月在绍兴朱十三老家见到,当时"令人不能释手,恨不得卧于图下",后来"千谋百恳",居间人汪允如为此"说合有百次,走路不知几百里",终于去次年四月购到手。② 赵孟頫与管夫人《合卺图》,系"神化"之笔,卷后又有名流题咏,有张伯雨诗,倪云林代书,系诗人韵事,崇祯十四年(1641)二月,歙县富翁翰四老携此访问吴其贞怡春堂,吴求之再三,事主不能释手,只得擦肩而过。③ 唐人双勾《万岁通天帖》原藏嘉兴项笃寿家,其夫人珍藏,常州邹虎臣曾以千金求之而不得。吴也羡慕已久,直到顺治十四年(1657)四月二十三日其友项汉宇、吴民培携此卷前往吴之苏州寓舍,吴才得以与长男振启一起观赏弥日,叹为"真奇遇也"。④ 李伯时《九歌图》大纸画,用澄心堂纸,高一尺多,长足有二丈,纸墨并佳,"布景、人物、山水,精俊妙得天真",可与《楞严变相图》相比,顺治十六年(1659)将近年终时吴在苏州阊门外观于潘秀才家。同时还见《淳化》帖十卷,"虽非祖本,亦是宋拓,皆千金物也"。过了

---

① 吴其贞:《书画记》卷五"宋徽宗《金钱鹦雀图》绢画一小幅"条,人民美术出版社,1992年,第220页。
② 吴其贞:《书画记》卷五"李伯时《莲社图》绢画一幅"条,人民美术出版社,1992年,第224页。
③ 吴其贞:《书画记》卷二"赵松雪管夫人《合卺图》纸画一卷"条,人民美术出版社,1992年,第69页。
④ 吴其贞:《书画记》卷四"唐人双勾《万岁通天帖》一本"条,人民美术出版社,1992年,第150页。

几天"再过索观,已为北人售去"①,留下了极大遗憾。曹云西《山水图》小画一册,"画法精细,景趣旷远,纸墨如新",吴观于苏州城朱我安之侨居。过了三日吴获得葛君常元人诗字七纸,方知该图作者,其余六纸则为黄大痴等人所书,"欲此册与七题复合,而我安坚不许"。吴"以重值拔其尤者一则,冠于七题之首,庶为宝剑复合云"。② 黄公望《颍昌湖上唱酬诗帖》,入神臻妙至极,可以追配王羲之《兰亭记》,"传于千古"。吴曾在南宫道院观于陆叔泉手,索价二百五十两银,因"时值客途,还之而去,辗转不能忘也",③错过了至尊宝物。吴其贞如此耐心等待,讨价还价,或心仪已久,而在价格上坚守不让,正是为了减少投入,获得利润。

在书画经营过程中,吴其贞长期积累,见多识广,观赏实物,比较真赝,显示出少有的慧眼卓识和深厚的专业素养。陆机《平复帖》,"书在冷金笺上,纸墨稍瘦,书法雅正,无求媚于人,盖得平淡天然之趣,为旷代神品书也"。吴曾于顺治十七年(1660)五月二十日观于葛君常之手,可惜葛将元人题识折售于归希之,配在伪本《勘马图》后。如此一来,"此帖人皆为弃物",而只有吴"独爱赏,闻者莫不哂焉"。后归王际之,售于冯涿州,得值三百两银,证明了吴的独到而老辣的眼光。④ 顺治十三年(1656)四月二十五日,吴其

---

① 吴其贞:《书画记》卷四"李伯时《九歌图》大纸画一卷"条,人民美术出版社,1992年,第153页。
② 吴其贞:《书画记》卷四"曹云西《山水图》小画一册计十五则"条,人民美术出版社,1992年,第158—159页。
③ 吴其贞:《书画记》卷六"黄山谷《颍昌湖上唱酬诗帖》一卷"条,人民美术出版社,1992年,第285页。
④ 吴其贞:《书画记》卷四"陆机《平复帖》一小卷"条,人民美术出版社,1992年,第171页。

第七章 晚明江南收藏与古董商人

贞在收藏好事者泰兴人季寓庸家观画,主人见其面对诸多名物目看口详手记,不禁深表钦敬道:"君之能,过于'手挥七弦琴,目送千里雁'矣。"① 宋徽宗《雪江归棹图》,不但图本身精妙,即卷后蔡元长题跋,书法藻丽,均为神品。大赏鉴家、"华亭派"领袖董其昌题跋认为,该画与王维《雪霁图》"足称雄雌双剑",而且只要到藏家溪南吴氏处将两卷相质,"便知余言不谬"。此论业内都深信不疑,唯吴其贞两卷均曾亲见,发现《雪霁图》与此图"画法绝不相类,迥隔天渊",看出了世人惯于闻风附会,而董其昌号称一代鉴赏宗师轻下结论的毛病。② 当时赝物充斥,而吴其贞所见绍兴朱十三老之子廿六老所藏唐宋元横板大画册一本十一页,系《千金册》内者,吴前后共得四十六页,均为真迹,因而断语:"余见明朝收藏书画名家,目力高者,数十幅之中亦有二三为优孟衣冠,惟朱石门先生家所见若干,虽片纸只字,皆属真货,三百年来第一人也。余凡见古画册,遇马必曰韩幹,遇牛必曰戴嵩,究竟百无一真,惟此处册上韩马戴牛皆为的笔,指此一端,可见余言不妄许人也。"③ 收藏眼光如此精准,具论如此肯定,可见吴其贞在书画鉴别领域的底气。赵善长《桃花书屋图》,吴在杭州得于嘉兴陆秀才之手,披阅之际,突然忆起其家有元人《桃花诗》一纸,检出核视,方知作者是曹誉,徽州人,"诗与图相切,天生为对题"。计算其裁诗作画时,已是三百年前

---

① 吴其贞:《书画记》卷四"黄筌《寒菊幽禽图》绢画一幅"条,人民美术出版社,1992年,第149页。

② 吴其贞:《书画记》卷四"宋徽宗《雪江归棹图》绢画一卷"条,人民美术出版社,1992年,第145页。

③ 吴其贞:《书画记》卷五"唐宋元横板大画册一本计十一页"条,人民美术出版社,1992年,第231页。

事,现在"始合配合,何相遇之晚也"。无意之中,购得了宝物,且使流散数百年的原物,得以完璧。① 此事看似偶然,实则有赖于吴其贞丰富经验和擅长考究之力。因有底气,交易过程中就规避了不少风险。刘渊《雪天戏龙图》,画有六龙,吴曾偶然在嘉兴冯子中手得到过,其时并不知谁人手笔。过了十年,冯子中又携一卷,亦有六龙,由题识知是刘渊所作。追问根由,方知两画原是一卷,被兄弟两人分开,现在想出售给吴,能复合为一。吴因前者售出已久,是以拒却不买。② 吴因老于此道,未曾上当。

对于吴其贞的书画知识,四库馆臣评价道:吴其贞"多观书画真迹及生平所自购者,各加品题,随手札录,注明所见年月,历四十余年之久"。所撰《书画录》,虽"小有疏舛,亦所不免。然其胪采甚博,于行款位置、方幅大小、印记、纸绢、装潢、卷轴,皆一一备列;其评骘真赝,辨论亦多确切,较之米芾、董逌古今人固不相及,与张丑《真迹日录》要未易甲乙也"。③ 张丑是晚明苏州著名的收藏赏鉴家,其所撰《清河书画舫》,时人皆服其精当,四库馆臣认为《书画记》足可与《清河书画舫》比肩,评价极高,我们就不能以一般书画商等闲视之。吴其贞的鉴别功夫,也反映在他对同行的评论上,这在其《书画记》中随处可见。此处只举一例,以概其余。吴曾评论北京王际之其人的专业水准,谓:"际之善裱褙,为京师名手,又能

---

① 吴其贞:《书画记》卷六"赵善长《桃花书屋图》纸画一小幅"条,人民美术出版社,1992年,第284页。
② 吴其贞:《书画记》卷六"刘渊《雪天戏龙图》绢画一卷"条,人民美术出版社,1992年,第285页。
③ 《四库全书总目》附录《四库撤毁书提要》,中华书局,1965年,人民美术出版社,1992年,第1842页。

鉴辨书画真伪,善裱者由其能知纸纨丹墨新旧,而物之真赝已过半矣。若夫究心书画,能知各人笔性,各代风气,参合推察,百不差一。此惟际之为能也。然只善看宋人,不善看元人,善看纨素,不善看纸上,此又其短耳。"①如此精要,看出此老裱褙之长短,想见吴之专业已臻相当高度。

二、休宁王越石家族

张长虹《品鉴与经营——明末清初徽商艺术赞助研究》一书,对王越石已多叙述,唯未用李日华《恬致堂集》《六研斋笔记》等记载,其形象还不够丰满,今一并考察。

王越石,吴其贞《书画记》称其为居安人,有时又写作"黄越石",恐即居安黄氏。吴其贞又说,其"与黄黄石为姑表兄弟,系颙若亲叔也"。② 黄黄石即歙县人黄正宾,《明史》、《明史列传》等有传,大要言其以捐赀入为郎中,仗义建言而遭廷杖,凭借声气,游于搢绅间,但未记其收藏事项。姜绍书称,"有王廷珸者,字越石,惯居奇货,以博刀锥","黄石名正宾,以赀郎建言廷杖,凭藉声气,游于搢绅,颇蓄鼎彝书画,与廷珸同籍徽州,称中表,互博易骨董以为娱"。③ 可见时人常常提及的王越石,名廷珸,所谓越石是其字,休

---

① 吴其贞:《书画记》卷四"张樗寮《楷书杜诗一卷》"条,人民美术出版社,1992年,第165页。
② 吴其贞:《书画记》卷二"王叔明《破窗风雨图》纸画一卷"条,人民美术出版社,1992年,第75页。
③ 姜绍书:《韵石斋笔谈》卷上"定窑鼎记"条,《美术丛书》二集第十辑,江苏古籍出版社,1997年,第1310页。

宁县居安人，与一时颇有名气的黄正宾为姑表兄弟，专门从事书画古玩买卖。黄正宾"由懋迁起家，虽仕至玺卿，而会计之精，徽贾推为领袖。日献素拥厚资，牙筹营运，惟日孳孳"。① 当万历后期李三才为凤阳巡抚博综奇玩时，曾为其罗致名品，南明福王时，黄流寓丹阳，以贺日献为居停主人，贺出资授黄，将在苏州阊门开店，而逐什一之利，不意黄至苏而殁。姜绍书还详细记载了二人之间在崇祯末年互相博易古董的事例，从中可见王越石专业水准之高。

吴其贞又提到王弼卿、王紫玉，"二人越石弟"；②王晋公，"越石之侄，鉴赏书画得于家传"。③ 王颙若，"三世皆业骨董，目力过人，为人温雅，余一见便为莫逆交"；④在杭州的王君政，曾收藏过陆游的《七言梅花诗三首》一卷"书法秀媚"，卷后有元杨铁崖、朱育、倪云林和明王百谷等人题跋。该人为"越石从侄，亦业骨董"。⑤ 姜绍书提到，顺治四年（1647）"有歙人王君正"求见，愿效居间者，⑥大约即是其人。

如此，仅在崇祯年间，王越石不但自己经营书画，其至少两个

---

① 姜绍书：《韵石斋笔谈》卷上"文王鼎"条，《美术丛书》二集第十辑，江苏古籍出版社，1997年，第1307页。
② 吴其贞：《书画记》卷二"倪云林《竹梢图》小纸画一幅"条，人民美术出版社，1992年，第80页。
③ 吴其贞：《书画记》卷四"李唐《夜游图》大绢画一幅"条，人民美术出版社，1992年，第139页。
④ 吴其贞：《书画记》卷一"陆天游《草堂》小纸画一幅"条，人民美术出版社，1992年，第4页。
⑤ 吴其贞：《书画记》卷三"陆放翁《七言梅花诗三首》一卷"条，人民美术出版社，1992年，第90页。
⑥ 姜绍书：《韵石斋笔谈》卷上"文王鼎"条，《美术丛书》二集第十辑，江苏古籍出版社，1997年，第1307页。

第七章 晚明江南收藏与古董商人

弟弟即王弼卿、王紫玉,两个侄儿即王晋公、王颙若和一个从侄即王颙若,均从事收卖书画营生,自其父辈起至其子侄辈,三世皆业古董,是居安的古董经营家族。在崇祯十五年(1642),吴其贞说王越石"一门数代,皆货骨董,目力过人,惟越石名著天下,士庶莫不服膺。客游二十年始归,特携诸玩物访余于怡春堂,盘桓三日而返"。① 又考察其实际书画营生时间,可知王越石万历后期起即已继承父辈之业,从事古董营生了。

万历后期起,在江南的书画销卖场和书画鉴赏场合,每每可见王越石的身影。

苏州人张丑是富于收藏的鉴赏家,王越石与其即有书画交往。张丑记:周昉《文会图》,又《挥扇仕女图》,原在苏州翰林韩世能家,"奇迹也","近为新都王廷珸购去,摹本至今犹存"。② 万历四十五年(1617)三月,王越石携示倪云林《僦居城东图》小帧,青绿满幅,全师董源,其上小楷诗题极精,无能识者,张丑"特定为天下倪画第一,即举世非之不顾也"。张丑极赏此云林绝品,"为之喜而不寐"。③ 王越石又出示倪云林《雨后空林生白烟》大幅,"纵横满纸,层叠无穷,且设色脱化,较《城东水竹居》小景,尤觉渐近自然。当为迂翁晚年第一名品。本身后有张雨、袁华、陆颙、周南老等题咏,

---

① 吴其贞:《书画记》卷二"王叔明《破窗风雨图》纸画一卷"条,人民美术出版社,1992年,第75页。
② 张丑:《清河书画舫·花字号第四》"周昉"条,上海古籍出版社,2011年,第208、209页。
③ 张丑:《清河书画舫·绿字号第十一》"倪瓒"条,上海古籍出版社,2011年,第556、562页。

其钱仲益、顾禄、王达、张枢等绢素诗头,亦楚楚可爱"。① 张丑因而大生感慨,称生平所见倪画,指不多屈,但从未有如此精绝者。因而称"越石为人有才无行,生平专以说骗为事,诈伪百出,而颇有真见,余故误与之游,亦鸡鸣狗盗之流亚也"。② 王越石还曾向张丑出示过吴道子《旃檀神像》,绢本,大着色,前有宋徽宗瘦金书标题、双龙方玺并"宣和""内府"等印,"虽破碎而神明焕然"。③ 张丑记,吴道子着色《天神》卷,宋徽宗御书,押双龙方玺;吴道子《旃檀神像》,宋徽宗瘦金体,泥金书,有宣和印,列为神品上,曾为严嵩收藏过,"近从吴廷所归之王越石"。④ 王又曾出示周方鼎一尊,高四寸五分,方三寸,广二寸,约重二十两,四面花纹作天鸡夔龙,四足有细花,周围飞戟八条。三面青绿翡翠,其一面与内方底面作水银古款一行,曰"作孟姬"三字,"奇古";王蒙《南村草志》一轴,纸本,浅绝色,"笔法秀逸,脱尽画家蹊径,真绝品也"。⑤ 王又曾购得徐季海《宝林寺诗》,后有王蒙和韵之作,"楚楚可爱";购得李泰和《永康帖》,后有宋濂跋,都是檇李项氏之物,"足称双璧"。⑥ 张丑所记,足见王越石收藏或出示藏品之精绝。

嘉兴人李日华是驰名全国的鉴赏家,王越石与其数数往来。天启某年,王越石携《四仙古像》往李日华家,请李题语。学士钱溥

---

① 张丑:《清河书画舫·绿字号第十一》"倪瓒"条,上海古籍出版社,2011年,第562—563页。
② 张丑:《清河书画舫·绿字号第十一》"倪瓒"条,上海古籍出版社,2011年,第563页。
③ 张丑:《清河书画舫》附《真迹日录》,上海古籍出版社,2011年,第663页。
④ 张丑:《清河书画舫》附《真迹日录》,上海古籍出版社,2011年,第665页。
⑤ 张丑:《清河书画舫》附《真迹日录》,上海古籍出版社,2011年,第675页。
⑥ 张丑:《清河书画舫》附《真迹日录》,上海古籍出版社,2011年,第707页。

所藏定武《兰亭》，楮墨拓法俱精古，非赝物，李日华曾在嘉兴人沈德符处见过，"王越石不知得于何处"。王又辅之以《萧翼赚兰亭图》，题为阎立本，李判定为"伪笔也"。天启六年（1626），王越石以断烂《长沙帖》四册请李日华评定。倪云林着色山水，李日华前后见过五六幅，各有意态，崇祯元年（1628）三月，在南京，王越石出示一幅，系倪云林"为周南老作者，云岚霞霭，尤极鲜丽"；在南京西察院，王越石携带卷轴拜访李日华，其中倪瓒着色山水小景，"单幅树石，浑厚修耸，云霞鬱浮，闪烁不定，真杰作也。世传《雅宜山图》，恐未必胜此。特是帧晚出，未腾声价耳。乃写于周南老斋中，而周以为家珍者"。后王越石又持宋元画册访李日华，其中有赵元裕《细竹》一幅。① 对王越石所藏，李日华更惊羡不已，屡屡不吝笔墨，鉴赏珍品之价值。《题王越石藏画册》谓："绘事于人转亲，为计转密，越墙壁而披屏障，辞悬玩而入卷舒。单裁狭制，燕封曲房，以为未足。又集诸名笔为长筴，以便登舻走毂，盖欲无刻不俱也。然既与骖乘毕轮，必须子瑕、南子。越石破百亩园田，竭半生心力，而后有此。向令有福者一旦挟之，即上清真官，拥万天姝，御八轮车，飞行云空，其乐不踰是也。余涩囊不足办此，为优昙一现而已。"②《为王越石题画》谓："此幅葐郁沈瀁，高古澄澹，是宋人得巨公法而神明之者也。元惟赵荣禄、黄一峰可作敌手。然其于巨公犹临济后法派，至高峰断崖，幻住波澜，峻崿太峻太阔，非复肋下筑拳时矣。

---

① 李日华:《六研斋笔记》卷一，第16页；卷二，第32页；卷四，第64页。《六研斋二笔》卷二，第116—117页；卷四，第146页。《六研斋三笔》卷三，第227页，凤凰出版社，2010年。

② 李日华:《恬致堂集》卷三七，上海古籍出版社，2012年，第1358—1359页。

择法者须具此眼，何必影响寻逐，妄出其姓名也。"①《购得王摩诘江山雪霁图装潢就因怀书画友王越石在金陵时自九月至长至不雨溪流皆涸为之怅然》谓："君舟何处贯虹月，吾室悄然凝席尘。买得辋川千岭雪，未经君眼照嶙峋。呼鸥远隔苍茫外，控鲤难逢汗漫人。一发枯流频怅望，五湖春浪几时新。"②由李日华题识可知，王越石是个兼具赏鉴能力的书画商，他不但买卖书画，而且舍得斥巨资收藏精品珍品。

董其昌是书画大家和鉴赏家，亦与王越石往来密切。天启七年（1627）三月，王越石携示李昇水墨画，董因而临摹一帧。③

汪砢玉是有名的收藏家，其父汪爱荆，家有东雅堂，收藏丰夥，贮藏乌斯藏佛大小百余尊，白定宣瓷四件，玛瑙弥勒尊者一座，白玉观音一尊等。④《宋贤十七札》，原为朱忠禧之物，后为无锡谈志伊所得，后又转入徽州收藏家汪景纯（宗孝）家，崇祯七年曹瞻明曾于"王越石舫中见之"，汪砢玉因"极爱刘无言、吴居父、叶水心三札，遂易得之"。⑤崇祯元年（1628），汪砢玉为父母筹集丧葬费，"因出家藏书画，宋元昭代名迹各百余册，卷轴称是，以及虎耳彝，雉卣汉玉，犀珀诸物，易赀襄事。另有古绘两函，犹时时在念"。崇祯七年（1634）秋，"黄越石忽持前二册来，云得之留都俞凤毛，已售

---

① 李日华：《恬致堂集》卷三七，上海古籍出版社，2012年，第1359页。
② 李日华：《恬致堂集》卷六，上海古籍出版社，2012年，第300页。
③ 青浮山人编辑：《董华亭书画录·册叶》，《历代书画录汇辑刊》第1册，北京图书馆出版社，2007年，第33页。
④ 李日华：《味水轩日记》卷六"万历四十二年十二月十八日"，第430页。
⑤ 汪砢玉：《珊瑚网》卷五《法书题跋》，《中国书画大全》第5册，上海书画出版社，1992年，第771页。

第七章 晚明江南收藏与古董商人

去十余幅。为王右丞团扇小景,许道宁绘池草鸣禽句,张择端《兴庆宫五王弈棋图》,周昉折桂美人,黄筌红蜻蜓淡竹花,赵幹梨花,赵昌月下海棠,苏汉臣货郎担,其闺人两两妆束,即宋词平头鞋子双鸾小也。又二婴斗促织,三孺子放风筝,从训养子,石壁松亭,界画极工致。柱上组款三朝供奉李嵩,钱舜举牡丹双桂,梅道人折竹诸册。时越石欲余贯休《应真卷》,为宋王才翁题偈;马和之《破斧图》、思陵楷《毛诗》、吴仲圭写《明圣湖十景册》及明代诸名家画二十幅,文、沈《落花图咏》长卷,青绿商鼎、汉玉兕镇诸件,余遂听之,易我故物,即汰去其半,不但顿还旧观,幅幅皆胡麻饭仙子矣"。① 汪砢玉记道,崇祯七年重阳日,《胜国十二名家册》,"歙友黄越石携是册至余家",汪留阅两天。王还出示白定小鼎,"质莹如玉,花纹粗细相压,云□蝉翅,蕉叶俱备,两耳亦作盘螭,圆腹三足,炉顶用宋作白玉鸂鶒乌木底"。对此宝物,汪砢玉叹为"真希世之珍也"!汪砢玉记道,其他挂幅有"李营丘《雪景》,什袭珍重殊甚,然视吾家《山水寒林》,犹伧父也;米敷文《云山茆屋》太模糊;王叔明《一梧图》亦赝物;《南村草堂集》更恶甚;惟文徵仲《仿小米钟山景大轴》有气韵"。② 崇祯十年(1637),王越石持马远《鹤荒山水图》,汪砢玉以仇英《南极呈祥图》及宋板《国策》一部易之。③ 王越石所示者,真赝混存,但多精品。

---

① 汪砢玉:《珊瑚网》卷十九《名画题跋》,《中国书画大全》第5册,上海书画出版社,1992年,第1171页。
② 汪砢玉:《珊瑚网》卷二十《名画题跋》,《中国书画大全》第5册,上海书画出版社,1992年,第1182页。
③ 汪砢玉:《珊瑚网》卷五《法书题跋》,《中国书画大全》第5册,上海书画出版社,1992年,第1034页。

崇祯末年,王越石回到居安老家,但似乎仍经营古董。崇祯十五年(1642)五月二十二日,吴其贞在其家见到苏东坡《批示帖》等六种,苏帖"书法潦潦草草,在不经意处多得天趣",吴连同《桃莺图》《松树图》一起购归。王又出示白定圆鼎炉一只,高五寸,口径四寸,身上两道夔龙,是为粗花压细花者,间有十二道孤龙冲天耳,葱杆足,百兽面含在足上,吴认为"一身全完,无瑕疵,精好与程季白家彝炉无异,惟白色稍亚之,世无二出"。此物王越石兄弟叔侄共花一千二百两白银购得,后来卖与潞王,"得值加倍"。有意思的是,其家另有一件副本,"色缁,骨亦坚,迥然不符",是苏州有名的仿古高手周丹泉所作赝品。① 孙太古《产黄庭图》小绢画一幅,一向藏在溪南吴氏处,崇祯十五年(1642)六月,王越石获得,"以为至宝,不肯售",吴其贞"深妒"之。② 同月二十一日,吴其贞又在王家见到柯九思《松庵图》等四幅,柯图"画法秀润,惜剥落太过";又见到沈周《匡山霁色图》大纸画一幅,画法柔软,效于巨然,"有出蓝之气,值百缗,为世名画"。③ 十月初一日,吴又在王家见到王羲之《雨后帖》一卷,仇英画册一本,共十二页,该册原为嘉兴项氏藏品,后归溪南吴氏,"皆临宋人底本,画法精工,气韵动人,似觉一洗古人而空之,为无上神品之画";又见铜玉器绝好者数件。④ 倪云林和赵

---

① 吴其贞:《书画记》卷二"苏黄米蔡诗翰四则为一卷"条,人民美术出版社,1992年,第76页。
② 吴其贞:《书画记》卷二"孙太古《产黄庭图》小绢画一幅"条,人民美术出版社,1992年,第77页。
③ 吴其贞:《书画记》卷二"柯九思《松庵图》小纸画一幅"条,人民美术出版社,1992年,第78页。
④ 吴其贞:《书画记》卷二"王右军《雨后帖》一卷"条,人民美术出版社,1992年,第78页。

第七章 晚明江南收藏与古董商人

善长合作的《狮子林图》,脍炙人口很久,原藏丹阳张氏,后为项元汴所收,王越石也曾拥有过。①

进入清朝,王越石的收藏陆续散出,或许其人已谢世。顺治九年(1652),吴其贞在扬州的福建商人陈以谓家见到巨然的《萧翼赚兰亭图》等。陈以谓以好书画出名,大收法书名画,"既独具特识,复不惜重价",其中"所得多越石物"。②

从时人所记来看,王越石家族确实是一帮博求刀锥的古董商人。前述《胜国十二名家册》,其中第六帧为倪云林笔,"画间层山四摺,中露旷地,外绕七树向水,纤劲淡玄,得未曾有",汪砢玉展玩不忍释手,王越石居然说此"可拆易也",③足见其利欲熏心。王越石又从杜九如之子手以八百两银得赝品定窑鼎,而诡称价值万金求售,一时未能出手,"十余年间,旋质旋赎,纷如举棋。又求其族属之相肖者方圆数种,并置箧中,多方垄断。后来泰兴季因是企慕唐炉,越石以一方者诳之,售银五百两。④ 即使与中表兄弟黄正宾互相博易,也尔虞我诈,以赝充真,锱铢必较,一派唯利是图的奸黠商人行径。⑤ 对此行径,张丑称其"为人有才无行,生平专以说骗为

---

① 吴其贞:《书画记》卷三"倪云林赵善长合作《狮子林图》纸画一卷"条,人民美术出版社,1992 年,第 106 页。

② 吴其贞:《书画记》卷五"宋元六大家翰墨十三则一卷"条,卷三"僧巨然《萧翼赚兰亭图》小绢画一幅"条,人民美术出版社,1992 年,第 221、104 页。

③ 汪砢玉:《珊瑚网》卷二十《名画题跋》,《中国书画大全》第 5 册,上海书画出版社,第 1180 页。

④ 姜绍书:《韵石斋笔谈》卷上"定窑鼎记"条,《美术丛书》二集第十辑,江苏古籍出版社,第 1310 页。

⑤ 姜绍书:《韵石斋笔谈》卷上"定窑鼎记"条,《美术丛书》二集第十辑,江苏古籍出版社,第 1310—1311 页为

事,诈伪百出……亦鸡鸣狗盗之流亚也"。① 但在书画收藏经营过程中,王越石时时体现出内行和老道。王曾向汪砢玉展示白定小鼎这一希世之珍时,说项子京"一生赏鉴,以不得此物为恨",索价银三千两,汪之里人出价五百两,汪不肯出售。当时王越石欲汪斋头灵璧名听经鹅者,拟以文徵明画相易,汪不肯割舍。王竟说"米家书画船不可少此物",遂强持而去。② 王越石此种行径,迹近耍赖,却也反映出他识货的一面。因此,将王越石称为"鸡鸣狗盗之流"的收藏鉴赏家张丑又不得不承认他有才,于古董"颇有真见",而不得不与其交游。负有盛名的书画商吴其贞也心悦口服地赞扬他"目力过人","名著天下,士庶莫不服膺"。众多收藏赏鉴家和书画古董商如李日华、张丑、黄正宾、吴其贞等,凡与其接触,品赏收藏,所见多为真迹精品,无不服膺其来路之广,眼力之准,李日华等更既与其不时交易,又为其所藏题识,大加褒赏,视其为"书画友"、"歙友",以友道待之。王越石之从侄王顒若,吴其贞称其"目力过人,为人温雅,余一见便为莫逆交"。③ 时人的记载清晰地表明,王越石家族,与吴其贞家族,是交谊很深的两个书画商人家族。

王越石于古玩一行,其水准为人服膺,与其长期留心积积累经验有关。赵孟頫正书《玄妙观三门记跋》,董其昌题云"熟观李北海《岳麓寺碑》,乃知此碑之逼真,犹是集贤偏师耳"。王越石于天启

---

① 张丑:《清河书画舫·绿字号第十一》"倪瓒"条,上海古籍出版社,2011年,第562—563页。
② 汪砢玉:《珊瑚网》卷二十《名画题跋》,《中国书画大全》第5册,上海书画出版社,第1182页。
③ 吴其贞:《书画记》卷一"陆天游《草堂》小纸画一幅"条,人民美术出版社,1992年,第4页。

元年(1621),得到董其昌所书题记,展至后段,觉语脉龃龉,深以为憾。三年后,又得到《三门记》,阅读之下,方悟出其首尾互装。长年留意,得以鉴定。即此一事,李日华大为感慨,谓:"向非越石嗜古徇奇,遇即收之,则延津之合难矣。不易得,不易得。"① 王越石时与赏鉴收藏家在一起,奇物共赏鉴,相与析疑异,不乏商人的精明和老到,时有唯利是图的习气,却看不出有丝毫的附庸风雅,也殊少好事浮慕者的俗气。王越石与吴其贞一样,都是经营较为成功的古董商人。

三、李日华笔下的方樵逸与吴雅竹等

(一)方樵逸与李日华。李日华日记中屡屡提到方樵逸其人,又称"歙人翁素宇,自称方樵逸之甥",又称方之内侄歙人余生,②文集中又总结与方"交三十余年",大约是与李日华同时的歙县人。李日记又数处提到方巢云、方巢逸。方巢云、方巢逸与方樵逸音近,李日记所记人名也较随意,故疑即同一人。如此则方巢逸前后出现大约三十次。

方樵逸本人或引导他人请李日华鉴定画卷等物。万历三十七(1609)年八月三日,方巢云以泉帖见示,李定为湖庄。次日,巢云

---

① 李日华题记,见张丑《清河书画舫》附《真迹日录》,上海古籍出版社,2011年,第678页。
② 李日华:《味水轩日记》卷四"万历四十年七月十四日""闰十一月十六日",卷七"万历四十三年八月十一日",上海远东出版社,1996年,第245、283、475页。以下标明年月日者,不注页码,以省篇什。

又持祝允明草书象戏卷。万历四十年(1612)二月二十五日，"方巢云又引一人持卷轴来,无佳者"。同年三月十七日,方巢逸从杭来,"贻余潼橘二十颗,携示赵子昂小景,山下攒点作小树,甚秀发"。十一月十四日,"方樵逸同吴雅竹来,所挟古物与卷轴甚夥",佳者有沈石田横披大幅;张梦晋《庄子梦蝶图》,"乃是罕物";唐伯虎《杏花春燕图》等。十二月十二日,"方巢逸从苏来,出一砚,古端也"。四十二年(1614)七月十六日,方樵逸示大痴《天池石壁图》。同年八月二十四日,方樵逸携金碧山水小幅来看,题云吴兴赵孟頫,"余深察之,非是,当是颜秋月笔耳"。十月十三日,方樵逸携示倪云林《筠石乔柯》,"用笔粗辣,树干皆就渴笔刷丝,中略缀芒刺,石棱如篆法,竹叶简劲,乃倪法中所罕见者"。十月二十一日,方樵逸袖一卷相示,乃宋画院仿梁楷《渡水罗汉》,"形状虽奇诡,笔路不佳"。十月二十三日,方樵逸持示姚云东仿赵子昂小景,"苍润可观"。四十三年(1615)正月二十一日,"方巢云携祝枝山行草乐词十六段求鉴,书法为世所传唐人仿王右军《心经》,转折盘纡,法度丰韵,无不精到"。闰八月二十九日,方樵逸"携蒋乾一画一帧来,不佳"。四十四年(1616)十月初六日,方樵逸携示钱舜举《仙弈图》。

方樵逸本人或引导他人携画同李日华一起赏玩,如万历四十年(1612)二月十八日,方巢云持高瑞南家郭熙《辋川图》"来玩"。二月二十日,方巢云引湖州僧印南者前往李宅,"出观诸种祝京兆草书一卷"。四十三年(1615)七月二十七日,方樵逸"携观曹云西雪景小幅"。八月二十七日,方樵逸携观一卷。十月二十六日,方樵逸"携一旧册来观,乃吾郡杉青闸图也。笔法简古疏淡,大类宋人

司马温公独乐园图,乃玉田刘廷震笔"。四十四年(1616)三月十四日,方樵逸携示沈石田溪山长卷,"墨气淋漓,仿梅道人,有题语"。十一月十四日,方樵逸携示沈石田《支硎山居图》。

方樵逸还曾与李日华一起外出访求书画,如万历四十年二月二十四日,李日华同盛寓庸、方巢云、戴鉴若、释印南等人到沈图南处,"出观诸种"。四十三年闰八月初二日,李日华同其儿子"挈歙方樵逸为姑苏之行"。四十四年三月十七日,李日华前往苏州,"挈方樵逸同行",次日,"舟中无事,樵逸出纸索画,为写子久溪山"。

方樵逸还介绍引导他人请李日华鉴定其他寓目之物。从李日华日记所载,可知日后频频与李日华往来的歙人胡雅竹,是由方樵逸导引的,而其他人,导引者甚多。万历四十年七月十四日,自称方樵逸之甥的歙人翁素宇,"携卷轴来看,无一真者"。十七日,翁素宇又携示黄子久《丘壑深沉图》小泉,"系临本",而同时所示倪云林《雅宜山斋松涧图》,李日华未置勘语。四十年闰十一月十六日,方樵逸之内侄余生,"以炼墨闻于吴中",新作书画估,"持赵子昂《秋林听琴图》横卷来鉴定"。四十一年六月初七日,方樵逸"引新安客胡长卿者来,携观元人杂迹"。此胡长卿,也是歙人,后来于四十一年八月初七日,向李日华出示鲜于伯机《归去来辞》、袁清容诗稿、赵子昂手札、余忠宣致危太朴书等,李日华为其作跋语于上,胡长卿于初十日辞别时,"坚以银星砚一枚为别,背镌宣和二字"。十二月十六日,再次谒见时,"出观宋刘道贯《渡水罗汉》颇极奇诡"。四十一年六月初八日,方樵逸"引杭人余姓者携示宋元画册二十四叶,惟马、夏可指辩,余皆杂手"。四十三年三月十四日,方樵逸同徐生一起,前赴李处,携示开皇《兰亭》卷,《江村万里图》,著唐子畏

293

款,"皆伪物"。四十三年十月初五日,方樵逸同太仓一人到李处,"携卷轴相示,多伪物。只文徵仲雪景一小幅,沈石田《新鹅垂柳》,真而佳"。就这样,方樵逸之亲友也曾利用方与李之关系,纷纷请李日华鉴定书画。

　　李日华笔下的方樵逸,常请李日华鉴定所藏,似是一般收藏家,其实只言片语,还是透露出方樵逸是奔走于江南的书画商。李日华曾为方樵逸撰写寿文:"鱼鸟浮沉寄此生,淮清楼下镜波明。云涛帆挂三山边,霞绣屏开九叠横。暂解腰缠知鹤健,醉无机事狎鸥轻。历头庚甲从新敷,正是仙途一半程。"①淮清桥、三山边、鱼鸟浮沉、暂解腰缠,点明方樵逸是活动在南京的商人。方樵逸不仅本人而且还常引领他人携画请李日华鉴定赏玩,显然意在估定价值为出售计,只要李日华合意,价格合适,李日华就收买下来。万历四十年闰十一月十六日,李就从方之内侄余生处购得右军书稧中散绝交书石刻一本,"较停云刻有异趣"。四十二年十二月初九日,李日华又"从方樵逸处购得文文水《楞伽寺井泉图》,笔意潇洒,在云林、黄鹤之间,画之以幽淡胜者"。四十三年八月十一日,"歙人余生持姚云东横披山水一帧求售,因购得之。笔力苍古,酷肖吴仲圭。行书一绝,爽逸类张伯雨,此公得意作也"。四十三年八月初四日,方樵逸曾冒雨前往李府,要求附载往杭州,对李日华说:"西湖隐者秦冰玉蓄元人画十余幅,又有虞世南真迹一卷,访之可以通博易。"方樵逸是一个十分关注行情的书画商。李日华有方樵逸像赞谓:"佛心孩性,市游林息。时随鸥鹭之群,耻争鸡鹜之粒。是以

---

① 李日华:《恬致堂集》卷七《寿方樵隐》,上海古籍出版社,2012年,第337页。

294

第七章 晚明江南收藏与古董商人

纳屦而行,煮字而食。与余交者三十余年,无机之怀,坦如一日。所与余孜孜讲求而未已也,松态石情,书估画值。"①字里行间,清晰地表白了方樵逸的身份,是一个深谙书画之道,活跃于书画市场,而不屑与小商小贩争蝇头小利的雅有书卷气的商人。能够与李日华这样驰名当世的著名鉴赏家交游三十余年,寄情于松态石情,孜孜讲求书估画值,恐非等闲之辈。

方樵逸与李日华三十余年交谊,请李日华鉴定寓目或拥有的藏品,与李日华等一起四出访求赏玩书画,为李日华源源提供藏品信息,从而为李日华的收藏开辟了广阔的渠道。李日华晚年醉心于绘画梅兰竹,方樵逸其时已拟歇息休养林泉,仍为李日华四出访求到三种名迹,令李日华大为感动,致词道:"樵逸虽倦游,其为我四出购访此三种逸迹,傥得全谱长幅固妙,即不然,单枝半葳,有足发挥是道者,其必以来。吾艺成,首当应君之求,朝暮缓急为君指使无不可。君亦何愁不得如鸥波亭主守也。樵逸行矣,其以此作券以记,余日望之。"②由此李日华感慨,可以推想,三十余年中,方樵逸大概一直为李日华提供选择藏品的机会。

(二)胡雅竹与李日华。胡雅竹,在李日华的日记中,从万历四十年起,直到日记结束记录的万历四十四年,曾出现二十四五次,最初写作吴雅竹,或胡雅竹,后来则一律写作胡雅竹,又称"新安胡雅竹""歙人吴雅竹",是则万历末年,有一歙县书画商人胡雅竹与

---

① 李日华:《恬致堂集》卷三五《方樵逸像赞》,上海古籍出版社,2012年,第1285页。
② 李日华:《恬致堂集》卷三九《购梅兰众三谱券与方樵逸》,上海古籍出版社,2012年,第1402页。

李日华频繁往来。

胡雅竹之与李日华往还,大体与方樵逸一样。主要是:

鉴定藏品真赝。前述李日华日记记载,万历四十年十一月十四日,"方樵逸同吴雅竹来,所挟古物与卷轴甚夥,止录其佳者"。在此之前的六月二十七日,李日华记载,"徽客吴姓者携画来谒",此吴姓徽客,恐即胡雅竹。十一月十六日,"吴雅竹以上海褚兰亭所镌《淳化阁帖》相示。兰亭家有宋拓本,倩精工拓成。余为谛视之,觉其肥圆典厚,有《绛帖》遗意,亦末代之杰造也"。四十一年十二月二十八日,"歙人吴雅竹以赵文敏行书庄生《说剑篇》求跋","雅竹又以文衡山《千岩竞秀》,与《江山积雪》二图求评骘,皆赝本也,又侯夷门懋功《秋山图》,粗笔草草,甚有子久风气"。四十二年二月十六日,胡雅竹携示王叔明《秋山读书图》。上有文嘉考证记,李叙述一过。二月十八日,胡雅竹又持赵孟頫书画之作二卷求跋,李一一应命。三月二十日,胡雅竹携视赵子昂书《文赋》。八月十六日,"胡雅竹携石田《秋渚图》来看"。八月二十六日,"胡雅竹同僧印南持卷轴来,黄子久《弁山清晓图》,细秀,不类大痴,布景似叔明"。九月十七日,"胡雅竹携元末国初杂手札一捆,细检无甚佳者"。十一月初七日,"胡雅竹携示唐伯虎《槐阴高士图》,树石秀润,人物俊丽"。十一月十三日,"胡雅竹携示邵二泉宝所书苏子瞻《十八罗汉赞》,甚有柳公权法"。四十三年五月初十日,胡雅竹携示王叔明《淡溪草堂图》,呈(恐系吴之误——引者)仲圭《溪山烟雨》长卷,"勘系临本"。六月十一日,胡雅竹携示倪《幻霞溪山》一帧。八月十四日,胡雅竹持便面册叶十五幅求鉴定,"止文徵明《春江待渡》一图精妙,有宋人法"。闰八月初四日,在苏州阊门,过吴

第七章 晚明江南收藏与古董商人

吴山楼居,出观诸种,其中王叔明《寒林高瀑》,"笔意秀绝,乃胡雅竹向为余言者"。初十日,"胡雅竹携示子久画一帧,备苍莽泉石之趣"。

四十四年三月二十五日,胡雅竹携示元人孤云处士王振鹏《乐社图》,"笔法纤细宛密,务在取肖物形,亦张择端之流也"。六月初九日,"胡雅竹携观《城南小隐》卷"。

赏玩书画。万历四十一年十一月二十八日,"吴雅竹以王叔明《秋林读易图》来玩,不真"。四十二年三月二十二日,胡雅竹以唐人青绿山水长卷见示,"余因携至高如晦斋中同玩。……沙水树法数十种,俱奇。后有虞伯生跋,不真。有潘履仲文图书记,乃上海潘氏物也"。四十三年二月初四日,"胡雅竹偶借居草堂,装潢书画卷。有王叔明《铁网珊瑚》一轴"。

以书画典质银两。万历四十一年九月二十六日,"新安胡雅竹携宋张即之书《佛遗教经》来质银去。……又携示王叔明小幅山水,牛毛皴;娄江圣感寺《八咏图》册,沈启南之父沈恒吉写图;侯夷门山水长幅,"散笔草草,多逸致"。四十一年十二月二十八日,胡雅竹携示侯夷门懋功《秋山图》,李日华"披阅再三,雅竹因质银去"。四十二年正月十四日,"吴雅竹以黄大痴《松溪草亭》小景来质银"。此画万历四十年李日华"于武林寓楼借观者累月,知其笔法苍古疏宕,断不出俗手,但非子久真物耳,款印俱伪"。胡雅竹又"出观沈石田山水长卷,仿梅道人",李未置鉴语。四十三年正月十四日,"胡雅竹以吴中名公手墨来质钱"。

同方樵逸一样,胡雅竹也曾向李日华导引他人前往鉴定或求售。四十二年二月十九日,胡雅竹"又导常熟人持卷轴来看,有沈石田长卷《溪山云霭》,手腕甚辣"。四十三年五月初七日,"胡雅竹引一僧以旧纨扇画册二十一幅来质钱,中有江贯道一幅,系临笔,夏圭、马麟,俱真"。四十四年正月二十六日,胡雅竹之弟五朝奉者,"携姚云东《春溪垂钓图》来阅,笔甚古淡"。

方樵逸不仅长达三十余年间向李日华提供书画古董货源,而且将家乡的不少亲友介绍引导到李日华那里,被导引者再辗转相引,构织起一张相当可观的书画供货网,网纲汇集到鉴赏家李日华那里。

四、其他徽籍书画商

在李日华笔下,徽商方樵逸、胡雅竹等以外,还出现了诸多徽籍书画商,不断向其兜售藏品。日记第一年的万历三十七年,五月初九日,"冯生率徽客二人来"。八月十六日,即"遇徽友吴历山,出观李伯时临韩幹马,有曾公卷跋,俱绢素,未的确"。同日,"又过徽友吴与旸甥施姓者,出观与旸所藏东坡竹石"。十月十六日,"从歙人购得陈白阳(明代画家陈淳,号白阳山人——引者注)云山长卷,备极雄快"。十一月初三日,"周秀岩引一老王姓者来,頩颊短髭,歙人也,探怀出二卷,为沈石田《溪川八景》,笔法仲圭、子久之间,后系一长歌"。十二月十五日,至桐乡县西郭,"同荩夫访徽友吴无为,值其从弟东篱君在焉,乃昔年以《宝晋帖》归余者"。十二月二十八日,"徽人持宣铜琴一张来弹之,颇有清响。……总非雅器,还之"。三十八年三月二十二日,"徽人持宋画弥勒,颇古劲"。闰三月二十二日,"歙人程生,携示唐伯虎《古柏疏篁》横幅,高五尺,阔

第七章 晚明江南收藏与古董商人

六尺有奇,淡韵可爱"。六月二十六日,"徽人持示倪云林小景一幅,枯笔写树石,有刷丝浓汁,点苔有晕,不类平日所作。款书洪武壬子倪瓒,有江东司马及元美二印。太仓王氏物也,今归余"。八月初二日,"徽人持示盛子昭(元画家盛懋——引者注)《桃源图》,山头沈绿,树色蓊蔚,颇饶古趣"。八月十二日,"歙贾持览文休承大幅山水,树石峦麓,重叠蔽亏,潇洒有味。琴一张,曰海涛冰柱,古物也。滇剑一,钿室莹滑,人所久服者"。三十九年七月二十一日,"休宁门生黄寅甫持一破碎画幅来赠,云是郭熙《桃源图》,然极视之,竟不能了,且不复可料理矣。因谢还之"。四十年四月十七日,"徽贾处一白磁竹节簪,纤细巧妙之极"。四十二年五月二十五日,"徽人汪姓者,持元人张子政《柳枝双燕》挂幅来看"。九月初四日,"新都王尔极以卷轴古器物来阅",有黄大痴《烟林云岫》,王孟端《幽篁古木》,沈石田青绿水村景,文文水《张公洞图》,唐伯虎画《韩熙载夜宴图》,乌斯藏铜佛一躯,文徵仲、雁峰、无峰、三桥、文水、王履约、履吉、黄淳父、陆子传、彭隆池诸杂手札一卷,"俱真"。九月十三日,"徽人黄坤宇携卷轴来,有倪云林小景……有深远之趣"。十月二十九日,"吴宇旸太学以所藏法帖求跋"。四十三年二月初七日,"歙友吴东篱来顾,贻余精墨四函,松萝茶一缶"。四月初六日,"过玉枢院,访歙友吴德符,出观文徵仲盆兰一幅,极有吴兴笔趣"。五月二十六日,"歙友吴心旸讳思齐者持卷轴来"。二十八日,"吴心旸又出观吴道子《钟馗庆元宵图》"。六月二十五日,"歙人江汝修以梦莲卷索题数语"。八月十一日,"歙人余生持姚云东横披山水一帧求售,因购得之。笔力苍古,酷肖吴仲圭。行书一绝,爽逸类张伯雨,此公得意作也"。九月二十日,在郊区,"邂逅歙友王熙宇,出观仇十洲《阿房宫图》长卷,纤丽之极"。十月初四日,"歙友汪仲绥携示文衡山山水卷,仿赵子昂笔,乃赠吴山泉者"。四十四年正月初三日,"徽人杨不弃之兄字子久者来,携示叔明《溪谷采莛图》,二松郁然,山势起伏,磅礴之极"。三月十五日,"歙友吴秋林来,与之小坐。秋林出观国朝名公书卷,有孙太初手迹,快利劲捷,如宋仲温,诗亦集中所无,录之"。五月初二日,"余生携示倪云林《秋林山色》,仿巨然笔意,峰峦树石,特为雄浑"。五月十二日,"适歙友吴存吾以手焙松萝茗一裹寄惠,点试,良妙"。九月十八日,"徽人携卷轴来,有唐伯虎《独乐园图》,作高梧峭石,竹屏绕之,翠蔓缠络可爱"。

寓居杭州的"项老",是歙县人,名宠叔,号玉怀道人,最初占籍杭州府仁和县为诸生,以事谢去,李日华记其隐居西湖岳祠侧近,"老屋半间,前为列肆,陈瓶盎细碎物,与短松瘦柏、蒲草棘枝堪为盆玩者。率意取钱籴米煮食。有以法书名画来者,不吝倾所蓄易之。支床堆案,咸是物也。其中不能无良楛,而意自津津",①看来是个开古董铺的歙籍小商人。万历四十年八月十一日,李日华至其店,"项老欣然出卷轴相评赏"。四十一年四月初八日,李日华再次到项老肆中,"检所遗画片",虽好者多被人取去,但仍有王蒙为倪瓒所作《桐阴高士图》长卷,"布置细密,山水树石,各踞其胜,虽系后人临笔,然可念也"。李日华不时从项宠叔店铺择购古董。

在文集和《六研斋笔记》中,李日华还提到其他徽籍书画商。

---

① 李日华:《味水轩日记》卷四"万历四十年八月十一日",卷六"万历四十一年四月初八日",第255、254、382页。

第七章　晚明江南收藏与古董商人

"歙友吴振宇",其庭竹开花,李日华为文以纪,不乏颂辞。① "歙友吴伯徵",寓居嘉兴北郭门外,"戢影一室,棐几薰炉,法书名画,恣其耽味,萧然如不在尘中也。每得一奇迹,辄驰一奚,取余评决。余年来书画中颇有进长,得伯徵之助为多";"余亡友吴伯徵,博雅善鉴",平生宝爱《黔江帖》。② 观其行止,大约起家于经营书画。"徽客徐弱水",持看唐寅白描铁线勾,李日华与其儿评点讨论一番。③ "歙友程松箩",崇祯三年,携示《耕织图》,李日华题识其后:"此宋人作《耕织图》粉本也。"④ "歙友王子玉",曾"携温日观(元时华亭人,寓西湖玛瑙寺,写葡萄如破袈裟,赵孟頫极为看重——引者)葡萄一卷来看,较余前所收无异。而老温草书,更淋漓神旺,诸跋词翰亦胜"。⑤ "歙友吴循吾",少豪放,喜声律,晚年拓落,寓居杭州吴山。崇祯七年,"携一木瘿鼎相示,天然有两耳三足,周身文理,蹙缩成云雷兽面之状,色莹净如黄金。抚玩竟日,为作歌以纪之"。⑥

此外,在苏州阊门有楼,常驾书画船游访于江南各地的吴吴山,李日华日记提及最多的书画商"夏贾",也可能是徽州人。而后来吴其贞在其《书画记》中,更提徽籍书画商或徽州古董之家甚多。如歙县溪南人吴能远,与著名的"五凤"为族属兄弟。万历末年,与

---

① 李日华:《恬致堂集》卷七《歙友吴振宇庭竹忽生双岐亦犹花之并蒂木之连理其瑞可纪也》,上海古籍出版社,2011 年,第 317 页。
② 李日华:《六研斋二笔》卷一、卷三,凤凰出版社,2010 年,第 5、140 页。
③ 李日华:《六研斋二笔》卷四,凤凰出版社,2010 年,第 162 页。
④ 李日华:《六研斋三笔》卷一,凤凰出版社,2010 年,第 188 页。
⑤ 李日华:《六研斋三笔》卷二,凤凰出版社,2010 年,第 202 页。
⑥ 李日华:《六研斋三笔》卷四,凤凰出版社,2010 年,第 240 页。

著名的收藏家张丑等人赏鉴书画,交往频繁。崇祯年间,吴能远更家于苏州阊门,"凡溪南人携古玩出卖,皆寓能远家,故所得甚多,尽售于吴下"。① 大约经营书画兼收藏,很是成功。

又如记张樗寮《楷书秋风辞》等四种观于仇斗垣处。仇为歙西华田人,"博古且力,为骨董中白眉,其人绝无市井气",吴其贞购其《叱石为羊图》《秋风辞》二种。② 谢葵丘《春江别思图》等四图,吴其贞"观于岩寺王仲嘉。王世业骨董,仲嘉讳泰,狂士也。涉猎经史,讲究超人,善摹祝枝山行楷,可以乱真"。③ 此处王仲嘉,疑即汪道昆从弟汪道会(道会字仲嘉)。汪仲绥,李日华称为"歙友",吴其贞记,盛子昭《古木垂钓图》得于其手,"仲绥为人蕴藉,雅能博古,且目力超众,前辈鉴赏家每每推敲于彼,故世人呼为'骨董秀才'"。④ 汪不易,居安人,"能画,亦能辨论书画,为骨董行中有数者",⑤吴其贞曾从其手得到高士谦《晴竹图》等。公木兄,歙县人,与吴其贞同乡,"以骨董见称于一时者,目力虽高,书画尚未精究耳"。⑥

---

① 吴其贞:《书画记》卷五"马和之设色《山庄图》绢画一卷"条,人民美术出版社,1992年,第208页。
② 吴其贞:《书画记》卷一"张樗寮《楷书秋风辞》一卷"条,人民美术出版社,1992年,第3页。
③ 吴其贞:《书画记》卷一"谢葵丘《春江别思图》绢画一卷"条,人民美术出版社,1992年,第9页。
④ 吴其贞:《书画记》卷二"盛子昭《古木垂钓图》小纸画一幅"条,人民美术出版社,1992年,第47页。
⑤ 吴其贞:《书画记》卷二"高士谦《晴竹图》小纸画一幅"条,人民美术出版社,1992年,第47页。
⑥ 吴其贞:《书画记》卷二"廓填王右军《去夏帖》一卷"条,人民美术出版社,1992年,第47页。

第七章 晚明江南收藏与古董商人

如此,李日华笔下提及的与其书画往来的有名姓的徽商就近二十人,其中大多是歙县商人,以徽人、徽客、歙人、徽贾、歙贾笼统称之的也复不少,不少人以"徽友"尤其是"歙友"标出,李日华提到其里人朱肖海以赝物售人时也称"歙贾之浮慕者,尤受其欺"①,可见活跃在明末江南的书画商,主要是徽商,尤其是歙县商人。吴其贞提到徽州古董商人也多见其人,也大多是歙商。从李日华、吴其贞所记,可知徽州商人特别是歙县商人甚至徽州籍的门生错趾丛杂于李日华身旁,为李日华提供四时八方的货品渠道,由此也可见徽州书画商人在江南的活跃程度。鉴赏家李日华与徽州书画商的交游既广且深,徽籍尤其是歙县书画商成为李日华的主要供货商;闻名一时的书画商吴其贞与众多大小徽籍书画商一起,交流货品信息,展开书画购买竞争。

对于明清时代尤其是徽商的收藏,长期以来学界评价不高。如上海交通大学媒体与设计学院刘士林教授,于2012年4月14日在上海交大城市科学春季论坛上说:"寄生于农业社会中的商人,目光短浅,见风使舵,缺乏坚定的政治抱负和远大理想,只会享受和消费,对文化也只是附庸风雅或浅尝辄止,不可能指望他们为一个城市的文化负责。"②天津美术学院刘金库副教授也说:"他们多半都是商人,旨在屯集财富,收藏书画是他们靠近文人,附庸风雅

---

① 李日华:《味水轩日记》卷二"万历三十八年二月二十七日",上海远东出版社,1996年,第85页。
② 刘士林:《现代作家解读江南城市》,《文汇报》2012年6月4日5版。

的主要方式。"①若说具有"坚定的政治抱负和远大理想",可以"指望为一个城市的文化负责"的阶层,在明清时期恐怕难觅;若说商人只是附庸风雅,对文化浅尝辄止,恐不尽然,并非那么简单。

上述考察表明,明末清初活跃在江南的徽州书画商人,其经营活动,旨在获取商业利润,殊少艺术赞助,其间自有"浮慕"者,但绝非能以"附庸风雅"概而言之。商人如果只是附庸风雅,自然断难长久经营。著名书画商人吴其贞、王越石,以及方樵逸、胡雅竹的经营都是相当成功的,在十数年以至数十年的书画经营过程中,他们不但积累起雄厚的家资,而且搜罗收藏了大量书画珍品瑰宝,还培养了其家族或邻近地域的不少书画经营人才。同不少书画收藏商人一样,对他们的书画眼力和在古董行的专业素养,负有时誉的丹青高手鉴赏家董其昌、李日华、张丑等人,也是高度肯定的。王越石等人在交易过程中"诈伪百出",惯使刀锥伎俩,正体现出其追求商业利润最大化的一面,而著名收藏家和鉴赏家张丑等人,仍不得不佩服其"颇有真见",艳羡其收藏了诸多书画精品。李日华与方樵逸、胡雅竹等书画商人的交易往来,口称"徽友""歙友",甚或称颂祝寿,以友道待之,并不认为这些商人在附庸风雅。李日华等鉴赏家与书画商在一起,交流藏品信息,鉴别书画真赝,赏析艺术珍品,甚至连袂外出访求藏品所在,或许眼力有高下之分,见解会各不相同,但关系热络,气氛和谐,有时甚至惺惺相惜。收藏鉴赏家依赖书画商人的四出奔走、费心访求,开通了选购藏品的有效途

---

① 刘金库:《南画北渡——清代书画鉴藏中心研究》,台北石头出版股份有限公司,2007年,第132页。

第七章 晚明江南收藏与古董商人

径,源源不断地获取藏品信息,直至收藏大量传世珍品;书画商人则通过鉴赏家的鉴定,确认藏品的具体价格,把握收进或出手的最好时机,获取商业利润的同时,书画专业水平也不断得到提高。明末清初李日华、张丑等人的收藏鉴赏事业,有赖于广大徽州书画商人的商业经营,他们丰赡的收藏,体现着徽州书画商人的努力,一定程度上蕴含着徽州商人的书画素养。

参考文献

地方文献类：

[元]单庆修,徐硕纂:(至元)《嘉禾志》,上海古籍出版社,2010年。

[明]卢熊等撰:(洪武)《苏州府志》,《中国方志丛书·华中地方·第四三二号》,台北成文出版有限公司,1984年。

[明]吴翀、李庶:(弘治)《重修无锡县志》,《无锡文库》第一辑,凤凰出版社,2012年。

[明]王鏊等:《姑苏志》,《天一阁藏明代方志选刊续编》第11册,上海书店,1990年。

[明]曹一麟等修,徐师曾等纂:(嘉靖)《吴江县志》,广陵书社,2013年。

[明]陈善等修:(万历)《杭州府志》,《中国方志丛书·华中地方·第五二四号》,台北成文出版有限公司,1984年。

[明]谢陛:(万历)《歙志》,黄山书社,2014年。

[明]周邦杰修,秦梁等纂:(万历)《无锡县志》,《无锡文库》第

一辑,凤凰出版社,2012年。

[明]韩浚等修:(万历)《嘉定县志》,台北学生书局,1988年。

[明]李培等修:(万历)《秀水县志》,《中国方志丛书·华中地方·第五七号》,台北成文出版有限公司,1984年8月版。

[明]虞淳熙:(万历)《钱塘县志》,《中国方志丛书·华中地方·第一九二号》,台北成文出版有限公司,1984年。

[明]陈继儒等修:(崇祯)《松江府志》,《日本藏中国罕见地方志丛刊》,书目文献出版社,1991年。

[明]黄承昊:(崇祯)《嘉兴县志》,《日本藏中国罕见地方志丛刊》,书目文献出版社,1991年。

[清]于琨修,陈玉璂纂:(康熙)《常州府志》,《中国地方志集成·江苏府县志辑》,江苏古籍出版社,1996年。

[清]丁廷楗修,赵吉士纂:(康熙)《徽州府志》,《中国方志丛书·华中地方·第二三七号》,台北成文出版有限公司,1984年。

[清]廖腾煃修,汪晋徵等纂:(康熙)《休宁县志》,《中国方志丛书·华中地方·第九〇号》,台北成文出版有限公司,1984年。

[清]戈鸣岐等修:(雍正)《嘉善县志》,《中国方志丛书·华中地方·第五七〇号》,台北成文出版有限公司,1984年。

[清]沈德潜等纂:(乾隆)《元和县志》,《中国地方志集成·江苏府县志辑14》,江苏古籍出版社,1991年。

[清]陈志和修,倪师孟等纂:(乾隆)《震泽县志》,《中国地方志集成·江苏府县志辑23》,江苏古籍出版社,1991年。

[清]李光祚修,顾诒禄等纂:(乾隆)《长洲县志》,《中国地方志集成·江苏府县志辑13》,江苏古籍出版社,1991年。

［清］华湛恩:《锡金志外》,《无锡文库》第二辑,凤凰出版社,2012年。

［清］佘华端:《岩镇志草》,黄山市徽州区地方志编纂委员会办公室,2004年。

［清］费善庆:《垂虹识小录》,《中国地方志集成·江苏府县志辑23》,江苏古籍出版社,1996年。

［宋］孟元老撰,邓之诚注:《东京梦华录注》,中华书局,1982年。

［明］董斯张:《吴兴备志》,民国嘉业堂刊本。

［明］徐献忠:《吴兴掌故集》,民国嘉业堂刊本。

［明］潘柽章:《松陵文献》,《续修四库全书》,史部,册541。

［明］张景春:《吴中人物志》,《续修四库全书》,史部,册541。

［明］杨循吉等:《吴中小志丛刊》,广陵书社,2004年。

［明］周晖:《金陵琐事》《续金陵琐事》《二续金陵琐事》,南京出版社,2007年。

［明］吴履震:《五茸志逸》卷一,上海市松江区地方史志编纂委员会办公室,1998年。

陈智超编:《明代徽州方氏亲友手札七百通考释》,安徽大学出版社,2001年。

［明］刘侗、于弈正:《帝京景物略》,上海远东出版社,1996年。

［明］杨循吉等:《吴中小志丛刊》,广陵书社,2004年。

［明］范濂:《云间据目抄》,《笔记小说大观》,册13,广陵书社,1983年。

(嘉靖)《华氏传芳记》、(隆庆)《华氏传芳续集》,《无锡文库》

第三辑,凤凰出版社,2012 年。

[清]钱思元:《吴门补乘》,上海古籍出版社,2015 年。

[清]黄卬:《锡金识小录》,《无锡文库》第二辑,凤凰出版社,2012 年。

[清]许承尧:《歙事闲谭》,黄山书社,2001 年。

文集、日记类:

[元]赵孟頫:《松雪斋集》,西泠印社出版社,2012 年。

[元]黄溍:《黄文献全集》,光绪退补斋刻本。

[元]袁桷:《袁桷集》,吉林文史出版社,2012 年。

[元]王冕:《竹斋集》,西泠印社出版社,2012 年。

[元]郑元祐:《郑元祐集》,浙江大学出版社,2010 年。

[明]徐达左:《金兰集》,中华书局,2013 年。

[明]戴良:《九灵山房集》,《丛书集成初编》,中华书局,1985 年。

[明]高启:《高青丘集》,上海古籍出版社,1985 年。

[明]宋濂:《宋学士全集》,光绪退补斋刻本。

[明]方孝孺:《方孝孺集》,浙江古籍出版社,2013 年。

[明]杨荣:《文敏集》,《四库明人文集丛刊》,上海古籍出版社,1991 年。

[明]解缙:《解学士文集》,《文渊阁四库全书》,集部,册 1467。

[明]杨士奇:《东里文集》,中华书局,1998 年。

[明]王直:《抑庵文后集》,《四库明人文集丛刊》,上海古籍出

版社,1991年。

[明]柯潜:《竹岩集》,《续修四库全书》,集部,册1329。

[明]徐有贞:《武功集》,《四库明人文集丛刊》,上海古籍出版社,1991年。

[明]李东阳:《李东阳集》,岳麓书社,1984年。

[明]张时彻:《芝园外集》,《续修四库全书》,子部,册1123。

[明]程敏政:《篁墩文集》,《四库明人文集丛刊》,上海古籍出版社,1991年。

[明]陈霆:《水南集》,民国嘉业堂刊本。

[明]屠隆:《白榆集》,台北伟文图书出版社有限公司,1978年。

[明]叶盛:《泾东小藁》,《续修四库全书》,集部,册1329。

[明]潘希曾:《竹涧集》,《文渊阁四库全书》集部,册1265。

[明]史鉴:《西村集》,《文渊阁四库全书》,集部,册1259。

[明]沈周:《沈周集》,上海古籍出版社,2013年。

[明]吴宽:《匏翁家藏集》,上海涵芬楼藏明正德刊本。

周振道辑校《文徵明集》,上海古籍出版社,1987年。

[明]唐寅:《六如居士集》,西泠印社出版社,2012年。

[明]祝允明:《怀星堂集》,西泠印社出版社,2012年。

[明]徐祯卿著,范志新校注:《徐祯卿全集编年校注》,人民文学出版社,2009年。

[明]安国:《北游记》《东游记》,《无锡文库》第四辑,凤凰出版社,2012年。

[明]何良俊:《何翰林集》,《四库存目丛书》,集部,册142。

参考文献

[明]王世贞:《弇州山人四部稿》,台北伟文图书出版有限公司,1977年。

[明]汪道昆:《太函集》,《续修四库全书》,集部,册1346。

[明]徐渭:《徐渭集》,中华书局,1983年。

[明]薛冈:《天爵堂文集》,《四库未收书辑刊》06辑,册25。

[明]黄姬水:《高素斋集》,《四库存目丛书》,集部,册186。

[明]董份:《泌园集》,民国嘉业堂刊本。

[明]茅坤:《茅鹿门文集》,《续修四库全书》,集部,册1344。

[明]袁宏道著,钱伯成笺校:《袁宏道集笺校》,上海古籍出版社,2008年。

[明]冯梦祯:《快雪堂日记》,凤凰出版社,2010年。

[明]袁中道:《珂雪斋集》,上海古籍出版社,1989年。

[明]董其昌:《容台集》,西泠印社出版社,2012年。

[明]陈继儒:《陈眉公集》,明万历四十三年史兆斗刻本。

[明]李日华:《恬致堂集》,上海古籍出版社,2012年。

[明]李日华:《味水轩日记》,上海远东出版社,1996年。

[明]李流芳:《李流芳集》,浙江人民美术出版社,2012年。

[明]项鼎铉:《呼桓日记》,《北京图书馆藏古籍珍本丛刊》,册20,书目文献出版社,2000年。

[明]费元禄:《甲秀园集》,《四库禁毁丛刊》,集部,册62。

[明]张岱:《琅嬛文集》,岳麓书社,1985年。

[明]张岱:《张岱诗文集》,上海古籍出版社,2014年。

[明]陈洪绶:《宝纶堂集》,会稽董氏取斯堂本。

[明]陈子龙:《安雅堂稿》,辽宁教育出版社,2003年。

［明］顾苓:《塔影园集》,华东师范大学出版社,2014年。

［明］钱谦益:《牧斋有学集》,上海古籍出版社,1996年。

［明］钱谦益:《初学集》,《钱牧斋全集》第2册,上海古籍出版社,2009年。

［明］李良年:《秋锦山房文集》、《秋锦山房外集》,上海古籍出版社,2012年。

［明］王铎:《拟山园选集》,《四库禁毁丛刊》,集部,册87。

［明］萧士玮:《萧斋日记》,《历代日记丛钞》第18册,学苑出版社,2006年。

［清］归庄:《归庄集》,上海古籍出版社,2010年。

［清］周亮工:《赖古堂集》,《清人别集丛刊》,上海古籍出版社,1997年。

笔记、小说类:

［唐］李肇:《唐国史补》,上海古籍出版社,2000年。

［唐］刘餗:《隋唐嘉话》,上海古籍出版社,2000年。

［唐］赵璘:《因话录》,上海古籍出版社,2000年。

［唐］李绰:《尚书故实》,上海古籍出版社,2000年。

［宋］蔡绦:《铁围山丛谈》,中华书局,1983年。

［宋］陆游:《老学庵笔记》,三秦出版社,2003年。

［宋］朱彧:《萍州可谈》,中华书局,2007年。

［宋］陈槱:《负喧野录》,《文渊阁四库全书》,子部,册817。

［宋］周煇:《清波杂志》,上海古籍出版社,2012年。

[宋]周密:《武林旧事》,明宋廷佐刻本。

[宋]周密:《志雅堂杂钞》,《粤雅堂丛书》本。

[宋]周密:《云烟过眼录》,《文渊阁四库全书》,子部,册163。

[明]刘体仁:《七颂堂识小录》,《丛书集成初编》,商务印书馆,1938年。

[宋]周密:《浩然斋雅谈》,中华书局,2010年。

[元]吾丘衍:《闲居录》,《文渊阁四库全书》子部,册139。

[元]刘一清:《钱塘遗事》,上海古籍出版社,1985年。

[元]陶宗仪:《南村辍耕录》,中华书局,1959年。

[元]王恽:《玉堂嘉话》,中华书局,2006年。

[元]杨瑀:《山居新语》,中华书局,2006年。

[明]叶盛:《水东日记》,中华书局,1980年。

[明]李诩:《戒庵老人漫笔》,中华书局,1982年。

[明]鎦绩:《霏雪录》,《文渊阁四库全书》,子部,册141。

[明]陆深:《春雨堂随笔》,《丛书集成初编》,商务印书馆,1937年。

[明]陆深:《愿丰堂漫书》,《丛书集成初编》,商务印书馆,1937年。

[明]陆深:《燕闲录》,《丛书集成初编》,商务印书馆,1937年。

[明]王世贞:《凤洲杂编》,《丛书集成初编》本,商务印书馆,1937年12月版。

[明]王世贞:《觚不觚录》,《指海》第九集。

[明]陆深:《春雨堂随笔》,《丛书集成初编》,商务印书馆,1937年。

[明]李日华:《六研斋笔记》,凤凰出版社,2010年。

[明]何良俊:《四友斋丛说》,中华书局,1959年。

[明]宋诩:《竹屿山房杂部》,《文渊阁四库全书》,子部,册165。

[明]项元汴:《蕉窗九录》,《学海类编》本。

[明]戴冠:《濯缨亭笔记》,《续修四库全书》,子部,册1170。

[明]张瀚:《松窗梦语》,中华书局,1985年。

[明]叶权:《贤博编》,中华书局,1987年。

[明]田汝成:《西湖游览志余》,上海古籍出版社,1958年。

[明]郎瑛:《七修类稿》,《续修四库全书》,子部,册1123。

[明]张大复:《梅花草堂笔谈》,上海古籍出版社,1986年。

[明]李延昰:《南吴旧话录》,《瓜蒂庵藏明清掌故刊》,上海古籍出版社,1985年。

[明]田艺蘅:《留青日札》,《瓜蒂庵藏明清掌故刊》,上海古籍出版社,1985年。

[明]姚士麟:《见只编》,《丛书集成初编》,商务印书馆,1937年。

[明]莫是龙:《笔麈》,《丛书集成初编》,中华书局,1985年。

[明]余永麟:《北窗琐语》,《丛书集成初编》,中华书局,1985年。

[明]李乐:《见闻杂记》,上海古籍出版社,1986年。

[明]王士性:《广志绎》,中华书局,2006年。

[明]胡应麟:《少室山房笔丛》,上海书店出版社,2001年。

[明]谢肇淛:《五杂俎》,上海书店出版社,2001年。

［明］顾起元:《客座赘语》,中华书局,1987年。

［明］江盈科:《雪涛小说》,上海古籍出版社,2000年。

［明］李日华:《六研斋笔记》,凤凰出版社,2010年。

［明］李日华:《紫桃轩杂缀》,凤凰出版社,2010年。

［明］沈德符:《万历野获编》,中华书局,1959年。

［明］陈继儒:《妮古录》,华东师范大学出版社,2011年。

［明］王錡:《寓圃杂记》,中华书局,1997年。

［明］陈继儒:《小窗幽记》,上海古籍出版社,2000年。

［明］薛冈:《天爵堂文集笔余》,中国社会科学院历史研究所明史研究室编《明史研究论丛》(第五辑),江苏古籍出版社,1991年。

［明］王肯堂:《郁冈斋笔麈》,《四库存目丛书》,子部,册107。

［清］姜绍书:《韵石斋笔谈》,华东师范大学出版社,2009年。

［清］叶梦珠:《阅世编》,上海古籍出版社,1981年。

［清］孙承泽:《砚山斋杂记》,《文渊阁四库全书》,子部,册171。

［清］董含:《三冈史略》,《四库未收书辑刊》04辑,册29。

［清］姚元之:《竹叶亭杂记》,上海古籍出版社,2012年。

［清］缪荃孙:《云自在龛随笔》,人民出版社,2013年。

［清］黄图珌:《看山阁闲笔》,上海古籍出版社,2013年。

［明］东鲁古狂生:《醉醒石》,《古本小说集成》第一辑,上海古籍出版社,1991年。

［明］李渔:《十二楼》,华夏出版社,2015年。

［明］古吴金木散人:《鼓掌绝尘》,华夏出版社,2012年。

［清］艾衲居士:《豆棚闲话》,上海古籍出版社,1983年。

著录评论类：

［唐］张彦远：《法书要录》，浙江人民美术出版社，2012年。
［唐］张彦远：《历代名画记》，浙江人民美术出版社，2012年。
［唐］张怀瓘：《书断》，浙江人民美术出版社，2012年。
［宋］郭若虚：《图画见闻志》，人民美术出版社，1963年。
［宋］米芾：《书画史》，中国书店，2014年。
［宋］赵明诚：《金石录》，齐鲁书社，2009年。
［宋］欧阳修著，邓宝剑、王怡琳笺注：《集古录跋尾》，人民美术出版社，2010年。
［明］都穆：《寓意编》，《学海类编》本。
［明］朱存理：《珊瑚木难》，《文渊阁四库全书》，子部，册815。
［明］丰坊：《南隅书画目》，《历史文献》第十三辑，上海古籍出版社，2009年。
［明］杨慎：《墨池璅录》，《文渊阁四库全书》，子部，册816。
［明］文嘉：《钤山堂书画记》，《丛书集成初编》，商务印书馆，1938年。
［明］屠隆：《帖笺》，《中国书画全书》，册4，上海书画出版社，1992年。
［明］袁宏道：《瓶史》，秀水周氏家藏本。
［明］张应文：《清秘藏》，藏修堂丛书本。
［明］詹景凤：《东图玄览编》，《中国书画全书》，册4，上海书画出版社，1992年。

参考文献

[明]项元汴:《宣德鼎彝谱》,《美术丛书》二集第四辑,浙江人民美术出版社,2013年。

[明]孙凤:《孙氏书画钞》,《续修四库全书》,子部,册1056。

[明]孙鑛:《书画跋跋》,《文渊阁四库全书》,子部,册816。

[明]文震亨:《长物志》,江苏科学技术出版社,1984年。

[明]曹昭:《格古要论》,中华书局,2012年。

[明]高濂:《遵生八笺》,巴蜀书社,1992年。

[明]甘旸:《印章集说》,《美术丛书》初集第八辑,浙江人民美术出版社,2013年。

[明]郁逢庆:《郁氏书画题跋记》,《中国书画全书》,册4,上海书画出版社,1992年。

[明]李日华:《竹懒画媵》,《四库存目丛书》,子部,册72。

[明]朱之赤:《朱卧庵藏书画目》,《中国书画全书》,册4,上海书画出版社,1992年。

[明]张丑:《真迹日录》,上海古籍出版社,2011年。

[明]汪砢玉:《珊瑚网》,成都古籍书店,1985年。

[明]张丑:《清河书画舫》,上海古籍出版社,2011年。

[明]吴其贞:《书画记》,人民美术出版社,2006年。

[明]吴升:《大观录》,《中国书画全书》,册8,上海书画出版社,1992年。

[清]朱彝尊:《曝书亭书画跋》,《美术丛书》初集第九辑,浙江人民美术出版社,2013年。

[清]朱彝尊:《金石文字跋尾》,藏修堂丛书本。

[清]谷应泰:《博物要览》,商务印书馆,1960年。

［清］孙承泽：《庚子销夏记》，上海古籍出版社，2011年。

［清］顾复：《平生壮观》，上海古籍出版社，2011年。

［清］王澍：《虚舟题跋》，《中国书画全书》，册5，上海书画出版社，1992年。

［清］梁清远：《雕玉杂录》，《续修四库全书》，子部，册1135。

［清］周嘉胄：《装潢志》，藏修堂丛书本。

［清］宋犖：《漫堂书画跋》，《中国书画全书》，册8，上海书画出版社，1992年。

［清］高士奇：《江村销夏录》，上海古籍出版社，2011年。

［清］青浮山人编《董华亭书画录·册叶》，《历代书画录汇辑刊》，册1，北京图书馆出版社，2007年。

［清］姚际恒：《好古堂家藏书画记》，《中国书画全书》，册5，上海书画出版社，1992年。

［清］英和等编：《石渠宝笈三编》，《续修四库全书》，子部，册1075—1083。

近人著述类：

［英］迈克尔·苏立文：《中国艺术史》，上海人民出版社，2014年。

［美］弗朗西斯·亨利·泰勒：《艺术收藏的历史》，北京大学出版社，2013年。

［美］李铸晋编，石莉译：《中国画家和赞助人——中国绘画中的社会及经济因素》，天津人民美术出版社，2013年。

[美]高居翰:《山外山——晚明绘画(1570—1644)》,三联书店2009年。

[美]高居翰:《画家生涯——传统中国画家的生活与工作》,三联书店,2012年。

[美]艾朗诺:《美的焦虑——北宋士大夫的审美思想与追求》,上海古籍出版社,2013年。

[英]迈克·达什:《郁金香热》,社会科学文献出版社,2015年。

[英]柯律格:《雅债——文征明的社交性艺术》,三联书店,2012年。

[英]柯律格:《长物:早期现代中国的物质文化与社会状况》,生活·读书·新知三联书店,2015年。

[德]贡德·弗兰克:《白银资本——重视经济全球化中的东方》,中央编译出版社,2001年。

范金民:《明清江南商业的发展》,南京大学出版社,1998年。

陈宝良:《明代社会生活史》,中国社会科学出版社,2004年。

江苏省淮安县博物馆、中国古代书画鉴定组编:《淮安明墓出土书画》,文物出版社,1988年。

段本洛、张圻福:《苏州手工业史》,江苏古籍出版社,1986年。

巫仁恕:《品味奢华——晚明的消费社会与士大夫》,中华书局,2008年。

刘金库:《南画北渡——清代书画鉴藏中心研究》,(台北)石头出版股份有限公司,2007年。

万木春:《味水轩里的闲居者:万历末年嘉兴的书画世界》,中国美术学院出版社,2013年。

张长虹:《明末清初徽商艺术赞助研究》,北京大学出版社,2010年。

王正华:《艺术、权力与消费:中国艺术史研究的一个面向》,中国美术学院出版社,2011年。

封治国:《与古同游——项元汴书画鉴藏研究》,中国美术学院出版社,2013年。

徐茂明:《江南士绅与江南社会(1368—1911)》,商务印书馆,2004年。

范金民:《明清江南进士数量、地域分布及其特色分析》,《南京大学学报》(哲学·人文·社会科学),1997年第2期。

范金民:《鼎革与变迁:明清之际江南士人行为方式的转向》,《清华大学学报》(哲学社会科学版)2010年第2期。

范金民:《斌斌风雅——明后期徽州商人的书画收藏》,《中国社会经济史研究》2013年第1期。

范金民:《"苏样"、"苏意":明清苏州领潮流》,载《南京大学学报》(哲学·人文科学·社会科学),2013年第4期。

高逸凡、范金民:《区域历史研究中的太湖流域:"江南"还是"浙西"》,《安徽史学》2014年第4期。

李伯重:《简论"江南地区"的界定》,《中国社会经济史研究》1991年第1期。

翁同文:《项元汴千文编号书画目考》,载《东吴大学中国艺术史集刊》第9卷。

顾工:《淮安王镇墓出土书画简论》,载《中国书画》2010年第3期。

张安奇:《明稿本〈玉华堂日记〉中的经济史资料研究》,载中国社会科学院历史研究所明史研究室编《明史研究论丛》第五辑,江苏古籍出版社。

沈振辉:《明代民间收藏品市场和藏品买卖》,载《学术月刊》1999年第4期。

李万康、谭丹莉:《中国古代书画经济人考论》,载《南京艺术学院学报》2012年第3期。

张海鹏:《徽商——一支有文化的商帮》,《东方讯报》1995年3月22日。

刘士林:《现代作家解读江南城市》,《文汇报》2012年6月4日5版。

张长虹:《明末清初江南艺术市场与艺术交易人》,《故宫博物院院刊》2006年第2期。

张长虹:《晚明徽商与苏州艺术市场关系研究》,《新美术》2005年第3期。

吕友:《明末清初杭州书画鉴藏家群体管窥》,《收藏家》2011年第5期。

蔡清德:《成化至嘉靖年间金陵地区书画鉴藏家丛考》,《南京艺术学院学报》2008年第2期。

万木春:《由〈味水轩日记〉看万历末年嘉兴地区的古董商》,《新美术》2006年第6期。

叶康宁:《从〈味水轩日记〉看明清时期的书画交易方式》,《东方收藏》2011年第6期。

陈学文:《明代杭州的夜市》,《浙江学刊》2007年第2期。

沈振辉:《明人的收藏活动》,《文博》1998年第1期。

沈振辉:《明代藏品市场略论》,《文博》1998年第6期。

沈振辉:《明代苏州地区收藏家述略》,《苏州大学学报》(哲学社会科学版)1999年第1期。

杨莉萍:《明代苏州地区书画交易方式探析》,《徐州师范大学学报》(哲学社会科学版),第37卷第6期。

王世华:《徽商收藏的文化意义》,《安徽师范大学学报》(人文社会科学版),第39卷第5期。

牛建强:《嘉靖年间世风之迁移》,《西北师大学报》(社会科学版)2008年第2期。

宋立中:《论明清江南消费时尚化现象及其社会学意义》,《青海师范大学学报》(哲学社会科学版),2007年第1期。

牛建强、汪维真:《明代中后期江南周围地区风尚取向的改变及其特征》,《东北师大学报》(哲学社会科学版),1992年第1期。

张海英:《明清江南地区与其他区域的经济交流及影响》,《社会科学》2003年第10期。

王家范:《明清江南消费性质与消费效果解析——明清江南消费经济探测之二》,《上海社会科学院学术季刊》1988年第2期。

黄敬斌:《奢侈:经济学诠释与中国传统观念》,《经济评论》2008年第5期。

龙建国、廖美英:《宋代商品经济的发展与文化艺术商品化》,《江西财经大学学报》2000年第3期。

胡菊芳:《艺术商品化时代艺术生产内部平衡与不平衡关系分析》,《贵州民族学院学报》(哲学社会科学版)2010年第6期。